检察机关
排除非法证据问题研究

董坤◎著

ON THE ISSUES OF EXCLUDING
ILLEGAL OBTAINED EVIDENCE
BY THE PROCURATORATES

中国检察出版社

图书在版编目（CIP）数据

检察机关排除非法证据问题研究／董坤著．—北京：中国检察出版社，2018.4
ISBN 978－7－5102－2063－0

Ⅰ．①检…　Ⅱ．①董…　Ⅲ．①检察机关－证据－研究－中国　Ⅳ．①D926.3

中国版本图书馆CIP数据核字(2018)第037344号

检察机关排除非法证据问题研究

董　坤　著

出版发行：中国检察出版社
社　　址：北京市石景山区香山南路109号（100144）
网　　址：中国检察出版社（www.zgjccbs.com）
编辑电话：(010)86423708
发行电话：(010)86423726　86423727　86423728
　　　　　(010)86423730　68650016
经　　销：新华书店
印　　刷：北京中石油彩色印刷有限责任公司
开　　本：710 mm×960 mm　16开
印　　张：16
字　　数：292千字
版　　次：2018年4月第一版　　2018年4月第一次印刷
书　　号：ISBN 978－7－5102－2063－0
定　　价：46.00元

序

在刑事司法改革的大潮中，检察机关的角色、功能和地位也在发生着潜移默化的变化。在具有大陆法传统的我国，检察官从来就不是单纯作为诉讼的原告而存在，而是发挥着多元化功能，检察官应当履行客观公正义务已经成为共识，在此基础上也日益清晰地勾勒出检察官在刑事诉讼中的角色和功能。2012 年《刑事诉讼法》强化了检察机关的诉讼监督职责，将其定位为审前程序的监督者、裁判者和救济者，体现在对侦查机关取证合法性的监督、接受和处理申诉、审判程序监督和非法证据排除等方面。其中，排除非法证据是法律赋予检察机关的一项新职责，也是在审前程序中对证据合法性进行把关的刚性手段。

然而，如何将检察机关排除非法证据的职责落到实处，是需要在理论与实践的互动中进行研究的问题。为此，就要首先解决我国非法证据排除规则本身的解释和适用问题，然后再设计检察机关排除非法证据的具体程序及相关配套措施，此外还有一些其他问题也需要考虑，如刑事诉讼中的行政证据如何排除的问题。所以，这是一个较为庞大的课题，需要刑事诉讼法学界、检察学界和实务界共同努力。本人作为检察理论工作者中的一员，对这一问题具有浓厚的学术兴趣，故不畏粗浅，就其中的相关问题整理成册，以供学术界和实务界批评。

首先，本书对我国检察机关作为非法证据排除主体的正当性问题进行了证成，这是本书的基础部分。根据域外排除非法证据的理论基础，可以从我国检察机关的法律地位和作用等方面证明，检察机关作为排除主体是有据且可行的，并且在我国，检察机关作为非法证据的排除主体在理论上还有自我创新和发展的方面。

其次，本书对我国非法证据排除规则的解释和适用中若干问题进行了探讨，这是本书的技术部分。应当说，这部分并非仅适用于检察阶段的非法证据排除，但如果缺乏必要的法律解释技术，势必会影响非法证据排除规则的实施效果，所以，这部分相当于是为检察机关提供一种技术上的支持，对我国非法证据的认定问题进行了梳理，对采用威胁、引诱、欺骗、疲劳审讯等手段获取的口供的认定及排除问题以及重复供述、违反录音录像制度的口供排除问题分别进行了解释学分析。

再次，本书对检察机关排除非法证据的程序问题进行了规范和实证的分析，这是本书的程序部分。合理、可行的程序设计是加强检察机关排除非法证据实效的关键环节，否则就难以突破根深蒂固的“控诉文化”“侦控合作心理”，难以真正在检察阶段排除非法证据，实证研究的结论也证实了这一点。因此，本书针对实证研究中发现的程序问题，提出了一些破解的路径。另外，还对检察机关排除非法证据的配套程序进行了探讨，这也是保障程序有效性的重要组成部分。

最后，本书对检察机关排除行刑衔接案件中的非法证据问题进行了研究。《刑事诉讼法》虽然为行政证据进入刑事诉讼打开了大门，但基于行政行为与刑事诉讼行为的本质不同，如何在刑事诉讼中对行政证据的证据能力进行筛选和把关，是非常值得研究的问题。检察阶段作为排除非法证据的关键环节，有必要掌握行政证据在刑事诉讼中运用的证据法原理，从而进行有效的判断和排除。所以本部分从原理、实证角度分别探讨了如何判断行政证据的证据能力问题，并特别探讨了行政鉴定、行政笔录的使用和排除问题。

总体上，本书围绕着检察机关排除非法证据这一主题，在基础理论、规则适用、程序设计等层面进行展开，初步构建了我国检察机关排除非法证据的理论和实践体系。当然，囿于本人对检察机关排除非法证据的实践了解有限，可能在部分环节上未能把握实践变迁的脉动，在论证中有失偏颇，所以恳请理论界和实务界对此提出批评和改进意见，以求使本书能够更贴近实践，具有更强的解释力和实用性。

董　坤

2017年10月于北京最高人民检察院八大处办公区

目　　录

第三编　检察机关排除非法证据的配套机制

第四编　行刑衔接中检察机关对证据的审查与排除

绪论

第一章　我国检察机关排除非法证据之主体地位

我国2012年新修订的《刑事诉讼法》引入了非法证据排除规则，对于遏制刑讯逼供，准确惩罚犯罪，切实保障人权，规范司法行为，维护司法公正具有十分重要的意义。虽然，国外有关证据排除规则的理论探索和制度实践都较为成熟，但我国1979年出台和1996年修订的刑事诉讼法对该规则的规定一直处于空白。此次试水正如《刑事诉讼法修正案（草案）》说明中所指出的，立法采用的是一种循序渐进式的阶段性探索。在此基调下，我们看到了规则在引入过程中的一些有限性尝试和改良性借鉴。特别值得注意的是，《刑事诉讼法》第54条第2款指出："在侦查、审查起诉、审判时发现有应当排除的证据的，应当依法予以排除，不得作为起诉意见、起诉决定和判决的依据。"根据官方的说法"该款规定了刑事诉讼每个阶段的办案机关都有排除非法证据的义务，这相对于西方法治国家中排除非法证据的主体仅仅限于法院审判机关有了排除规则内涵上的突破和创新"。①

任何他域制度的引入都有改良本土司法生态环境的功能主义潜质，但不可否认，初衷的美好期许并非一定能带来制度的有效对接以及本国司法的快速生长。这其中本土资源和既有制度体系的接纳能力是值得考量的重要因素之一。"因为，程序创新的命运在很大程度上并不取决于那些喜欢欣赏规则之完备性的法律人。改革的成败主要取决于新规则和某一特定国家的司法管理模式所根植于其中的文化和制度背景的兼容性。"② 很多时候供养体系生存的经济基础、法律文化以及体系内的各项制度息息相关、盘根错节，牵一发而动全身的情况比比皆是。程序性制裁理论、非法证据排除规则引入我国后，其给我国制度体系带来的仅仅是短期阵痛后的潜能发扬，还是持久排异后的机理不协，这需要深入挖掘我国的制度体系和司法构架的整体状况和内在联系来进行考察。在

---

① 郎胜主编：《中华人民共和国刑事诉讼法修改与适用》，新华出版社2012年版，第125页。

② ［美］米尔伊安·R. 达玛什卡：《司法和国家权力的多重面孔——比较视野中的法律程序》，郑戈译，中国政法大学出版社2000年版，序言。

此，本书仅就在我国确立检察机关作为排除非法证据的主体之合理性和科学性做一理论探讨。笔者将从西方非法证据排除规则产生和发展的内在机理入手，结合我国的司法架构以及检察机关法律监督主体的宪法定位，指出不仅是中国的审判机关是排除非法证据的当然主体，作为中国的法律监督者——检察机关作为排除非法证据的主体也能够得到理论上的证成。

一、域外非法证据排除的理论基础

从宏观上看，非法证据排除规则的确立被认为是惩罚犯罪与保障人权价值博弈的产物，但在具体阐释和分析其政策理论的基础上，不同国家又有着各自特有或趋近的理论依据。

（一）司法廉洁说

“司法廉洁说”（judicial integrity）肇始于确立非法证据排除规则的经典判例威克斯诉合众国（Weeks v. United States）一案。该案中联邦最高法院排除非法搜查和扣押证据的理由是：“为避免法官对警察违宪行为的肯定，需要排除警察违宪获得的证据。”这一理由后来被发展成为“司法廉洁说”，其基本的理论要旨是：“倘若法院于审判中使用警察非法取得的证据，等于作为司法机关的法院为政府非法行为背书，也等于宽容恕宥政府侵犯人民宪法权利，甚至间接鼓励政府的非法行为。”[①] 该学说在1960年的埃尔金斯诉合众国（Elkins v. United States）一案的裁决中被联邦最高法院再次引注，指出排除警察的非法取证所考虑的一种原因就是“确保司法廉洁的迫切需要”（The imperative of judicial integrity），[②] 法官不应成为“故意违反其宣誓支持宪法的共犯”（The federal courts should not be accomplices in the willful disobedience of a Constitution. . . . . . ）。[③]

（二）违法行为阻却说

“违法行为阻却说”也称为抑制效果说、吓阻理论。如前所述，虽然美国的最高法院曾以“司法廉洁说”作为非法证据排除规则的理论基础，但是在之后的1961年马普诉俄亥俄州（Mapp v. Ohio）一案中，一种新的解释——

① 王兆鹏：《美国刑事诉讼法》，北京大学出版社2005年版，第28页。

② Elkins v. U. S. , 364 U. S. 206, 222 (1960) .

③ Id. , at 223.

"违法行为阻却说"开始成为主流观点，"司法廉洁说"则退居次席。[①] 在该案中，联邦最高法院认为，"利用刑事处罚、行政惩戒或民事赔偿的方式都不足以有效遏制警察的违宪滥权，唯有非法证据排除规则的引入才能有效遏制警察的不法"。[②] 申言之，如果警察知道他们的违法意味着可能无法对犯罪分子定罪，他们在侦查取证中就会更加守法谨慎。不仅在美国，违法行为阻却说在其他国家和地区也得到了较为广泛的认同与肯定，日本学者平野龙一教授就指出："只有排除违法搜查和扣押收取的证据，并适当运用这一规则，对于防止警察的违法行为，才是最为有效的方法，也是对警察不法行为的超乎寻常的制裁。"[③] 土本武司教授则从反面进一步指出："若承认违法收集证据的证据能力，将导致助长侦查机关违法侦查行为的结果，对于防止侦查机关违法侦查来说，剥夺违法证据的证据能力是最有效果的。虽说对违法程序可以谋求其他手段予以制裁、救济，但事实上极为困难，也难以取得效果。"[④] 虽然在日本有关非法证据排除规则的理论根据中还有"宪法权利保障说"和"司法廉洁说"两种观点，但"违法行为阻却说"却占据主导地位。[⑤]

（三）宪法性权利保障说

根据对权利的理解范围不同，"宪法性权利保障说"也被称为人权保障说或权利保障说。该说强调非法取证违反了法定程序，侵犯了相对人的宪法性权利——如美国联邦宪法修正案的第 4 条（禁止不合理的搜查、扣押）、第 5 条（不自证己罪特权）和第 6 条（律师帮助权）等——如果仅通过对国家工作人员的不法行为实行国家损害赔偿或者民事侵权赔偿是远远不够的，为了使公民权利在遭到侵犯时得到充分的救济，应当对国家通过非法手段所获取的问题证据予以排除。美国法院在 1984 年的合众国诉雷恩案中明确指出：排除规

① 美国最高法院曾在 Stone v. Powell 一案的裁决中公开了非法证据排除规则的主要理论是违法阻却说，而司法廉洁说的解释力在某些案件中受到了限制。即"在马普一案中适用非法证据排除规则合理性的理论基础有多个，但是最主要的依据是坚信排除规则能阻却之后警察的不法行为，虽然我们的一些判决中也间接提及过"司法廉洁的急迫性要求"之理论，但他们都指出这一理论在决定某些情境下是否适用非法证据排除规则，其解释力是有限的"。译自 Stone v. Powell, 428 U. S. 465, 484 – 485 (1961).

② Mapp v. Ohio, 367 U. S. 643 (1961).

③ 转引自李心鉴：《刑事诉讼构造论》，中国政法大学出版社 1992 年版，第 291 页。

④ ［日］土本武司：《日本刑事诉讼法要义》，董璠舆、宋英辉译，五南图书出版公司 1997 年版，第 398 页。

⑤ ［日］田口守一：《刑事诉讼法》（第五版），张凌、于秀峰译，中国政法大学出版社 2010 年版，第 291 页。

则是在司法中创造出来的保障宪法第四修正案权利的一种救济。[①] "宪法保障说"在德国证据禁止制度（即非法证据排除规则）中也得到了呼应。自20世纪60年代以来，德国的证据禁止学说无论从理论上还是实务中都得到了前所未有的发展。值得注意的是，德国联邦宪法法院和最高法院在判例中越来越多地将证据禁止制度与被告人权利——尤其是宪法性权利的保障结合起来，使得这一制度客观上成为宪法性权利的主要救济机制。[②] 但是该学说却存在着"软肋"，即宪法规定的权利毕竟有限甚至太过模糊，如隐私权就并未在美国宪法中明示，而且除了实体性权利外，程序性权利是否也能涵盖其中，如何准确拓清其外延。另外，权利的相对人也过于模糊，是否包括第三人之权利。如违法搜查甲之住宅或汽车，起获乙之杀人案的凶刀，此时权利的受害者并非乙，而是甲，此时在指控乙时如果排除凶刀的话，如何能说是为了保障乙之宪法性权利，对其进行的宪法性救济。在此，宪法保障说存在着不周延的局面。

（四）其他学说以及综合说

除了"违法行为阻却说""司法廉洁说"和"宪法性权利保障说"之外，在美国、日本等其他国家还出现了"发现真实说"以及各种学说折衷后的"理论综合说"等。

1. 发现真实说。该学说也称虚伪排除说，其认为非法求刑取得的证据本身之虚伪或然性高，往往不具有真实性。所谓"严刑之下，能忍痛者不吐实，而不能忍痛者吐不实"，以此不可靠证据认定案情，必然冤狱纵生，案件的真实情况将被遮蔽。虽然此学说曾常被提及引用，但该理论的适用范围却相对狭窄，主要表现其在对非法自白等言词性证据具有较高的解释力，但是对于非法搜查和扣押的实物类证据却无法自圆其说。毕竟，实物类证据本身的客观性决定了即使被违法获得，但对案件真相的反映仍然很奏效。有学者还进一步批评指出，发现真实说对非法获得的言词类证据的排除也缺乏完整充分的理论解释，"发现真实早已不是现代刑事诉讼法的'帝王条款'，而现代证据禁止理论，早已跳脱单单追求发现真实之窠臼。例如，以狡诈之办案技巧取得之陈述，可能具有高度之真实性。但这类证词，一旦可认为以不正之讯问方式取得时，……由于禁止使用这类证据，不但无助，甚而还会阻碍真实发现"。[③] 故

① Rolando V. del Carmen Criminal Procedure Law and Practice Wadsworth Publishing Company Belmont, California, 57. 转引自谢佑平、万毅：《多元与普适：刑事司法国际准则视野内的非法证据排除规则》，载何家弘主编：《证据学论坛》（第二卷），中国检察出版社2001年版，第215页。

② 陈瑞华：《比较刑事诉讼法》，中国人民大学出版社2010年版，第181页。

③ 王兆鹏：《刑事诉讼法》（上册），中国人民大学出版社2005年版，第434页。

此，发现真实说在支撑非法证据排除规则的理论学说中逐渐被边缘化。

2. 综合说。有关非法证据排除规则的理论学说还有不少，但每一学说都存在片面或不足，因此一种综合各种学说后的折衷观点出炉。如 1980 年美国最高法院就曾表示，“第四修正案的排除规则起到了双重作用，即阻止违法行为和维护司法尊严”。[①] 此观点的提出即是对违法行为阻却说和司法廉洁说的理论整合。另外，还有学者认为，“非法证据排除规则是根据宪法保障说、司法廉洁说以及抑制效果说[②]三种理论共同建立起来的……关于这个问题，应当以抑制效果说为核心，同时考虑其他两个根据，综合分析排除规则的根据”。[③] 在加拿大，司法声誉应具有的廉洁品质和公民的宪法性权利保障共同成为了其非法证据排除说的理论基础，这集中反映在加拿大的《大宪章》第 24 条第 2 款中，“当……法庭认为证据的取得侵犯了任何受《大宪章》保护的权利和自由时，如果该项证据已经成立，且涉及到案情的各个方面，并且对它的采用将会影响司法声誉，该项证据应被排除”。[④]

（五）小结

笔者认为，非法证据排除规则以美国为代表，在世界其他国家的证据规则中都有所吸收和借鉴。关于支撑该规则的理论基础虽然学说纷纭，但就刑事司法控、辩、审的三方构造来看，非法证据排除规则对于司法裁判方而言，其产生的理论基础在于“司法廉洁说”；对侦控方而言，规范制约其合法取证的“违法行为阻却说”最具说服力；而对于代表被告的辩方而言，“宪法性权利保障说”则最有针对性。故站在司法裁判者、控诉方以及被告辩护方不同的立场角度来综合性解释非法证据排除规则的理论基础最为妥当和周全。据此，“司法廉洁说”“违法行为阻却说”以及“宪法性权利保障说”将成为下文笔者论证中国特色宪法制度架构和法律制度下检察机关具备排除非法证据主体资格的论理基础。

二、域外理论对我国检察机关作为排除主体正当性的论证

在我国，宪法规定检察机关是国家的法律监督机关，依照法律规定独立行

① 杨宇冠：《非法证据排除规则研究》，中国人民公安大学出版社 2002 年版，第 144 页。

② 即“违法行为阻却说”。——编者注

③ ［日］田口守一：《刑事诉讼法》（第五版），张凌、于秀峰译，中国政法大学出版社 2010 年版，第 291 页。

④ 孙远：《对三种排除非法证据之理由的追问》，载《中南大学学报（社会科学版）》2007 年第 3 期。

使检察权，不受行政机关、社会团体和个人的干涉。作为宪法的测振仪，有“小宪法”之称的刑事诉讼法进一步规定在刑事司法领域，人民检察院依法对刑事诉讼实行法律监督。正是检察机关在宪法和刑事诉讼法中的特殊定位，决定了中国特色权力架构下检察机关作为排除主体能够获得他域排除规则元理论的有力支撑。

（一）我国的检察机关是司法机关，有保持司法廉洁性的责任

在西方的治国理念中，三权分立的宪政思想被许多国家认可并适用。在他们那里，统一的国家权力被一分为三，分别由立法机关、行政机关和司法机关来行使。三个机关通过各自行使立法权、行政权和司法权彼此节制，以分权制衡的方式来保证国家职权的规范行使，避免三权中任何一项权力无制约地单成一极抑或国家权力运转无序下的集体膨胀。基于三权分立的思想，理论先贤进一步指出，作为三权之一的司法权本质上应是一种判断权，要使这种判断建立在公正、准确的基础上，判断者就必须客观中立、消极被动。而这一角色的承担者无疑应是法院的法官。诚如马克思所言：“法律是普遍的。应当根据法律来确定的案件是个别的。要把个别的现象归结为普遍的现象，就需要判断。判断是件棘手的事情。要执行法律就需要法官。”[①] 基于此公理性认识，西方法治国对于司法的界定无不是以法院法官为主体而展开的。[②] 如《牛津法律大辞典》对司法的界定就是：“关于法官的术语，在很多情况下区别于立法和行政，在另外一些情况下则有别于‘司法之外的’，即不经过法官处理以及没有法官的干预的处理。”[③]《布莱克法律词典》中对司法权（judicial anthority）的解释是：“法官职务所应行使的权力和履行的职责；裁判权；审理和解决争议问题的官方权力。”[④] 当欧美法院成为司法权的唯一代表时，检察机关则常常被定位在行政权的部门序列中，未被赋予纯粹的司法属性。特别是英美法系浓厚的对抗制诉讼文化奉行当事人主义诉讼模式，审检分立，检察官仅仅被视为一造之当事人，偏居指控犯罪的一方查控犯罪，在彰显其行政追诉、打击犯罪的热情时，自然缺少了司法官应有的客观、中立、消极被动的司法本性。而在大陆法系，审检合署办公的表象看似检察官与法官平起平坐，但实际上法院与检察院之间并没有隶属或领导关系。检察机关一般仍归位于行政系统，而法院

---

① 《马克思恩格斯全集》（第1卷），人民出版社1995年版，第180页。

② 美国联邦宪法第3条第1款即规定：“合众国的司法权，属于最高法院和国会不时规定和设立的下级法院。”其明确地将司法权独占性地交付于法院。

③ ［英］戴维·M. 沃克编：《牛津法律大辞典》，北京社会与科技发展研究所译，光明日报出版社1988年版，第484页。

④ Henry Campbell Black, M. A., Black's Law Dictionary, West Publishing Co., 1990, p. 847.

则属于司法系统。[①] 虽然大陆法系在分析检察官的属性时，从“接近法官说”“如同法官说”的角度出发，认为检察官与法官“不同职但同质”，指出“证诸检察官之法律守护人地位，对检察官及对法官而言，事实之究明与法律之判断，应依同一目标行事，因此，此乃两者得相提并论的强烈论证”。[②] 然而，如同并非同一、接近仍然还有距离，法官与检察官两者之间的落差难以否认。另外，在诸如德国基本法（第92条）[③] 等国家的宪法中都言明法官（或法院）始得享有司法权，若想将司法权的主体扩张解释到检察机关，宪法实是一难以逾越的鸿沟。故此，在西方国家纯粹的司法机关只能是法院，而以维护司法廉洁性为重要理论依据的西方非法证据排除规则中拥有排除权的主体也只能是裁判案件的法院法官。

不同于西方国家三权分立的宪政架构，我国的根本政治制度是人民代表大会制度。国家权力统一由人民代表大会行使。在人民代表大会下，行政机关、审判机关和检察机关分别行使部分国家权力。在“一府两院”的权力结构中，中国的检察机关不再像西方国家那样仅仅是归缩到行政系统之下，单为一个行政组织，而是与审判机关、行政机关处于平行站位、职能各分的并列关系，此时独立于行政机关之外的我国检察机关和审判机关一样，都已经“去行政化”。至于我国的司法机关，笔者认为中国的司法体制样态是一种审检双核的二元司法格局。首先，从宪法第三章“国家机构”中的规定看，其第三节是有关最高国家行政机关——国务院的规定，而作为审判机关的法院和作为法律监督机关的检察院则是同归入第七节，并规定了两者基本相同的、不同于行政机关的组织原则和依法独立行使职权的原则。从审判机关和检察机关在宪法章节的排序和设置看，检察院与法院应当在某一方面存在质的同构性，才能并列统合为一节，而这一同质性即是司法属性。就算以西方权力分配中行政权、司法权和立法权三足鼎立的结构看，在排除了我国检察机关不可能成为行政机关、立法机关的情况下，检察机关只能是同与其处于同一位序、组织原则和独立行使职权原则相同的法院一道被划为司法机关。加之我国宪法未明文规定哪一机关为司法机关，因此从学理上将我国的检察机关解释为司法机关不存在任何障碍。其次，党中央的重要文件根据宪法规定的精神也一再明确审检并立的司法格局。特别是党的十八大报告指出，在进一步深化司法体制改革中，要确

① 朱孝清、张智辉主编：《检察学》，中国检察出版社2010年版，第246页。

② 德国教授罗科信（Roxin）语，参见林钰雄：《检察官论》，法律出版社2008年版，第70页。

③ 德国基本法第92条规定：“司法权付托于法官；由联邦宪法法院（Bundesverfass - ungsgericht）、本基本法所规定之各联邦法院（Bundesgerichte）及各邦法院（Gerichte der Lander）分别行使之。”具体内容可参见孙谦、韩大元主编：《世界各国宪法》（欧洲卷），中国检察出版社2012年版。

保审判机关和检察机关依法独立公正行使审判权、检察权。党的十八大报告没有将司法体制改革简单地等同于审判改革，而是将检察改革也涵盖其中，检察机关的司法属性显然已被党中央所认同。①

将审判机关和检察机关一同定位为司法机关是我国司法架构的重要特征，构成了中国特色社会主义的司法内涵。在引入非法证据排除规则后，如果以保持司法的廉洁性作为创设该规则的重要立论之一，作为中国司法机关中的一极，检察机关在审查起诉环节排除非法证据显然具有不可推卸的责任。同时，检察机关独立行使职权的宪法和刑事诉讼法规定也使其在证据排除职能的行使上更有底气和魄力。面对发现的非法证据，检察机关若视而不见、放任自流，自然给人以纵容警察违法，与其同流合污之怪象，将直接减损司法的廉洁性、公正权威性。故我国检察机关作为排除非法证据的主体是“司法廉洁说”下的应然之理。

（二）我国的检察机关是法律监督机关，有阻却违法取证的权力和义务

如前所述，我国宪法规定检察机关是国家的法律监督机关，其地位和作用不仅表现在国家政治体制中，还具体地表现在司法体制和各种刑事、民事和行政诉讼程序中。在刑事诉讼中，检察机关的法律监督细化为诉讼程序上的全程监督，即对立案、侦查、审判和执行的整个诉讼过程都有监督的权力。其中非常重要的一个方面就是检察机关应当对侦查活动进行监督、制约和规范，即法定的侦查监督。该监督权的行使在我国从体制上由检警分立模式予以保障。与欧陆法系国家检警一体的侦控模式不同，我国的检察机关与公安侦查机关相互分立，侦查机关主要隶属于我国公安系统，② 是行政体系下的一个机关部门，而检察机关作为法律监督机关，独立行使检察权，不受任何行政机关、社会团体和个人的干涉。在这样一种检警分立的模式下，检警关系的有效分离形成了两者之间必要的张力，使检察机关对侦查行为进行排查过滤成为可能，保证了检察权对侦查活动法律监督制约机制的正常运转。反之，在欧陆法系检警一体的办案模式下，“检察官承担警察职能，成为所谓‘高级的司法警察’，检察官将因深陷于侦查事务而带上浓厚的行政机关的色彩，丧失其司法机关的非偏倚品格和独立性，其‘过滤’与制约的功能实际上也就丧失了。因为作为警

---

① 党的十五大报告直接指出：“从制度上保证司法机关依法独立公正地行使审判权和检察权，建立冤案、错案责任追究制度。”从该报告出发，检察权的司法属性、检察机关属于司法机关更是被明确地认可。

② 当然，我国的侦查机关还包括检察机关的职务犯罪侦查机关、国家安全机关、军队保卫部门、监狱和海关走私犯罪侦查机关。但主要的侦查机关仍是公安机关内的侦查部门，其负责我国绝大部分刑事案件的侦查工作，故下文中谈及的侦查机关如不特别指明均指公安机关。

察的上司，他不可避免地从警察的角度去看问题”。[①] 由上述检警关系的分析进一步引申开来的是，如果从抑制警察滥权、阻却违法的角度看，欧陆法系检察机关作为警察违法取证的排除主体显然是不适格的，原因就在于这种检警一体模式将检察机关定位为警察的高级领导、指挥者，两者同此凉热的一体共生关系使其无法保持阻却警察滥权时的超然中立性，一种潜在的荣辱与共、相互依存的情感顾虑会减损、羁绊其排除非法证据的内在动力。而在我国，检警分立从体制上破除了检察机关排除违法取证的障碍。除了既往检察机关通过审查逮捕、以纠正意见的方式规范侦查行为外，通过审查证据的合法性，发现并确定违法侦查取证行为的存在，将非法证据排除、追究违法取证者的责任、阻却甚至杜绝非法侦查已经成为我国检察机关履行侦查监督权的完整体现。因此，从创建非法证据排除规则的另一理论基础——“违法行为阻却说”出发，检警分立的诉讼格局和侦查监督的法定使命使检察机关有充分的论理支撑其成为非法证据的排除主体。

当然，在此分析进路下可能会产生的质疑是，为什么英美法系国家检警分立的格局没有促成检察机关成为非法证据的排除主体？究其原因，在英美法系国家检察机关仅仅是诉讼一方的当事人，专司起诉，本身没有侦查监督的权力和义务。在美国，“检察权等同于并限于公诉权，检察机关的职能范围仅限于‘公诉机关’”，[②] 他们同侦查机关一道对犯罪有着同仇敌忾般的天生痛恨感，往往单向度地从控诉角度去考虑问题并操作法律。正是英美检察机关的定位决定了他们与警察机关虽不同体，但是打击、惩罚犯罪的共同目标“往往使检察官成为‘热情的诉讼斗士’，不遗余力地争取胜诉”。[③] 但过分的热情却阻碍了他们从追诉犯罪中跳脱出来，客观冷静地审视侦查取证，最终他们对违法取证纠错的主观能动性被降低了。[④] 故无论是大陆法系还是英美法系的检察官，基于同侦查活动紧密的连带联系，都无法成为刑事诉讼中的第二个非法证据排除主体。

---

① 龙宗智：《评“检警一体化”兼论我国的检警关系》，载《法学研究》2000年第2期。

② 晏向华：《检察职能研究》，中国人民公安大学出版社2007年版，第58页。

③ 龙宗智：《中国法语境中的检察官客观义务》，载《法学研究》2009年第4期。

④ 另外，基于英美法系国家的联邦体制，“美国有些州的检察机关还被赋予了一定范围内的侦查权，如各州的检察机关对某些重大刑事案件和部分一般的刑事案件负责侦查。此外，当检察官认为由警察机关侦查的刑事案件的犯罪证据不充分时，检察官可以对此案进行补充侦查”。这种检警职能的配置与大陆法系检警一体的办案体制一样阻碍了检察官成为非法证据排除主体的可能。相关介绍参见刘兆兴：《两大法系国家检察机关在刑事诉讼中的职权比较》，载《外国法译评》1995年第3期。

（三）我国的检察机关“保民官”的新角色赋予其更多的权利保障职责

中国传统的法律监督理论习惯于以宪法为依据，从功能上将检察机关定位为国家专门的法律监督机关，但这一定位只能描述检察机关与其他国家公权力机关之间监督与被监督的法律关系，对于检察机关与犯罪嫌疑人、被告人以及其他诉讼当事人之间的法律关系宪法的规定却失之阙如。随着2004年我国第一次将“国家尊重和保障人权”写入宪法，人权保障成为了公权力机关和国民之间紧密联系的纽带，这一理念随着2012年刑事诉讼法的修订，在检察机关与犯罪嫌疑人、被告人之间也架起了一座新的桥梁。那就是检察机关法律监督权的行使，不仅是通过刑事案件中的诉讼监督纠正侦查机关、审判机关和行刑机关的违法不当行为，更重要的是通过规范诉讼达到被追诉者有罪罚当其罪、无罪免受追究的目的，其终极意义仍在于实现宪法中的人权保障目标。正如有学者所言，在犯罪嫌疑人、被告人面前，“检察官并非仅仅是高高在上的‘监督官’，而是‘俯首甘为孺子牛’、负有保障犯罪嫌疑人、被告人权利的责任和使命的‘保民官’”。人权保障是实施法律监督的目的，法律监督是实现人权保障的手段。法律监督，并非检察机关行使职权、履行职能的终极目的，说到底，履行法律监督职能的目的还是为了保障人权。①

在践行宪法“尊重和保障人权”的目标下，我国检察机关具有“监督官”与“保民官”的双重角色。当发现诉讼中的不当行为，如违法侦查侵及犯罪嫌疑人、被告人合法权益，取得违法证据时，检察机关基于护权（利）的“保民官”角色，除了对侵犯权利的行为予以纠正外，② 另外一个重要的渠道就是通过排除非法证据给予被侵害人救济和保护。在以宪法性权利保障说建构非法证据排除规则的理论中，我国检察机关“保民官”的角色无疑与该理论学说具有兼容性。概言之，在宪法性权利保障说的理论框架下，我国检察机关作为排除非法证据的主体同样能够获得理论解释的自洽。

---

① 万毅：《刑诉法修改对检察制度若干理念的重塑》，载《检察日报》2012年10月22日，第3版。

② 如新修订的刑事诉讼法第115条就指出：“当事人和辩护人、诉讼代理人、利害关系人对于司法机关及其工作人员有下列行为之一的，有权向该机关申诉或者控告：（一）采取强制措施法定期限届满，不予以释放、解除或者变更的；（二）应当退还取保候审保证金不退还的；（三）对与案件无关的财物采取查封、扣押、冻结措施的；（四）应当解除查封、扣押、冻结不解除的；（五）贪污、挪用、私分、调换、违反规定使用查封、扣押、冻结的财物的。受理申诉或者控告的机关应当及时处理。对处理不服的，可以向同级人民检察院申诉；人民检察院直接受理的案件，可以向上一级人民检察院申诉。人民检察院对申诉应当及时进行审查，情况属实的，通知有关机关予以纠正。”

三、本土语境下检察机关作为排除主体正当性的理论创新

衡量我国检察机关作为非法证据的排除方，其主体的适格性已在他域的理论学说中被证成。但是，结合中国语境下的司法制度和刑事诉讼法的程序设置，在本土的环境需求和资源供给下，检察机关作为非法证据的排除主体在理论支撑上还有自我创新和发展。

（一）维护程序公正，实现非法证据排除的彻底性

就非法证据的“排除”而言，创立规则的西方国家有两种诠释。大陆法系国家强调的是“不能作为定案的根据”；而英美法系国家强调的则是“不能进入事实裁判者的视野，被其看到或听到。”相较而言，第二种排除更为彻底，因为从心理学的角度出发，如果非法证据被事实裁判者所知悉，其必然会在裁判者心中留下烙印，该非法证据的影响也就很难在裁判心证中被彻底排除，排除规则可能就此被架空，通过程序制裁来维护司法公正的目的也将流产。而之所以出现对“排除”解释的差异，主要源于大陆法系和英美法系不同的庭审结构。英美法系的裁判是一种二元法庭模式，而大陆法系则是一元的。“在二元法庭，法官可以通过预审，裁定将不可采纳的信息阻挡在事实认定者的门外，使不可采但其他方面却可信的证据不在事实认定者的头脑中留下任何印记——假设法庭的这两部分相互间实行声音隔离的话。相反，在一元法庭，虽然同样是由个体决定证据的可采性和证据应有的证明力，但却无法避免被禁止但又有说服力的信息的污染。它总是要对裁决者的思想产生影响。”①

当前，我国的法庭审理模式亲近于大陆法系，法官集证据取舍、事实裁判和定罪量刑于一身，虽然刑事诉讼法确立了庭前会议制度，② 可就非法证据问题进行前置性处理。但笔者认为这一试图阻隔事实裁判者与非法证据接触的努力还有待实践的进一步检验。首先，庭前会议仅仅是就非法证据排除问题“向控辩双方了解情况，听取意见”，对于非法证据的确认和排除并非作终局性处理，一些非法证据还是可能会流入法庭由法官来最终裁断，③ 它们对法官

---

① ［美］米尔建·R. 达马斯卡：《漂移的证据法》，李学军等译，中国政法大学出版社 2003 年版，第 65—66 页。

② 新刑事诉讼法第 182 条第 2 款指出：“在开庭以前，审判人员可以召集公诉人、当事人和辩护人、诉讼代理人，对回避、出庭证人名单、非法证据排除等与审判相关的问题，了解情况，听取意见。”

③ 根据 2013 年 1 月 1 日施行的《最高人民法院关于适用〈中华人民共和国刑事诉讼法〉的解释》第 183、184 条规定，审判人员可以就申请排除非法证据召开庭前会议，但是其主要目的是“对有异议的证据，应当在庭审时重点调查”，而并非直接在庭前会议中直接排除非法证据。

心证的影响不可避免；另外，即使是非法证据在庭前会议中就予以排除，[①] 但刑事诉讼法和相关的司法解释也并未就庭前会议和庭审中是否是“双法官配置”作出明确说明，相较于英美法系国家预审和庭审不同法官审理案件的二元格局，如果中国的庭前会议和庭审都是由同一合议庭或审判法官构成的话，庭前会议排除非法证据的努力必将付诸东流，结果是鲜见的，非法证据已经在庭前会议就进入了法官视野，其对案件事实的负面影响早已产生。

综上而言，中国一元的法庭审理模式以及非法证据的庭上排除机制，都决定了如果在庭审前缺失一道关口去阻断非法证据流入法庭，法官在事实裁判时的不当干扰、信息污染不可避免，非法证据的排除并不彻底。为此，赋予检察机关在审前程序中排除非法证据的主体资格，将非法证据通过前置阀门的过滤预先排除在法庭大门之外，可以防止非法证据对后续诉讼的纵深影响，达到非法证据的彻底排除，避免非法证据对法官的干扰和误导，确保审判质量，真正实现审判程序的客观公正。

（二）贯彻集中审理原则，提高庭审的效率和公正

当今社会，刑事审判中的一个重要原则就是集中审理原则，即不中断审理原则，其是指“法院开庭审理案件，应在不更换审判人员的条件下连续进行，不得中断审理的诉讼原则”。[②] 该原则强调法庭对刑事案件的审理，除了必要的休息时间外，原则上应当是连续不中断地一气呵成。庭审繁冗拖沓、断断续续不仅会使案件双方的当事人长期处于讼累之中，身心疲惫，而且还会让法官在时断时续的庭审中对案件陷入一种“认识—模糊遗忘—再认识—再模糊遗忘……”的恶性循环，这不仅会造成诉讼资源的无端浪费，而且诉讼的拖延停滞还会造成法官对案件的认识成碎片状、片段性，不利于其从整体角度对案件作出全面客观的裁断。诚如台湾学者林山田所言：“在此审理密集原则下，可促使法官在对其审理诉讼客体之内容记忆尚极清新时，即行判决，一方面可及早结案，另一方面亦可以免因中断后，续行审理时，因为法官对于诉讼客体已是记忆模糊，而未能做成公平合理之判决。”[③] 由此，集中审理被认为是诉讼上为发现实体真实、形成正确心证、提升裁判品质的技术要求，是实现

---

① 实践中的做法可以是通过检法两家的沟通，法院建议检察机关不再就辩护方所申请排除的“问题证据”在法庭上出示。这其实从实质上做到了庭前会议制度对非法证据的排除效果。

② 《中国大百科全书·法学卷》，中国大百科全书出版社 1984 年版，第 29 页。

③ 林山田：《刑事诉讼程序之基本原则》，载中国政法大学刑事诉讼教研室编：《程序法论》，第 360 页。转引自陈卫东、刘计划：《集中审理原则与合议庭功能的强化兼评〈关于人民法院合议庭工作的若干规定〉》，载《中国法学》2003 年第 1 期。

司法公正、维系程序正义不可或缺的一环。[①] 贯彻集中审理原则是公正与效率双重价值的体现，要将这一原则落到实处，一个重要的工作就是应当尽量在庭前明确争点，将庭审中一些可能会掣肘庭审进程的程序性问题尽可能在庭前解决。这其中就包括拟提交法庭的证据合法抑或非法，以及随之涉及的排除问题。

虽然刑事诉讼法设置了庭前会议制度，但是正如笔者前面分析的，非法证据的确认和排除最终仍要在庭上解决，如果大量的排除非法证据的申请在审判程序中提出，必将使公诉机关为了收集证据证明其取证工作的合法性而不断申请延期审理，引起诉讼的中断和拖延。[②] 况且一些所谓明显的涉及“非法证据”的伪命题其实完全可以在庭前解决，一并拿到法庭上不仅是司法资源的浪费，而且还会对法官心证产生可能的负面影响。“刑事诉讼之机能，在维持公共福祉，保障基本人权，不计程序之繁琐，进行之迟缓，亦属于个人无益，于国家、社会有损。故诉讼经济于诉讼制度之建立实不可忽视。”[③] 为此，除了进一步细化完善庭前会议制度外，另外一个可能的解决路径就是在检察环节建立非法证据的申请、发现和排除机制，使法院能够在顺畅的庭审进程中有足够的精力直接就过滤过的证据进行审查核实，确保法庭审判集中高效地进行，提高法庭的审判质量。故从贯彻集中审理原则，实现审判公正、提高审判效率的角度，赋予检察机关庭前排除非法证据的权力也具有相当的合理性和科学性。

四、代结语——对侦查机关作为排除主体的质疑

无论是借用西方非法证据排除规则的理论依据去诠释我国检察机关作为非法证据排除主体的合理性，还是从本土司法环境出发去考察我国检察机关作为排除主体在刑事诉讼法运行中的自洽性，中国的检察机关作为非法证据的排除方都能获得理论上的证成。

但是，如果将这一论证逻辑迁移到承办中国大部分刑事案件的公安侦查机关，就会发现该论证解释力的渐趋式微。原因就在于我国的侦查机关隶属于公安系统，虽然其行使部分的司法活动，但仍然是作为国务院行政体系下公安部

① 参见吕阿福：《集中审理在刑事诉讼法上的展开》，载蔡墩铭主编：《两岸比较刑事诉讼法》，五南图书出版公司1996年印行，第304页。

② 张倩、刘静坤：《庭前会议程序在实践中的展开》，载《中国审判》2012年第4期。

③ 陈朴生：《刑事经济学》，台北正中书局1975年版，第327页。

及其下属各层级公安系统内的一个部门，行政色彩浓厚。[①] 在维护司法的廉洁性方面其自然没有资格和义务。而从阻却违法取证行为的理论出发来论证侦查机关能够成为排除非法证据的主体而言，这种“同体监督、自我排除”无异于让侦查机关人格分裂、自我摧残。虽然，反驳者也指出：公安机关中，侦查的多环节设置，即具体的侦查办案组和终端把关的公安预审的二元主体设置，保证了侦查取证和证据审查主体的适度分离，彼此的牵制能够保证非法证据排除的实现。[②] 但是笔者认为同处于一个系统内，“配合”可能更重于“制约”，注重部门团结和关系的理顺基本会抵消反驳者的美好设想。[③] 至于从宪法性权利保障说去理解侦查机关作为排除主体的合理性就更难以自圆其说。历史上欧陆国家曾长期陷入“警察国家”的统治梦魇，其与“法治国家”鲜明对立，最显著特征就是往往以所谓的“共同利益”为名义去任意践踏个人的权利和自由，“警察国家努力实现某种人间天堂，但却将人排除在外……”[④] 这一治国理念注定了“警察国家”在刑事诉讼中崇尚行政治罪，极度忽视人权保障，以致他们眼中的犯罪嫌疑人，“如果是年轻的男人，人们会认为他性欲旺盛；如果他年纪大些，人们就要说他是老色鬼。如果他是个色情狂，人们一定会说他因为放荡而去找那些未成年的女孩子；而如果相反，他本来是寡欲的，人们又会认为他对性欲是他犯罪的根源”。[⑤] 虽然警察国家的时代已经渐远，但是历史的教训已经证明侦查机关血液中流淌的“重治罪、轻人权”因子仍然可能影响着当今的侦查活动，以致当今实践中侦查机关仍常常成为被监督规制如何保障人权的对象。在这一现实背景下，由于侵犯人权就让侦查机关主动排除

---

① 有关公安机关的定位以及侦查机关的性质可参见陈光中：《刑事诉讼中公安机关定位问题之探讨——对〈刑事诉讼法修正案（草案）〉规定司法机关包括公安机关之质疑》，载《政法论坛》2012年第1期。

② 樊崇义、吴光升：《审前非法证据排除程序：文本解读与制度展望》，载《中国刑事法杂志》2012年第11期。

③ 有论者可能会指出，检察机关负责排除非法证据的公诉部门与自侦部门也是同属于检察系统，两者是否也会“重配合、轻制约”呢？对于这一问题，笔者认为两者还是有一定的区别的。公安机关内负责排除非法证据的预审部门，其职能被规定在刑事诉讼法分则的第二章侦查章节中（第114条），从本质上来说其还是履行的侦查职能。而且在全国公安机关侦审合一的大背景下，预审部门的证据审查职能服务侦查工作的倾向性更为明显，其独立排除证据的能动性几乎丧失。但检察机关内负责排除非法证据的公诉部门与自侦部门的权能各异，部门的分立使各自有较强的独立性，加之本书前述分析的检察机关强化内部监督控制的一系列措施和方法，对自侦案件违法侦查行为的阻却功能、积极排除非法取证在检察机关那里可以得到践行。

④ 参见［俄］B. B. 拉扎列夫：《法与国家的一般理论》，王哲等译，法律出版社1999年版，第334—335页。

⑤ ［法］勒内·弗洛里奥：《错案》，赵淑美译，法律出版社1984年版，第12—13页。

掉来之不易的有罪证据实为难事。

通过分析，我们会发现在中国赋予侦查机关自行排除非法取证在理论上的证成遭遇困境，侦查机关作为排除非法证据的主体可能最后仅仅沦为一个宣示性的口号。但是，根据现行《刑事诉讼法》第54条第2款“在侦查、审查起诉、审判时发现有应当排除的证据的，应当依法予以排除，不得作为起诉意见、起诉决定和判决的依据”的规定却能够推出侦查机关有排除非法证据的权力，在此，理论的分析推演与现行法律条文产生了冲突。理想的解决方案是修改法律，达到法律文本与理论的契合。但是在当前的中国法治语境下，连篇累牍般地批评立法，过快、过密地修改法律，只能导致民众对法律权威丧失敬畏。正如张明楷教授所言，我们应当“信仰法律，而不要随意批判法律，不要随意主张修改法律，而应当对法律进行合理的解释，将‘不理想’的法律条文解释为理想的法律规定。”① 故笔者主张在尊重现有法律规定的基础上对条文进行解释：承认侦查机关有排除非法证据的权力，② 但是，该权力的行使主要是通过检察机关在审查批捕环节对违法取证的前置性监督和有效影响来补强侦查机关自我排除非法证据的动力不足。具体而言，在审查批捕环节，公安等侦查机关若逮捕犯罪嫌疑人必须向检察机关报捕，以获得审批许可。在这一阶段，作为公安系统外的法律监督机关——检察院，与公安机关各为体系，其通过查阅案卷、调取证据、讯问犯罪嫌疑人、询问证人等诉讼参与人以及听取辩护律师的意见等调查活动，可以发现侦查中的涉嫌非法证据。此时，检察机关可以通过发出纠正意见的方式建议侦查机关自查以决定证据的取舍，还可以通过不予批捕的方式倒逼侦查机关对明显的非法证据进行排除。③ 有了检察机关在侦查阶段对非法证据是否排除的外在影响，侦查机关必然会慎重考虑，毕竟即使对检察机关发现的“问题证据”勉强移送，也必定会在审查起诉阶段

---

① 张明楷：《刑法格言的展开》，法律出版社2003年版，第3页。

② 这主要是包含在侦查取证中对证据调查、取舍的活动中。实践中，侦查机关在取证中也当然有权对自行取得的证据材料自我取舍，比如不可靠的证据材料侦查机关自然会抛弃，这在一定程序上可以说是对非法证据的排除，但却具有很大的消极被动性和排除证据范围的相对集中性——主要是虚假的或对定罪不利的证据。

③ 在2010年最高人民法院、最高人民检察院、公安部、国家安全部和司法部《关于办理刑事案件排除非法证据若干问题的规定》第3条和2012年修订的《刑事诉讼法》第54条第2款中都规定，检察机关负有排除非法证据的职责。但是二者对检察机关排除非法证据的诉讼阶段不同，《关于办理刑事案件排除非法证据若干问题的规定》指出检察机关不仅在审查起诉过程中负有排除非法证据之职责，而且在批准逮捕过程中也负有排除非法证据之职责，但新刑事诉讼法规定检察机关只在审查起诉过程中负有排除非法证据的职责，在批准逮捕过程中不负有此职责。根据法律位阶以及新法优于旧法的原理，笔者在此采纳刑事诉讼法的观点，认为在批捕过程中检察机关对非法证据的排除仅有建议权，而侦查终结前该证据是否需要排除，决定权仍交与侦查机关。

被排除掉。笔者认为从这一解释路径出发，不仅可以有效地解释法律条文的缺憾，使实践忠实于现行法律而不至流于形式；同时也进一步加深了赋予检察机关排除非法证据主体地位的必要性、合理性和科学性。当然，从长远来看，随着2012年刑事诉讼法修订实施后的深入推进，以及实践对法律的回应，中国的侦查机关是否还应被赋予排除非法证据的权力和地位，再次修法时，立法机关应予重新审视和评估。

第一编

检察机关排除非法证据实体性构成规则

第二章　中国化的证据排除规则的梳理、归纳与反思

——非法证据排除规则与其他几种证据排除规则的厘清

一、引言

随着2012年我国刑事诉讼法的第二次修订，非法证据排除规则被纳入法典。根据新修订的《刑事诉讼法》第54条的规定，无论是言词证据还是实物证据都可能会因取证手段或取证程序的严重违法而被排除。自此，“以证据排除形塑取证行为”的程序性制裁理论正式在立法层面落地生根。伴随着新刑事诉讼法的出台，相关的司法解释也进行了大幅增修，这其中由最高人民法院出台的《关于适用〈中华人民共和国刑事诉讼法〉的解释》（以下简称《高法解释》）就在证据一章中开出专节——“非法证据排除”，对非法言词证据和非法实物证据的认定范围、排除程序和证明标准等做了较为详尽的规定。2017年6月27日最高人民法院、最高人民检察院、公安部、国家安全部和司法部联合出台的《关于办理刑事案件严格排除非法证据若干问题的规定》（以下简称《严格排除非法证据规定》），更是从实体性规则和程序性规则两方面入手，对侦查、审查逮捕、审查起诉和审判等刑事诉讼全过程适用非法证据排除规则作了更为全面、系统的规定。[①] 值得注意的是，在充分借鉴和吸收了2010年“两高三部”联合发布的《关于办理死刑案件审查判断证据若干问题的规定》的相关内容后，《高法解释》还在“证据”一章的第二节至第七节，分别就物证、书证等八种法定证据的审查与认定进行了详细规范。这其中的不少条款规定，当某一类证据材料出现了解释中规定的情形，则“不得作为证

---

① 汪海燕：《审判中心背景下非法证据排除规则的完善》，载《中国刑事法杂志》2017年第4期。

据使用”或“不得作为定案的根据”。① 由此，不禁让人产生疑问，新《刑事诉讼法》第54条以及《严格排除非法证据规定》中涉及的非法证据排除的规定与《关于办理死刑案件审查判断证据若干问题的规定》或《高法解释》在“证据”一章中“不得作为证据使用”或“不得作为定案的根据”的相关条款（以下简称“证据不予认定条款”）之间为何关系？在某一证据的审查判断过程中两者有无适用先后或效力高低之分？如何准确适用才能并行不悖？《刑事诉讼法》第54条中对物证、书证的补正或者作出合理解释与“证据不予认定条款”中瑕疵证据的补正或者作出合理解释在操作方向和方法上是否有所不同？上述问题的回答不仅在理论上有研究的必要，对于司法办案也更具实践价值。

本书将以我国新修订的《刑事诉讼法》《关于办理死刑案件审查判断证据若干问题的规定》以及《高法解释》中“证据不予认定条款”为分析依据，结合立法和司法解释修订时的理由、目的和精神，深入讨论《刑事诉讼法》第54条（包括《严格排除非法证据规定》）与《高法解释》“证据不予认定条款”之间的内在关系，并对中国既有涉及证据能力的条款进行体系性梳理，归纳出中国特色的证据排除规则，进而结合相关案例勾勒出我国在司法办案中对证据能力审查的应有操作思路和方法。本书的研究更多的是立足于中国既有的法律规范和司法实践，通过解释和演绎力图破解当下证据排除规则中的中国问题，寻求现有制度和规则的有序改良，并非执着于向国外理论、判例的完全看齐和直接并轨，也并非是批判性视角下的规则重构。

二、既有观点的梳理及其对实践的可能影响

（一）既有观点的梳理

有关《刑事诉讼法》第54条与《高法解释》“证据不予认定条款”之间的内在关系，理论界曾做过一定的研究，得出了不同的结论，大致可归纳为三种观点：

1.“证据能力和证明力两分说”。该观点认为《刑事诉讼法》第54条非

---

① 如《高法解释》第75条第1款规定：“处于明显醉酒、中毒或麻醉等状态，不能正常感知或者正确表达的证人所提供的证言，不得作为证据使用。”再如《高法解释》第76条第（一）项规定，询问证人没有个别进行的，该证人证言不得作为定案的根据。具体的条款为《高法解释》证据一章中第二节至第七节的第70条第2款、71条第2款、73条、75条、76条、77条、81条、82条、85条、89条、90条第2款、91条第2款、94条。但《高法解释》73条第3款、第78条第3款、第86条第1款和第87条第3款不在其列。后文对此有详细阐释。

法证据排除的规定“规制的是证据能力的问题，即是通过对侵犯公民基本权利取得的证据的排除，遏制非法取证行为，敦促侦查机关依法办案，切实保障诉讼参与人的基本权利……《关于办理死刑案件审查判断证据若干问题的规定》[①] 则是对死刑案件中证据适用的原则、各种证据审查判断及证据综合运用的规则指引，虽其中较多涉及到‘不能作为定案的根据’的表述，但主要是从证明力的基点对各种证据进行的审查判断”。[②]

2. “非法证据范围拓展说”。该观点认为《高法解释》在“证据”一章中规定的不能作为证据使用或者不能作为定案根据的证据都属于非法证据。申言之，“非法证据范围拓展说”认为，《高法解释》“证据不予认定条款”要么是对《刑事诉讼法》第54条中非法证据范围的具体细化，要么是对非法证据范围的拓展。从一些学者的实证调研中发现，这一观点多为我国司法实务部门认同。实践中，诸如“物证缺少搜查笔录，扣押手续瑕疵，证人证言没有本人签字，询问笔录制作不规范……鉴定对象与送检材料、样本不一致，鉴定方法简单等”[③] 都被划归为非法证据。仔细对照就会发现，这些所谓的“非法证据”大多是《高法解释》“证据不予认定条款”所规定的情形。例如，因“证人证言没有本人签字”而认定为非法证据的情形与《高法解释》第76条第（二）项规定的不得作为定案根据的条款——“书面证言没有经证人核对确认的”相对应；再如实务中因“鉴定对象与送检材料、样本不一致”而将鉴定意见认定为非法证据的情形与《高法解释》第85条第（四）项规定的不得作为定案根据的情形完全一致。

3. “证据能力统合说”。该说引入大陆法系的“证据能力”概念，认为无论是《刑事诉讼法》第54条非法证据排除的规定还是《高法解释》“证据不予认定条款”都是针对证据能力的规定。《刑事诉讼法》第54条中规定的“非法证据”系因为取证程序违法而导致证据无证据能力，属于“无证据能力的证据”范畴。但“无证据能力的证据”在外延上却并不限于“非法证据”，除“非法证据”外，其他因为法定原因而导致证据丧失证据能力的情形，这其中包括《高法解释》“证据不予认定条款”中所涉及的证据形式违法、取证主体违法以及证据内容违法的证据等，皆可归入“无证据能力的证据”的范畴。[④]

---

① 所对应的就是“证据不予认定条款”。——编者注

② 闵春雷：《非法证据排除规则适用范围探析》，载《法律适用》2015年第3期。

③ 杨宇冠：《我国非法证据排除规则实施问题研究》，载《法学杂志》2014年第8期。

④ 参见万毅：《论无证据能力的证据——兼论我国的证据能力规则》，载《现代法学》2014年第4期。

（二）不同观点对司法实践的影响

对上述观点的梳理表明，学界在对我国《刑事诉讼法》第54条和《高法解释》中“证据不予认定条款”之间的关系还存在着较大分歧，而分歧的存在对司法办案的影响则不容小觑。

1. 影响证据审查判断的步骤

众所周知，证据能力解决的是证据资格或是证据容许性的问题，是从合法性的角度对证据进行规范。证明力则是解决证据对案件事实的证明价值或证明作用的问题，其围绕真实性与相关性解决证据与待证事实证明强度的有无及大小。“证据必须先有证据能力，即需先为适格之证据，或可受容许之证据，而后始生证据力之问题。”① 一般来说，对单个证据的审查应先审查证据能力，再审查证明力的有无和大小。依此认识，如果按照“证据能力和证明力两分说”的观点，《刑事诉讼法》第54条是对证据能力的规定，而《高法解释》“证据不予认定条款”是对证据证明力的规范，那么在证据审查判断过程中，裁判者对《刑事诉讼法》第54条和《高法解释》“证据不予认定条款”的适用就有先有后。但是按照“非法证据范围拓展说”和“证据能力统合说”的观点，《刑事诉讼法》第54条和《高法解释》“证据不予认定条款”都是针对证据能力的规定，② 两者平行站位，在证据的审查过程中也就没有先后之分。

2. 引发证据能力和证明力运用的混淆

表面上看，对证据的审查是先适用《刑事诉讼法》第54条非法证据排除规定，还是将其与《高法解释》“证据不予认定条款”同时并用，似乎并无优劣之分，但其内在的逻辑却蕴含着重要的理论价值。法律之所以规定证据审查要经过证据能力和证明力两个前后相继的判断过程，一个重要的原因即在于法律在探求事实真相之外，还必须通过合法的手段和方式去维护程序本身的正当，保障相关当事人的重要权利。证据能力的确立即是在案件之外通过对各种价值或政策的考量来限制证明力发挥其证明实体真实的作用，有学者将其称为“证据能力对证明力的限制”。“纵观各国刑事法律，证据能力对证明力的消极性限制典型表现为：排除以非法方法取得的口供、排除非法搜查扣押取得的证据。之所以这样规定是出于两个直接原因，一是限制、防止追诉机关滥用权

---

① 李学灯：《证据法比较研究》，五南图书出版公司1992年版，第464页。

② “非法证据范围拓展说”和“证据能力统合说”的不同之处在于，“非法证据范围拓展说”认为“《高法解释》证据不予认定条款”中涉及的证据也属于非法证据，不具有证据能力。但“证据能力统合说”则认为“非法证据”与“无证据能力的证据”这两个概念之间在逻辑上系种属关系，“无证据能力的证据”在外延上包含但不限于“非法证据”。除“非法证据”外，“《高法解释》证据不予认定条款”中涉及的证据也属于“无证据能力的证据”，却不是非法证据。

力；二是保护公民的个人权利不受非法侵犯。”① 为了避免“唯真相论”下不问是非、不计代价、不择手段等践踏人权的取证行为出现，法律规定在判断证据的证明力前，首先要从取证手段的合法性等多个角度对证据的准入资格进行筛查。由此，对证据的证据能力的审查就成了横亘在证明力审查前一个必不可少的前置程序。但是，若对证据的审查出现了证明力与证据能力的混淆以及顺序上的倒置，便会引发诸多不利后果。例如，若错将本是解决证据能力的《高法解释》“证据不予认定条款”认为是解决证明力的依据，置于《刑事诉讼法》第 54 条等判断证据能力的规则之后适用，一些本应通过“证据不予认定条款”就可排除的证据材料便直接进入了法庭，成为法官自由心证决断的对象，所造成的危害是相当严重的。一方面，一些本应排除的证据材料可能就在法官心证的过度“自由”下被认定为定案的根据；另一方面，即使这类证据材料最终没有被法庭采信，但却不可避免地在法官的脑海中留下了或深或浅的印迹，对裁判的走向也已产生了负面影响。

3. 影响证据调查程序的选用

遵循新《刑事诉讼法》第 56 条、第 57 条和第 58 条的规定，对于非法证据需要启动专门的排除程序，这其中对于程序的启动、举证责任的承担、法庭审查和调查的程序都有专门要求。按照“证据能力和证明力两分说”的观点，既然《高法解释》“证据不予认定条款”是对证据证明力的规范，那么如果出现了条款中所规定的情形，所牵涉的“问题证据”仅需要通过庭审质证的方式由法官通过“心证”自由决断其有无证明力以及证明力的大小，无须启动“排非”程序。而按照“非法证据范围拓展说”的观点，《高法解释》“证据不予认定条款”中所指向的“问题证据”均属于《刑事诉讼法》第 54 条所规定的非法证据的范围，那么其证据能力的审查则需悉数启动专门的非法证据排除程序来对证据收集的合法性进行调查，同时还要求检察机关对证据收集的合法性承担举证责任。但若依“证据能力统合说”的观点，情况又有所不同。因为，《高法解释》“证据不予认定条款”中所指向的“问题证据”虽然没有证据能力，却不属于非法证据的范畴，故也不需要适用专门针对非法证据的排除程序，而是使用另外一套有关证据能力审查的程序和方法。

除此之外，有关《刑事诉讼法》第 54 条非法证据排除的规定与《高法解释》“证据不予认定条款”之间的关系，还将影响到不同类型证据的补正与合理解释的方向和具体方法（这点将在后文进行细致分析，此处不再赘述）。

---

① 李莉：《论刑事证据的证据能力对证明力的影响》，《中外法学》1999 年第 4 期，第 41 页。

三、不同规定在证据排除上的目的侧重及关系定位

通过对上述问题的分析可以发现，厘清《刑事诉讼法》第54条非法证据排除的规定与《高法解释》“证据不予认定条款”之间的关系不仅对于司法办案具有很强的实践价值，而且对于我国证据规则在规范层面的梳理和建构也有较大的理论意义。为此，笔者将从立法创制和司法解释修订时的规范目的出发，分析两者在证据审查时，其功能效用上的不同侧重，并据此划定两者在证据审查判断环节的关系定位。

（一）《刑事诉讼法》第54条非法证据排除规定创设的立法目的

非法证据排除规则起源于英美法系的美国，施行已百年有余。美国最高法院在总结该规则创设的理论依据时曾提出过三种较有代表性的学说：司法廉洁说、违法行为阻却说、宪法性权利保障说。[①] 虽然三种学说至今仍未达成统一，但它们都可导源于外部的政策性因素。“政策性因素是指，基于某些与正确认定案件事实或确保特定审判模式得以正常、高效运转无关的，其他方面的政策性目的，而对刑事证据能力提出的要求。”[②] 威格摩尔将此类证据能力的规范称为基于外部政策而设的规范。之所以称为外部政策，是因为这些政策并非服务于以证据“求真”的内在要求，而是用来彰显探求事实真相之外的一系列重要理念或价值。维护司法廉洁、震慑违法取证、保障公民的宪法性权利均可导源于此。

2012年我国刑事诉讼法也确立了非法证据排除规则。按照立法者的说法，法律对非法证据的排除作出规定，目的是“为从制度上进一步遏制刑讯逼供和其他非法收集证据的行为，维护司法公正和刑事诉讼参与人的合法权利”。[③] 虽然与美国确立非法证据排除规则的理论基础有所差别，但我国非法证据排除规则的立法目的也是为了执行某些外部政策，如保障诉讼参与人的合法权利，遏制刑讯逼供等非法取证行为。至于“为了更加准确和便捷地查明案件事实而对证据能力提出的要求，如排除是为了涤除某些虚伪不实的证据”，并未在非法证据排除规则的立法目的中言说。当然需要指出的是，由于《刑事诉讼

---

① 参见董坤：《我国检察机关排除非法证据主体地位之理论证成》，载《上海交通大学学报（哲学社会科学版）》2013年第6期；孙远：《对三种排除非法证据之理由的追问》，载《中南大学学报（社会科学版）》2007年第3期；郭烁：《从个别到全面：完善非法证据排除规则的本土道路》，载《中国社会科学院研究生院学报》2013年第3期。

② 孙远：《证据能力导论》，人民法院出版社2007年版，第90页。

③ 参见关于《中华人民共和国刑事诉讼法修正案（草案）》的说明。

法》第 54 条中既规定了非法言词证据，还规定了以物证、书证为代表的非法实物证据，在排除不同类型的非法证据时，各自的目的导向略有不同。例如，非法言词证据的排除更专注于对刑讯逼供等非法取证行为的抑制，而对非法物证、书证的排除则更倾向于对司法公正的维护，但笔者认为上述立法的规范目的似乎均可以统合为保障公民的基本权利，原因有二：

其一，非法证据排除规则的逻辑起点源自对公民基本权利的保障。在美国，非法证据排除规则自创设之初便与公民的基本权利紧密相关。无论是狭义的还是广义的非法证据，都是以一系列的宪法性基本权利为根据，主要涉及两类，即刑事被告受警方胁迫而做的自认和警方以非法手段获取的不利于被告的证据。这些证据之所以被排除，都因为其违反了美国的宪法性基本权利。具体而言，前者违反了《美国宪法第五修正案》的规定，在刑事诉讼中，被告“不得被强迫……自证其罪的权利。”而后者则违反了《美国宪法第四修正案》规定人民拥有其“人身、住宅、文件和物品”不受“不合理搜查与扣押之权利。”[①] 在德国，法律中许多排除规则设立的主要目的也是保障公民个人的权利，特别是隐私权。该权利可以从保护人格尊严和个人自由发展的宪法规定中推导出来。[②] 在法国，若某一诉讼行为被宣告无效，原则上，依据该项无效诉讼行为制作的诉讼文书应从预审案卷中撤除，被视为“不曾制作”，由该行为收集的有关证据材料也可能被排除。这种与英美非法证据排除规则发挥相似作用的制度被称为诉讼行为无效制度，其一般也必须以程序性违法行为侵害了当事人的利益为前提。[③] 可见，虽然各国刑事诉讼中的非法证据排除规则不尽相

① 参见满运龙：《美国证据法的宪法维度》，于浩主编：《人大法律评论》2016 年卷第 2 辑（总第 21 辑），法律出版社 2016 年版，第 163—164 页。

② ［美］佛洛伊德·菲尼、［德］约阿希姆·赫尔曼、岳礼玲：《一个案例，两种制度：美德刑事司法比较》，郭志媛译，中国法制出版社 2006 年版，第 221 页。

③ 法国的诉讼行为无效制度主要是针对预审程序中的违法行为而建立的，基本可分为法定无效与实质无效。根据法国刑事诉讼法典第 802 条的规定，“法定无效”一般是以损害当事人利益为前提，又被称为“附条件的无效”。但仍有一些尽管未损害当事人利益，却使司法权威和公共利益受到侵犯的违法行为也可能带来诉讼行为的无效，称之为“公益性无效”。当然，“法定无效”中附条件的无效——也就是以损害当事人利益为前提的无效——仍然是最主要的无效形态，也代表了法国诉讼行为无效制度的未来发展方向。所谓“实质无效”是指警察、检察官或者预审法官的行为违反了刑事诉讼法所规定的程序，尽管法典没有针对这一违法确立法定的无效后果，但由于该违法侵犯了当事人的权利或者损害了当事人的利益，上诉法院预审庭也可以宣告其无效。可见，法国的诉讼行为无效制度，其适用的基本前提是某一程序性违法行为损害了当事人的权益。相关内容可参见陈瑞华：《大陆法中的诉讼行为无效制度——三个法律文本的考察》，载《政法论坛》2003 年第 5 期；施鹏鹏：《法国刑事程序无效理论研究——兼谈中国如何建立“刚性”的程序》，载《中国法学》2010 年第 3 期。

同，但设立这一规则的目的或初衷是相同的——都是从人权保障的价值出发，[①] 我国也概莫能外。众所周知，尊重和保障人权是我国宪法确立的一项重要原则。2012 年，我国在修订刑事诉讼法时将“尊重和保障人权”明确入法。由于刑事诉讼制度关系公民的人身自由等基本权利，“尊重和保障人权”写入刑事诉讼法绝不仅仅是一个宣示性口号，而是要在各种程序设置和具体制度上加以贯彻，这其中就包括非法证据排除规则的建立。通过对那些违法的、侵犯基本人权的取证行为所获证据的排除来形塑合法取证，保障公民的基本权利。可以说，“非法证据排除规则的设置就是为了保障人权，这是其主要价值之所在”。[②]

其二，遏制刑讯逼供、维护司法公正以及保障公民基本权利仅仅是理论上的划分，在具体的制度运行过程中，它们往往相互交织、互为体现，很难截然分开。例如，立法设置非法言词证据排除规则的主要目的在于从证据制度上限制国家公权力的恣意妄为，进一步遏制刑讯逼供和其他非法收集证据的行为。但与此同时，排除刑讯逼供等非法取证手段所收集的言词证据本身也是对当事人合法权利遭受侵犯的程序性救济，本质上是对当事人基本权利，尤其是人身权以及不得强迫任何人证实自己有罪特权的维护。立法设置非法言词证据排除规则对公权力机关而言是震慑、抑制违法取证；对个人而言则是保障公民的各项基本权利。这反映了“法政策”的一体两面。至于非法实物证据排除规则中维护司法公正的目的，则更多地体现或包含在了违法取证行为以及违法行为对合法权利侵害后果的程度上，即越是能有效遏制和规范刑讯逼供等非法的取证行为，以及最大限度地保障诉讼参与人的各项合法权益，司法公正就越容易实现；反之将会严重影响司法公正。对此，最高人民法院在修订《高法解释》时，针对如何理解《刑事诉讼法》第 54 条“严重影响司法公正”时就表达了类似的观点，“一般认为，非法证据排除规则所关注的对象是基本人权，如果收集实物证据的行为故意违反法定程序，并且侵犯了宪法规定的公民隐私权、财产权、通信自由权和通信秘密权等基本人权，就可以被视为严重影响司法公正”。[③]

综上，《刑事诉讼法》第 54 条非法证据排除条款的立法目的在于实现外部政策，包括遏制刑讯逼供等非法取证行为、维护司法公正、保障基本权利等多重因素，但可主要归结为是对公民宪法性基本权利的保障。只有那些违反法

① 汪建成：《中国需要什么样的非法证据排除规则》，载《环球法律评论》2006 年第 5 期。

② 杨宇冠：《非法证据排除规则研究》，中国人民公安大学出版社 2002 年版，第 141 页。

③ 戴长林：《非法证据排除规则司法适用疑难问题研究》，载《人民司法》2013 年第 9 期。

定程序、以侵犯公民基本权利的方法收集的证据才属于“非法证据”，适用非法证据排除规则。而为了提高事实认定的准确性，排除某些虚假不可信的证据则基本不在非法证据排除规则的立法目的之中，此类证据自然也不属于该规则的排除范围。

（二）“证据不予认定条款”创设时的立法目的探究

虽然在立法创设时，《刑事诉讼法》第 54 条非法证据排除的规定没有过多地从证据不真实的内在风险去考量证据排除，但这一重要因素并没有在证据能力的判断体系中被彻底否弃，而是在“证据不予认定条款”中得以体现。“证据不予认定条款”最早出现在《关于办理死刑案件审查判断证据若干问题的规定》中，按照当时的立法思路和立法目的，由于我国没有引入证据能力和证明力这对概念，司法实务中也没有对它们作出明确区分，冒然引入涉及证据能力的众多证据规则可能会使司法办案者无所适从。但本着循序渐进的立法思路，《关于办理死刑案件审查判断证据若干问题的规定》中还是创造性地区分了三种涉及证据能力的证据规则。

第一类是因对外部性政策的考量而创设的证据能力规则，其并不顾及证据证明力的大小，即使可能影响案件事实的查明也在所不惜，而是为了保护基本人权和其他重大利益而排除某些证据。[①] 例如按照《关于办理死刑案件审查判断证据若干问题的规定》第 12 条的规定，“以暴力、威胁等非法手段取得的证人证言，不能作为定案的根据”。之所以要否定该类证人证言的证据能力主要不是考虑证人证言的真实性，而是基于保护基本人权的目的而将这种即使能证明案件事实的以暴力、威胁等非法手段（违反了我国刑事诉讼法的规定）取得的证人证言予以排除。这类涉及证据能力的证据规则后来即发展成为《刑事诉讼法》第 54 条中非法证据排除规则的规定，而今又被《严格排除非法证据规定》进一步细化、补充和完善。

第二类则是基于防止证据本身的不可信之危险，为了减少错误认定事实的可能性而创设的规范证据能力的证据规则，其实际上是在考虑证据证明力的基础上而确立的。“证据容许性之各种法则，除因其他外部之政策而发生者外，迹其渊源，更多由于防止不可信之危险。换言之，即原由证据力之问题而转为证据能力之限制。”[②] 此类涉及证据能力的证据规则后来即发展成为《高法解释》“证据不予认定条款”。按照当时的立法思路，“证据不予认定条款”中规定的这些证据材料由于本身的特点导致其具有极大的虚假可能性，法律便索性

① 最高人民法院刑事审判第三庭：《刑事证据规则理解与适用》，法律出版社 2010 年版，第 51 页。
② 李学灯：《证据法比较研究》，台湾五南图书出版公司 1992 年版，第 467 页。

釜底抽薪地否定了其作为证据的资格。[①] 换言之，虽然证据的客观真实性往往属于证明力判断的范畴，但立法者在此已经人为地将证明力这样一个事实问题以法律的方法，即创设证据能力规则的方式加以解决。对于这类规则，有学者将其称为“基本要素欠缺”[②] 的证据能力规则，也有学者称为“证据的客观性保障规则”,[③] 在此笔者从该规则的基本内涵出发，借鉴部分研究者的说法将其称为“不可靠证据排除规则”,[④] 以便与“非法证据排除规则”相对应。

除此之外，不同于大陆法系国家有关证据能力全有全无式的规定，我国还创造性地在《关于办理死刑案件审查判断证据若干问题的规定》中提出了“瑕疵证据”的概念，并在之后的《高法解释》“证据不予认定条款”中延用。瑕疵证据既不是无证据能力的证据，也不是有证据能力的证据，其处于证据能力的中间状态，类似于合同法中的“效力待定”。如果能够对瑕疵证据补正或作出合理解释，“瑕疵”即得以治愈，瑕疵证据便转为有证据能力的证据。如果不能补正或作出合理解释，则瑕疵证据便被认定为无证据能力，不能作为证据使用。由此延伸出我国第三类证据能力排除规则——瑕疵证据排除规则。瑕疵证据排除规则既不专注于非法取证对公民基本权益的严重侵犯，也不侧重于非法取证可能导致证据的虚假不实，而是关注取证行为本身在程序上的不规范以及所获证据在要件规格上的差错或不完整。一般而言，瑕疵证据的“瑕疵”仅具有形式上的意义，其关乎两个层面的问题：一是取证程序的瑕疵，二是所获证据本身的瑕疵。前者特指取证程序的不规范，如询问证人的地点不符合规定，但这多属技术性、细节性的问题，违法性并不严重，也未侵害到相关当事人的基本权益；后者则专指所获证据自身在形式要件上的差错或不完整，如勘验笔录上没有侦查人员的签名或扣押清单上对物品的名称、特征等注明不详，但其没有在实质上影响到证据的真实性。正是基于瑕疵证据的自身特点，《高法解释》制定了对瑕疵证据可补正或作合理解释的裁量规范。“瑕疵证据排除规则”的立法初衷主要是基于实践中取证不规范的问题较为突出，通过设置该规则可倒逼侦查取证走向更为规范化的道路，但考虑到“瑕疵”对合法权益的侵犯以及对证据可信性的影响都不具有严重性或实质性，若一概

① 最高人民法院刑事审判第三庭：《刑事证据规则理解与适用》，法律出版社 2010 年版，第 51 页。

② 龙宗智：《两个证据规定的规范与执行若干问题研究》，载《中国法学》2010 年第 6 期。

③ 纵博、马静华：《论证据客观性保障规则》，载《山东大学学报（哲学社会科学版）》2013 年第 4 期。

④ “不可靠证据排除规则”中的不可靠证据并非是指证据已确定是虚假的，而是指证据的真实性存疑导致该类证据显不可信，法律直接推定该类证据为不可靠的证据，予以排除，这类似于法律上的拟制性规定。

直接排除，可能导致案件事实无法认定，基于中国司法现状的特殊考虑，《高法解释》折中创设了"瑕疵证据排除规则"。但正如参与创设该规则的最高人民法院的法官所言："随着证据收集、审查、运用等制度的不断完善，证据规则将会更加严格，瑕疵证据也将严格予以排除。"①

（三）《刑事诉讼法》第54条与"证据不予认定条款"的关系定位

通过上述分析会发现，我国刑事诉讼法所确立的"非法证据排除规则"具有特定的含义，只有通过违反法定程序并且严重侵犯公民基本权利的方法收集的证据才属于"非法证据"，适用非法证据排除程序。但证据排除规则仍然是一个体系架构，在"非法证据排除规则"之外，《高法解释》"证据不予认定条款"还另行创立了两类新的证据排除规则——"不可靠证据排除规则"和"瑕疵证据排除规则"。它们分别从证据自身的可信性以及取证的规范性视角出发，对每种法定证据的证据能力作出了较为形式化、具体化的规定。"不可靠证据排除规则"直接规定了证据无证据能力的情形，并要求对该类证据予以强制性地直接排除。而"瑕疵证据排除规则"则规定了什么情形的证据有瑕疵，允许取证方有补正或作出合理解释的机会，避免直接遭受最严厉的排除后果。

总体而言，《高法解释》"证据不予认定条款"既不是证明力的判断规则，也不是对《刑事诉讼法》第54条非法证据排除规则的细化拓展。"证据不予认定条款"中的不可靠证据和瑕疵证据也根本不属于《刑事诉讼法》第54条中"非法证据"的范畴。《高法解释》"证据不予认定条款"设立的"不可靠证据排除规则"和"瑕疵证据排除规则"与《刑事诉讼法》第54条中规定的"非法证据排除规则"三者是平行站位，互不重叠的，它们统合于中国的证据排除规则之下，共同规范证据的证据能力。当然，对于在规范层面上梳理出的中国化的证据排除规则还有两点需要进一步说明：

其一，"不可靠证据排除规则"散见于《高法解释》"证据"一章第二节至第七节各类法定证据的审查与认定的条款中，主要以"不得作为证据使用"或"不得作为定案的根据"的形式被规定要强制排除。仔细审视这些条款，可以发现其中有少部分已经体现了诸如英美法系国家有关证据可采性规则中的意见证据规则、鉴真证据规则的雏形，如《高法解释》第75条第2款的"证人的猜测性、评论性、推断性的证言，不得作为证据使用，但根据一般生活经验判断符合事实的除外"，以及第73条第1款的"在勘验、检查、搜查过程

① 戴长林、罗国良、刘静坤：《中国非法证据排除制度——原理·案例·适用》，法律出版社2016年版，第255页。

中提取、扣押的物证、书证，未附笔录或者清单，不能证明物证、书证来源的，不得作为定案的根据”。然而，由于我国刑事诉讼立法中对此类排除规则未有明确规定，且实务中包括法官在内的刑事办案人员头脑中甚至还没有证据能力、证明力的概念，大踏步地一次性引入过多的证据能力排除规则，既有的证据观念和办案习惯可能一时难以转变。再加之，上述两款中所反映出的排除规则往往也与证据本身的客观真实性紧密相关，[①] 因此，它们所体现的证据能力规则都统一划归到了“不可靠证据排除规则”中，当然，这在一定程度上也反映出我国证据规则在当前立法中的粗糙。

其二，《刑事诉讼法》第 54 条规定，如果是“收集物证、书证不符合法定程序，可能严重影响司法公正的，应当予以补正或者作出合理解释；不能补正或者作出合理解释的，对该证据应当予以排除”。从法条文义出发，非法的物证、书证必须包括三个条件：收集程序违法；严重影响司法公正；不能补正或作出合理解释。这其中对“严重影响司法公正”的理解，应从违反程序的取证行为本身的严重程度以及行为对公民基本权益侵害的程度两个层面进行判断。具体而言，违反程序的取证行为的严重程度包括：行为对违反程序的频次；行为人当时的主观罪过，是故意、重大过失还是一般过失；行为的方式，如是暴力方式还是欺骗等较为平和的手段等；以及行为时的现实情况，如有无期待可能性等。对于违反程序的取证行为对公民基本权益的侵害，则主要从所侵害的权益是否重大来予以考量，例如是公民的宪法性权益、一般性权益或较为轻微的权益。这里需要进一步思考的是，有学者认为此处的“严重影响司法公正”还包括“侦查机关的违法取证行为足以影响到证据的客观性和真实性，进而可能妨害实体公正的实现”。[②] 对此，笔者不敢苟同。从前述非法证据排除的立法目的出发，《刑事诉讼法》第 54 条对非法证据的认定，并未因非法取证对证据的虚假性的影响，而过多地从实体层面去考虑排除该证据。换言之，只要取证违法性恶劣，权益被侵害的程度严重，即使证据的取得是真实可靠的，该证据也应当予以排除。这一点从立法对非法言词证据和非法物证、

① 如最高人民法院在对《高法解释》第 73 条第 1 款“在勘验、检查、搜查过程中提取、扣押的物证、书证，未附笔录或者清单，不能证明物证、书证来源的，不得作为定案的根据”进行解读时，就指出只有来源清楚的物证、书证才有证据资格。因为，在证据保管链条的全部记录中，有关证据来源的记录最为重要，因为该记录显示的是证据的出处，直接关系到证据的真实性。同样，在解读《高法解释》第 75 条第 2 款的立法理由时其同样认为，之所以证人猜测性、评论性、推断性的证言不可采，主要是因为其并非证人对案件事实的亲身感知，且无法确保其真实性。参见江必新主编：《最高人民法院刑事诉讼司法解释理解与适用》（上），人民法院出版社 2015 年版，第 228、245 页。

② 万毅：《关键词解读：非法实物证据排除规则的解释与适用》，载《四川大学学报（哲学社会科学版）》2014 年第 3 期。

书证不同排除模式的设立思路中也可以得出。“物证、书证本身是客观证据，取证程序的违法一般不影响证据的可信度。而且许多物证、书证具有唯一性，一旦被排除就不可能再次取得。大部分国家的法律对于违法取得的实物证据，都没有规定绝对予以排除，而是区分情况作不同的处理。”① 也正是基于此，我国立法中，对于物证、书证采用的是裁量排除，并非如言词证据一样适用绝对排除。因此说，《刑事诉讼法》第54条对非法物证、书证的排除是从假定物证、书证客观性强、可信度高的前提下作出的排除规则设计。对于物证、书证排除条件的分析判断，也应当因循此前提。在对物证、书证适用排除规则时，无须过分专注其自身的客观真实性，而是应从取得物证、书证的行为本身对程序违反的程度，并结合对当事人基本权益侵害的程度两个方面来综合考察其对司法公正的影响。至于违反程序的行为对物证、书证真实可靠性的影响，则是由“不可靠证据排除规则”去“接力”处断。

四、不同证据排除规则在实践中的应用逻辑

在从理论规范层面厘清了《刑事诉讼法》第54条非法证据排除规定与《高法解释》“证据不予认定条款”之间的关系后，实践中如何准确、合理地运用各项证据排除规则就显得十分重要。对此，笔者将结合实践办案中的具体案例，对本书引言中所提出的一些具体问题作出回应。

（一）不同类型的排除规则在实践中的具体应用

“非法证据排除规则”“不可靠证据排除规则”和“瑕疵证据排除规则”都属于规范证据能力的排除规则，但由于它们的立法目的各有侧重，故在实践操作中应因案施策，避免混淆。

[案例1] 2010年8月10日晚，南京市建邺警方得到线索：黎某经营的一个棋牌室有多人吸毒。警方立即行动，破门而入，发现室内有三名可疑人员。为防止相互串供，公安人员用头套将三名可疑人员的头套住，然后开始搜查，搜查时的见证人为参与抓捕行动的派出所保安。警方在黎某办公桌抽屉内一个铁盒中起获毒品海洛因47余克。搜查完毕将黎某带至派出所后才将头套取下，并开具扣押清单，黎某虽然在扣押清单上签字，但是仅在扣押的其随身物品上捺手印，对于扣押清单上列明的47余克毒品海洛因则坚持不捺手印，并在扣押清单下端写了一行小字“捺手印的是我的东西，没捺手印的不是我的东西”。在该案中，犯罪嫌疑人的头被套住，形同不在场；见证人是参与抓

① 郎胜主编：《中华人民共和国刑事诉讼法修改与适用》，新华出版社2012年版，第124页。

捕的派出所保安，见证无效；扣押清单也非当场开具，明显违反法律规定。该案侦查人员的取证行为违法是确凿无疑的，但问题是，该案所获物证即47余克海洛因是否应当排除，如果要排除，是适用哪一排除规则？①

该案例最早刊登于2011年8月10日出版的《检察日报》，针对该案中47余克海洛因的排除问题主要有两种观点：

第一种观点认为，对47余克海洛因应适用《刑事诉讼法》第54条非法物证的排除条款。本案中，取证程序违法已非常明显；同时，现场已不能再现，物证取得过程无法进行补正，对非法物证排除的两个必要条件已经符合。至于对“严重影响司法公正”的把握，由于本案中诸多违法取证行为已经不能排除47余克毒品是他人放入的可能，这就意味着该物证（47余克海洛因）的客观性、真实性产生了合理怀疑，如果坚持用这一证据定案，可能妨害实体公正的实现，甚至导致冤假错案，这应当视为“可能严重影响司法公正”，故47余克海洛因应认定为非法证据予以排除。②

第二种观点也认为，该案应适用《刑事诉讼法》第54条非法物证的排除条款，但对于“可能严重影响司法公正”的理解则应从保障被追诉人公正审判权的角度入手。“‘公正审判权’在某一层面可以解释为参与原则，该原则延伸到侦查程序中，就意味着侦查机关强制处分被追诉人的重要权益时，除有碍侦查的情形之外，被追诉人都有权在场并陈述意见，我国刑事诉讼法及相关司法解释之所以要求扣押应当有见证人在场，并应当场出具扣押清单，其目的也正是为保障被追诉人的‘在场权’。因此，在黎某非法持有毒品案中，真正导致该物证被排除的事由，并非物证来源不可靠、证据真实性难以保证，而是侦查机关的违法扣押行为侵犯了作为被追诉人的公正审判权的重要内涵之一的‘在场权’。”③

对于上述案例的分析，第一种观点认为该案中一系列的违法取证导致了物证最终的虚假不实，但却错误地适用了《刑事诉讼法》第54条非法证据排除的规定，并将“可能严重影响司法公正”扩张到了证据虚假对实体公正的影响（对此问题前文已经做了详细说明，此处不再赘述）。第二种观点则认为，非法取证行为侵犯了当事人的重大权益——公正审判权，具体到本案而言，可

① 崔洁、肖水金、王丽丽、李勇：《非法证据争议，期待修法破题》，载《检察日报》2011年8月10日，第5版。

② 参见崔洁、肖水金、王丽丽、李勇：《非法证据争议，期待修法破题》，载《检察日报》2011年8月10日，第5版。万毅：《关键词解读：非法实物证据排除规则的解释与适用》，载《四川大学学报（哲学社会科学版）》2014年第3期。

③ 万毅：《非法证据争议，学者法理破题》，载《检察日报》2011年8月17日，第3版。

以视为侵犯了当事人在搜查、扣押过程中的“在场权”。但将此权利引入本案讨论，笔者认为有待商榷。首先，作为国际公约规定的一项权利，公正审判权在我国立法层面未有明确规定。虽然1998年我国政府签署的《公民权利和政治权利国际公约》第14条有对公正审判权的规定，但直至目前，该公约尚未提交全国人民代表大会批准，若直接在司法办案中适用此项权利，似乎有些操之过急。其次，在讨论刑事诉讼中的公正审判权时，“国外学者往往按诉讼阶段将其分为审判前的权利（如迅速获知指控、获得律师帮助）、审判中的权利（如法庭前平等、公开审判、审判时在场、询问证人）和审判后的权利（如上诉权、刑事错案赔偿权）”。[①] 虽然公正审判权并不是一项仅在审判阶段才有的权利，但就“在场权”而言，其仍然被限定在“审判时”的在场。换言之，其主要围绕缺席审判对当事人“公平审判权”的侵害进行讨论，至于审前阶段当事人的“在场权”或“参与权”，严格意义上来看，“公正审判权”难以涵摄，第二种观点对此似乎有过度解读之嫌。

笔者认为，上述案例中对物证（47余克海洛因）的排除，不应从违法手段对权益侵害的视角出发，而应关注于因取证程序违法对所获物证本身客观真实性的影响，适用“不可靠证据排除规则”，依据则为《高法解释》“证据不予认定条款”。分析的逻辑思路是：案例1中，犯罪嫌疑人的头被套住，形同不在场；见证人是参与抓捕的派出所保安，属于公安机关的聘用人员，并不符合见证人[②]的要求。这些情形都导致现场搜查和扣押的物品只有公安机关一方进行，没有任何见证和监督。另外，扣押清单也非现场开具，而且清单上的签名，按照《刑事诉讼法》第140条的规定，应当由侦查人员、见证人和持有人三方签名或盖章，但本案中物品的持有人黎某坚决否认，拒绝签名；见证人身份不合法，其签名也无效。如此，扣押清单已完全作废，视同不存在。综合上述案情，本案应适用《高法解释》第73条第1款中的规定：“在勘验、检查、搜查过程中提取、扣押的物证、书证，未附笔录或者清单，不能证明物证、书证来源的，不得作为定案的根据。”申言之，本案中对于47余克海洛因，由于搜查、扣押程序的违法导致扣押清单无效，该证据保管链条的完整性已经断裂，物证的来源不清，不能排除有人栽赃嫁祸的可能，证据的真实性已难以保障，故该47余克海洛因应当排除。

---

① 转引自熊秋红：《解读公正审判权——从刑事司法角度的考察》，载《法学研究》2001年第6期。

② 根据《高法解释》第67条第1款第（三）项的规定，行使勘验、检查、搜查、扣押等刑事诉讼职权的公安、司法机关的工作人员或者其聘用的人员，不得担任刑事诉讼活动的见证人。

以案例1为分析文本，笔者对“非法证据排除规则”“不可靠证据排除规则”以及“瑕疵证据排除规则”的应用做了一定程度的思路整理。但在分析过程中，也出现了一个值得关注的问题，即三种排除规则的侧重点是否会有交叉重合之处。例如刑讯逼供既侵害了当事人的身体健康权，还可能引发口供的虚假不实。对此，笔者将《刑事诉讼法》第54条的规定与《高法解释》“证据不予认定条款”进行了较为细致的比对，发现这一忧虑在立法和司法解释修订时已经做了较为充分的考虑，三种排除规则的适用范围有着较为明确的区分。还是以刑讯逼供为例，有关刑讯逼供的规定仅在《刑事诉讼法》第54条做了规定，而《高法解释》“证据不予认定条款”中则没有罗列，因此刑讯获取的口供只需按照“非法证据排除规则”操作即可。当然，为了实务中操作的方便，避免不必要的混用，笔者试图提出两个更具操作性的参考建议：

1. 实践中三种证据排除规则之适用顺序

在证据能力的审查判断上，“非法证据排除规则”“不可靠证据排除规则”和“瑕疵证据排除规则”并无先后顺序之分，但落实到实践操作中，从便利性的角度出发，仍有一个从何者先开始的问题。

首先，从《刑事诉讼法》第54条非法证据排除规定和《高法解释》“证据不予认定条款”来看，前者规定的“非法证据”的范围仍然较为抽象和笼统，但后者对“不可靠证据”“瑕疵证据”的判定标准则较为细化具体。因此，在判断某一证据的证据能力时，可优先考虑违法的取证行为是否能在《高法解释》“证据不予认定条款”中找到对应项。如果没有，则再考虑该违法取证行为是否侵害了当事人的重要基本权益，是否符合《刑事诉讼法》第54条非法证据排除的规定。

其次，“不可靠证据排除规则”与“瑕疵证据排除规则”都在取证过程中有违反程序或手段非法的情形，但关键的区别是前者的违法行为在程度上更为严重，以致所获证据虚假显不可信，而这是“瑕疵证据排除规则”无法直接反映的。因此，一旦出现了取证违法的情形，在“不可靠证据排除规则”和“瑕疵证据排除规则”的顺序选择上，可优先考虑排除效果更为彻底的“不可靠证据排除规则”。

2. 结合《严格排除非法证据规定》进一步明确“非法证据”的范围

在证据能力的判断上，如果审查的证据无法在《高法解释》“证据不予认定条款”中找到适用项，其证据能力的审查随即转入“非法证据排除规则”。诚如前言，《刑事诉讼法》第54条对“非法证据”的规定较为原则和抽象，而2017年6月27日出台的《严格排除非法证据规定》在第一部分“一般规定”中对非法证据的范围作了进一步的补充和完善，有必要作进一步归纳。

（1）采用刑讯逼供、暴力、威胁获取的犯罪嫌疑人、被告人供述和证人证言、被害人陈述属于非法的言词证据。其中，刑讯逼供不仅包括暴力、使用戒具等直接的肉刑，还包括冻、饿、晒、烤、疲劳审讯等变相肉刑，只要这些手段使犯罪嫌疑人、被告人遭受难以忍受的痛苦而违背意愿作出的供述，都属于非法证据。此外，采用非法拘禁等非法限制人身自由的方法收集的犯罪嫌疑人、被告人供述也应当排除。犯罪嫌疑人、被告人受刑讯逼供影响而作出的与刑讯直接逼取供述相同的重复性供述原则上也应认定为非法证据，予以排除。

（2）从权益被侵害的角度进一步明确非法实物证据的范围。虽然《严格排除非法证据规定》仍然沿袭了《刑事诉讼法》第54条对物证、书证的排除规定。但是从非法证据排除规则的基本内涵入手，基于宪法与刑事诉讼法的特殊关系，各国法律大都规定了以保障宪法权利为主旨的非法证据排除规则。借鉴这一有益经验，对于侵犯了公民重大的宪法性权利而获得的物证、书证都可以考虑适用非法证据排除规则。例如非法拘禁和非法搜查侵犯了我国《宪法》第37条规定的公民人身自由权;[①] 非法进入公民住宅进行搜查侵犯了我国《宪法》第39条规定的公民住宅不受非法侵入权；非法监听侵犯了我国《宪法》第40条规定的公民的通信自由和通讯秘密权；不告知被告人可以委托辩护人侵犯了我国《宪法》第125条规定的被告人有获得辩护的权利。[②] 当然，除此以外，实践中一些宪法中没有详细规定，但却属于刑事诉讼法中的重要权利，也可考虑因该项权利被侵犯而排除掉由此获得的物证、书证。[③]

（二）不同证据排除规则下证据补正或合理解释的方向

［案例2］　2012年11月3日晚21时，在参加全市打击制售假药劣药集中行动中，侦查人员甲、乙、丙、丁根据情报冲入关某家中进行搜查，在一个房间查获了大批假冒伪劣药品。由于搜查人员身着便衣，虽然出示了警官证，表明了身份，但还是遭到了被搜查方对执法的阻挠，双方发生了一定的肢体冲突，惊扰了邻居，引起了一定程度的民众聚集，后该行动在网上曝光，还引发了较大的网络舆论。后查明，甲、乙、丙、丁冲入关某家中时未带搜查证，那

① 人身自由，又称身体自由，是指公民的人身不受非法侵犯的自由。非法拘禁、超期羁押、奴隶、非法搜查等都侵犯了公民的人身自由权，由此获得的物证、书证应当予以排除。韩大元、王建学：《基本权利与宪法判例》，中国人民大学出版社2013年版，第215页。

② 我国在1996年第一次修订刑事诉讼法时，便对犯罪嫌疑人和被告人作出区分，但这一作法一直未引起修宪者的重视，直至目前，宪法依然维持了“被告人有权获得辩护”的措辞。参见陈永生：《刑事诉讼的宪政基础》，北京大学出版社2010年版，第3—4页。

③ 具体内容可参见戴长林、罗国良、刘静坤：《中国非法证据排除制度——原理·案例·适用》，法律出版社2016年版，第75页。

么该搜查行动中所收集的假冒伪劣药品是否应当排除？

[案例3] 在对叶某盗窃案审查批准逮捕期间，检察机关承办人员发现一份证实公安机关从现场提取嫌疑指纹一枚的“现场勘查笔录”中有如下几个问题：（1）现场勘查笔录中的日期有明显改动过的痕迹（由2002年改为2000年）；（2）现场勘查笔录中署名的两名参与勘查的侦查人员中的一位竟然是本案案发1年之后，于2001年才由其他单位调入N市公安局工作的，签名有误；（3）现场勘查笔录上无见证人的签名。对此，该嫌疑指纹是否应予排除？

[案例4] 在梁某故意伤害案件的侦查过程中，A县公安机关的侦查人员王某、陈某通知该案的目击证人李某到该县红桥宾馆接受询问，并现场制作了询问笔录，经李某核对签字后放入诉讼案卷。后该案审判环节，辩护律师对该询问笔录的询问地点提出质疑，认为询问程序违法。对此，该询问笔录是否应当排除？

“非法证据排除规则”和“瑕疵证据排除规则”中都涉及证据的补正与合理解释问题。其中，“非法证据排除规则”主要针对的是物证、书证，而“瑕疵证据排除规则”则针对《高法解释》“证据不予认定条款”规定的瑕疵证据，其中也包括有瑕疵的物证和书证。对于这两类排除规则中相关证据的补正或合理解释是否有重叠或包容？如没有，两者补正或作出合理解释的思路是否有所不同，如何操作？这些问题有必要结合既有研究成果和具体案例深入探讨。

1. 对《刑事诉讼法》第54条非法物证、书证的补正与合理解释

对《刑事诉讼法》第54条非法物证、书证的补正与合理解释也有学者做过专门的研究，总结而言有如下几种观点：

第一种观点认为，这里的补正或作出合理解释等同于《高法解释》“证据不予认定条款”中对应的瑕疵物证或书证的补正与作出合理解释。全国人大常委会法工委在立法理由中就指出：“补正是指对取证程序上的非实质性的瑕疵进行补救，如在缺少侦查人员签名的勘验、检查笔录上签名等；合理解释是指对取证程序的瑕疵作出符合逻辑的解释，如对书证副本复制时间作出解释等。”① 通过比较可以发现，这一解读中所涉及的需要对物证、书证补正或作出合理解释的情形与《高法解释》第73条规定的瑕疵物证、书证完全对应。由此推知，两类排除规则下物证、书证的补正与作出合理解释的思路基本趋同。

① 郎胜主编：《中华人民共和国刑事诉讼法修改与适用》，新华出版社2012年版，第125页。

第二种观点认为，从解释学的角度出发，对《刑事诉讼法》第54条补正与作出合理解释的理解是：如果物证、书证的收集不符合法定程序，可能严重影响司法公正，那么对于可以进行补正与合理解释的证据，应当进行补正与合理解释，经补正或合理解释后可以采用；但是如果物证、书证属于不可以（或不应当）进行补正或作出合理解释的，则对该证据应当予以排除。[①]

第三种观点认为，将“不能补正或作出合理解释”列为非法实物证据排除规则的适用条件之一属于立法失误。《刑事诉讼法》第54条所排除的证据为“非法证据”，而“瑕疵证据排除规则”所规范的对象则是“瑕疵证据”。只有瑕疵证据才存在补正或者作出合理解释的空间，至于非法证据则关键是应否排除的问题，根本不存在补正或者作出合理解释的余地。“将‘补正或者作出合理解释’附加到非法实物证据排除规则之中，会造成两项排除规则不应有的交叉和混淆。建议删除非法实物排除规则中的补正或作出合理解释规定。”[②]

笔者较为赞同第三种观点。结合前文梳理出的我国既有的三类证据排除规则体系以及不同排除规则各自立法时的规范目的，“非法证据排除规则”与“瑕疵证据排除规则”是两种不同的证据排除规则。“非法证据排除规则”中需要补正或作出合理解释的物证、书证属于“非法证据”，“瑕疵证据排除规则”所调整的对象则为瑕疵证据，当然也包括有瑕疵的物证、书证。但无论是从取证手段的违法程度还是从采纳后的消极后果来看，非法的物证、书证与瑕疵的物证、书证都有内在的本质不同。第一种观点和第二种观点混淆了两类不同排除规则的适用范围，也导致不同情形下物证、书证在排除规则适用上的交叉。为了避免两种规则之间在适用上的歧义，最好的方法就是删除《刑事诉讼法》第54条中“补正或作出合理解释”的条件。但考虑到法的稳定性，短期内修改恐难以实现，可能的方法就是寻求一种解释的进路。

鉴于“非法证据排除规则”立法的规范目的在于保护被违法取证所侵犯的公民的基本权益，而严重影响司法公正的体现也主要在于行为对基本权益的侵犯程度和由此产生的影响后果。笔者认为对《刑事诉讼法》第54条中非法物证、书证的补正与合理解释进路可以从以下两个层面展开：

其一，将“违反法定程序”与“可能严重影响司法公正”两个条件理解为形式上的客观要件，即从外在的表面上观察，取证违反了法定程序，同时对当事人的基本权益造成了现实损害。此时补正与合理解释的方向在于对上述客

---

① 陈盛、纵博：《瑕疵证据规定的法律解释分析——以〈刑事诉讼法〉第54条为对象》，载陈金钊、谢晖主编：《法律方法》（第15卷），山东人民出版社2014年版，第355页。

② 陈瑞华：《论瑕疵证据补正规则》，载《法学家》2012年第2期。

观性行为进行实质性补正或解释，以达到阻却程序违法，或阻却基本权益侵害的效果。例如在案例2中，表面上看侦查人员夜晚未带搜查证侵入他人住宅进行搜查侵犯了住宅不受他人随意侵入的权利；同时，还引发了一定的群众聚集和网络舆论，已经造成了较大的影响。但如果能够通过补正或解释的方式证明，之所以没有拿搜查证是由于情况紧急，不立即搜查，可能导致犯罪嫌疑人逃跑、现场证据被毁灭或转移，而大量的民众聚集则在于不明真相的群众受到犯罪嫌疑人家属的煽动，以为是入室抢劫。如此，搜查所获得的物证便得到了补正或合理解释，不应被排除。

其二，如果将“违反法定程序”与“可能严重影响司法公正”两个条件理解为实质性的客观要件。换言之，收集物证、书证的行为确实在客观上违反了法定程序，且对当事人的权益产生了严重侵害，造成了不当后果。此时是否还有补正或作出合理解释的空间？比照国外非法证据排除规则就会发现，即使在美国，进入20世纪80年代以来，面对不断高涨的犯罪浪潮的冲击，美国联邦最高法院也不再要求对“非法证据”一概排除，而是设置了诸如“最终或者必然发现的例外”“善意的例外”“在国外取得证据之例外”等“原则加例外”的排除模式。[①] 在日本，非法证据排除规则也具有如下两种例外情形：（1）不可避免发现的例外；（2）善意的例外。[②] 德国在证据禁止规定中也指出，证据的排除必须是为曾经被破坏的程序性规则服务的，如果排除证据并不会促进被违反的规则的目的的实现，法庭就会采纳该证据，因为这样做就会在没有达到任何积极效果的情况下干扰了对事实真相的查明。[③] 基于此，可以考虑一种新的思路，将《刑事诉讼法》第54条中涉及的“补正或作出合理解释”转换成非法物证、书证排除规则的“例外性规定”。即客观上已经“违反法定程序，可能严重影响司法公正”的物证、书证，若能通过补正或作出合理解释的方式说明在具体案件中确实有一些特殊的情形，以致为了维护一种更高的价值，保护更为重大的利益，法律不得不考虑将该案中的非法物证、书证不再排除。而其中的特殊情形即可以参照当前国外已经普遍认同的例外性规定，如“紧急情况的例外”“无害错误的例外”“善意的例外”“恐怖犯罪中

① 陈光中主编：《刑事诉讼法》（第六版），北京大学出版社、高等教育出版社2016年版，第192页。

② ［日］田口守一：《刑事诉讼法》（第五版），张凌、于秀峰译，法律出版社2010年版，第295页。

③ ［德］托马斯·魏根特：《德国刑事诉讼程序》，岳礼玲、温小洁译，中国政法大学出版社2004年版，第197页。

的例外”等，[①] 并规定只有证明具体的违反行为符合这些例外情形的条件，才算达到了补正或作出合理解释的要求。还是具体到案例 2 中，可能的操作思路为：即使所获的物证是非法取得，且已侵犯了当事人的基本权利，造成了一定的影响，“但如果检控方证明了它将被以一种合法的方式‘必然发现’，或者通过另一个独立的非法来源获得这些证据，那么，这些证据仍可为检控方所用。”[②] 这一补正或解释的进路虽然是在借鉴国外立法经验的基础上将我国法律规定中的不妥之处进行了解释性转换，但其出发点仍然符合我国在创设非法证据排除规则时从权利或法益保护角度出发的深层目的。毕竟，权利或权益有多种，在不同案件中多个权利或法益相互交织。“非法证据排除规则”大多是为了保护个人利益、保障人权而设定的；非法证据排除规则的例外性规定则更多的是为了打击犯罪、维护公共利益。有时，某一行为客观上已经侵犯了个人的法益，甚至是重大法益，但为了维护一个更大的或者是更多人的法益，立法不得不对某些“非法证据”持“容忍”态度。这就是例外规定产生的原因，也应当成为我国《刑事诉讼法》第 54 条非法物证、书证今后补正或作出合理解释的努力方向。

2. 对瑕疵证据的补正与合理解释[③]

从瑕疵证据排除规则的立法目的出发，可以发现对于瑕疵证据的补正与合理解释方向又有其自身的特点。

如前所述，瑕疵证据有两种：一种瑕疵的产生多是由于证据固定上的疏忽大意、不够细致，反映在某些证据上即出现了形式要件上的差错或不完整，如勘验、检查笔录上忘记签名，或扣押清单上由于笔误错记了物证的数量或质量。但此种情况中的取证行为本身多是合法、规范的，“瑕疵证据”的产生一般只要能及时修改，并说明确实是无心之失，就达到了补正或合理解释的要求。以案例 3 为例，对于现场勘查笔录中的三处瑕疵，侦查人员可以做出如下补正和解释：（1）因为现场勘查笔录制作的时间为 2000 年年底，由于当时制作时忘记填写日期，等元旦过后再行补填时则疏忽了当时的年份，习惯性地写成了 2001 年年底，发现后马上更改过来；（2）现场勘查笔录中署名的其中一名侦查人员确实是 2001 年才调入 N 市公安局，但在办理该案时其已经被借调到 N 市公安局工作，且本身具有侦查人员的身份，故参加了该案的现场勘查

① 李富成：《刑事证据规则的一般性规定与例外性规定》，载《中国刑事法杂志》2016 年第 5 期。

② ［美］罗纳德·J. 艾伦：《排除规则的困难》，郑飞、强卉译，张保生校，载《证据科学》2012 年第 6 期。

③ 本部分内容后文第十章还有更为详尽的分析，但囿于本节的体系性梳理，在此仅做概要解析。

工作；（3）现场勘查中确实邀请了见证人，只是由于当时现场工作较为繁杂琐碎，耗时较长，待见证与其他工作一并结束签名时，见证人因有其他急事已先走。

另一种“瑕疵”则可能是确实存在违反法定程序的、不规范的取证行为，这些行为后来也被反映到了笔录或其他证据的形式要件中。例如，按照《刑事诉讼法》第122条的规定，侦查人员询问证人的地点可以是在现场进行，也可以到证人所在单位、住处或者证人提出的地点进行，在必要的时候，可以通知证人到人民检察院或者公安机关提供证言。但是在案例4中，侦查人员询问证人的地点却是侦查机关指定的地点，显然违背了法定程序，同时这一违反程序的行为也反映到了询问笔录上，并被辩护方发现。该种情形的瑕疵证据如何进行补正或合理解释需要从立法上的规范目的出发进行实质性处理。立法之所以要对“瑕疵证据”进行补正或作出合理解释，“一方面要给予侦查人员一定的谴责和惩罚，令其承受程序上的不利后果，另一方面也是为了挽救有利于证明案件真实情况的瑕疵证据，使其不因为程序上的瑕疵而被排除于法庭之外”。[①] 考虑到此种立法目的，这种情形的瑕疵证据的补正或解释方向应遵循如下思路：指出该瑕疵证据的出现仅仅是反映了取证程序上的不规范，但其危害后果较为轻微，若既未侵害到当事人的基本权益，也未影响到证据的真实性，法政策上可以对该不规范的取证行为采取一定的“容忍”态度。换言之，对证据“瑕疵”的补正与合理解释方向应当是证明“瑕疵”的取证行为并没有产生任何实质意义上的权利侵害或证据虚假，没有转化为“非法证据排除规则”或“不可靠证据排除规则”调整的对象。以案例4为例，本案中询问地点的程序性违法已是不争的事实，但如果办案人员能够证明询问的手段与方式是合法的，询问期间证人没有受到暴力、威胁的非法对待，合法权益未受任何侵害；同时，宾馆的询问环境也未有任何不当，没有对证人造成任何不必要的心理影响，证人的陈述是自由、自愿和自然的，笔录中证言的真实性没有受到实质性损害。如此，瑕疵的询问笔录则得到了合理解释，可以作为证据使用。当然，如果通过补正或合理解释未能消除证据“瑕疵”的实质性影响，反而损害了证据的真实性，此时就应当排除瑕疵证据。

3. 警惕“形式上的瑕疵证据”

需要特别强调的是，无论是非法证据、不可靠证据还是瑕疵证据，实践中在发现时常常是以瑕疵证据的形式体现的。例如，某些案件的询问笔录反映，在同一时间段内，同一询问人员询问不同的证人。这种情况有可能是询问证人

① 陈瑞华：《论瑕疵证据补正规则》，载《法学家》2012年第2期。

没有个别进行所致，也可能是由于询问笔录的制作不规范所致。如果是前者，那就是不可靠证据，适用《高法解释》第 76 条直接排除；如果是后者则是瑕疵证据，适用《高法解释》第 77 条给予补正或作出合理解释的机会。但在实践中，上述类似的情形常常都是以瑕疵证据的形式展现出来，办案人员也通常会按照瑕疵证据处理，让控方或取证方去补正或作出合理解释。但是在后期的补正或解释过程中，办案人员会慢慢发现所谓的“瑕疵证据”根本就不是瑕疵证据，而是不可靠证据或非法证据。此时，就不应再继续进行补正或解释的工作，而是应当直接适用处理不可靠证据或非法证据的程序排除该证据。仍以案例 3 为例，如果仅看前文案例中的表述，该勘验检查笔录仅仅是签字错误或缺少签名，形式上符合瑕疵证据。但在公安机关补正或解释过程中，检察机关发现了诸多疑点，后经调查发现，真实的情况是：2000 年 12 月 28 日，该案经受害人报案后，侦查人员确实到案发现场进行了勘查，并从案发现场提取嫌疑指纹一枚，但由于侦查人员工作上的疏忽，没有及时制作现场勘查笔录。2001 年 6 月 2 日抓获犯罪嫌疑人叶某之后，侦查人员在补写现场勘查笔录是出于日常书写习惯将现场勘查的年份写为 2001 年，后因意识到与实际案发的时间不符故又更改为 2000 年。同时，因补写现场勘查笔录时恰逢那位 2001 年由其他单位调入 N 市公安局工作的侦查人员在场，于是，就随手填写了他的名字。至于现场勘查笔录中未填写见证人的姓名问题，是因为现场勘查时没有见证人在场。如果案情如此翻转，意味着该勘验检查笔录属于事后补做，已经无法反映半年前的真实现场情况，当属无效，应予作废，视同没有现场勘查笔录，同时也说明案件中的指纹来源不明，依据“不可靠证据排除规则”，指纹应径行排除。

（三）不同类型排除规则的处理程序

在法庭处理程序上，非法证据、不可靠证据和瑕疵证据并不趋同，存在一定的差异（见图 1）。非法证据排除规则涉及的是取证合法性问题，为了把排除非法证据的规定落到实处，《刑事诉讼法》第 56 条、第 57 条和第 58 条规定，在符合启动条件的情况下，法庭要对证据的合法性展开专门的审查、调查和处理。具体言之，无论是法院依职权还是被告人及其辩护人依申请启动的排除非法证据的程序，法庭都应当先进行审查。经审查，对证据收集的合法性没有疑问的，可以驳回申请；对证据收集的合法性有疑问的，应当进行调查。在调查过程中，公诉人应当举证证明证据收集的合法性，控辩双方可以围绕证据收集的合法性质证、辩论。法庭经调查后，确认或者不能排除存在以非法方法收集证据情形的，对有关证据应当予以排除。

相比之下，“不可靠证据排除规则”和“瑕疵证据排除规则”所针对的证据材料是由于其自身的特点而被纳入排除规则的范畴，作为一个纯粹的法律适用问题，只要经审查认定特定证据材料属于该类排除规则适用的对象，就可以直接作出排除的决定，并不存在需要专门调查的问题。因此，对于适用“不可靠证据排除规则”和“瑕疵证据排除规则”的情形，无须启动专门的排除证据的调查程序。

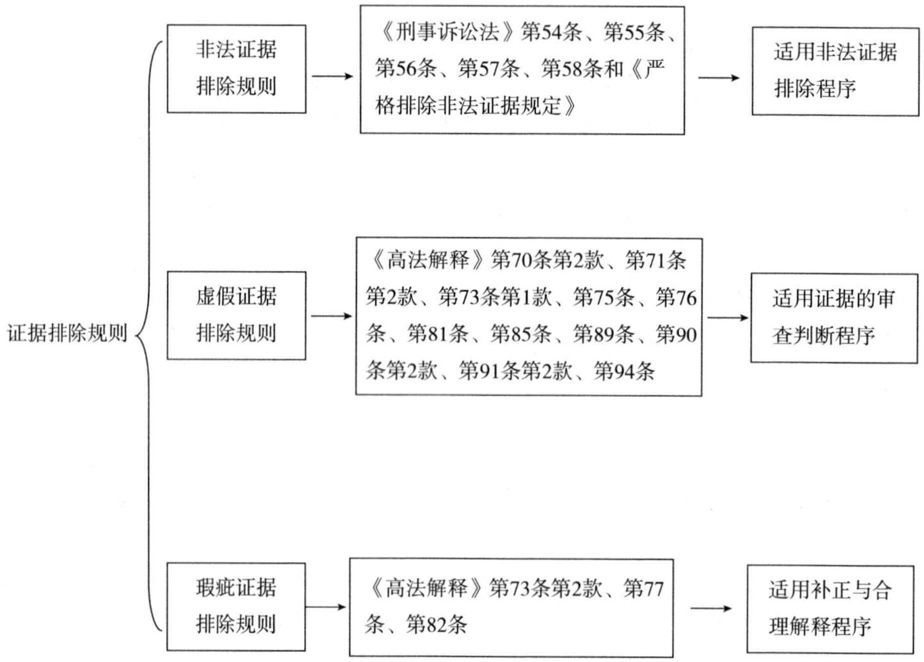

图1　中国化的证据排除规则体系

五、必要的反思与规则完善

通过立法和司法解释，我国构建起了符合中国特色的证据排除规则，包括以执行外部政策，如遏制刑讯、维护司法公正和保障基本权利，为目的而建立的“非法证据排除规则”；以发现案件真相，涤除不可靠证据为目的而设置的“不可靠证据排除规则”；以改进技术性、细节性的不规范取证行为为目的而创设的“瑕疵证据排除规则”。在实践运行中三项排除规则各有侧重、协调并行，共同在证据审查中对证据的证据能力起到筛查和把关的作用。虽然中国的证据排除规则在当下的司法办案中确实发挥了重要作用，但不容否认的是，上述制度规则还是存在一些“硬伤”或“软肋”值得反思和不断完善。

（一）破解证据排除规则的位阶效力错位、解释造法的问题

就三类证据排除规则而言，“不可靠证据排除规则”和“瑕疵证据排除规则”的适用依据是《关于办理死刑案件审查判断证据若干问题的规定》和《高法解释》“证据不予认定条款”，它们均属于司法解释的范畴。按照《立法法》第104条的规定，司法解释应当主要针对具体的法律条文展开，解释必须符合立法的目的、原则和原意。换言之，“司法解释必须符合立法原意，不得突破法律”。[①] 然而，按照前文的分析，“不可靠证据排除规则”和“瑕疵证据排除规则”并非是对刑事诉讼法“非法证据排除规则”的进一步解读或延伸，而是在刑事诉讼法之外另行创设的新的关乎证据能力的排除规则，三类排除规则在实际运用中平行站位、效力等同。这就意味着《关于办理死刑案件审查判断证据若干问题的规定》和《高法解释》突破了刑事诉讼法的规定，创制了新的规范，显然已经超出了司法解释本身的功能定位，演变成了解释造法。

另外，《关于办理死刑案件审查判断证据若干问题的规定》和《高法解释》“证据不予认定条款”之间的效力高低也一直未有定论。《关于办理死刑案件审查判断证据若干问题的规定》由“两高三部”联合发布，自然效力遍及刑事诉讼程序的各个阶段，但发布时间为2010年。《高法解释》为2012年修订，2013年1月1日实施，属于新法。但其仅由最高人民法院一家发布，适用范围是否能涵盖公安、检察系统不无疑义。前文分析中曾言，新修订的《高法解释》中“证据不予认定条款”承继了大部分《关于办理死刑案件审查判断证据若干问题的规定》的内容，但实际上两者在某些具体条文的规定上仍有差异，甚至有细节上的冲突。[②] 如果实践中办理的案件所涉及的条文正巧在两个司法解释的规定上不尽一致，到底哪个司法解释具有优先适用权，这着实会让实务部门的同志费一番脑筋。因此，当下最好以司法解释的形式尽快出台统一的证据排除规则，解决执法适用的依据问题。当然，未来最好还是将我国所有的证据排除规则在立法中予以明确，以消除效力位阶上的错位。

---

① ［德］冯·萨维尼、雅各布·格林：《萨维尼法学方法论讲义与格林笔记》，杨代雄译，法律出版社2008年版，第7页。另参见乔晓阳主编：《〈中华人民共和国立法法〉导读与释义》，中国民主法制出版社2015年版，第322页。

② 例如《高法解释》第90条中针对辨认笔录仅规定了“不可靠证据排除规则”的情形，言下之意，对于辨认笔录没有适用“瑕疵证据排除规则”的规定。但是在《关于办理死刑案件审查判断证据若干问题的规定》第30条第2款却规定了针对辨认笔录的五种情形，通过有关办案人员的补正或者作出合理解释的，辨认结果也可以作为证据使用。言下之意，《关于办理死刑案件审查判断证据若干问题的规定》中设置了有关辨认笔录的“瑕疵证据排除规则”。

（二）调整非法实物证据排除规则的适用范围和设置模式

我国对于非法实物证据的排除范围仅限于物证、书证的规定，缺乏周延性考虑，难以应对实践的需求。例如，暴力劫取相对人持有的物证、书证，由于该行为取证程序违法，且侵害了持有人的人身自由权，应当适用《刑事诉讼法》第54条非法证据排除规则的条款。但同样是暴力劫取视听资料、电子数据的行为，所获实物证据却无法在现行证据排除规则中找到合适的条文。试问，都是暴力取证，由此获得的视听资料、电子数据难道与收集物证、书证的非法性上有质的区别吗？再如，在立案前即采用大规模的技术侦查，监听相关人员的电话、手机通话，其行为显然是违反法定程序的，同时还侵犯了当事人的通信自由和通信秘密，所获得的视听资料、电子数据也应当作为非法实物证据予以排除，但苦于于法无据，该类证据的排除也一直困扰着实务部门。因此，完善实物证据的排除规则首先应当解决好排除范围的问题，修改当前法律的封闭性规定。

其次，为了便于与瑕疵证据做好区分，未来在修法过程中应当删除非法实物证据排除规则中“补正或作出合理解释”的条件规定，积极借鉴国外立法，增设符合中国特色的非法证据排除规则的例外情形，将非法实物证据的“补正或合理解释排除”更换为“原则加例外”的排除模式。

（三）在排除规则中投入更多“权利保障”的目光

“不可靠证据排除规则”和“瑕疵证据排除规则”的设立考虑了中国司法的国情和现状，符合历史发展的需要。但正因为是独创，既成的排除规则还处于试行摸索阶段，仍存在着些许不足。较为明显的就是，中国的排除规则还是将目光更多地投向了那些阻碍事实查明，自身虚假性极高的证据材料上，而那些通过侵犯当事人基本权益违法收集的证据并没有被划归为非法证据，而是更多地认定为瑕疵证据，获得了补正或解释的机会。例如，《高法解释》第82条第（三）项规定，首次讯问笔录没有记录告知被讯问人相关权利和法律规定的属于瑕疵证据，经补正或者作出合理解释的，可以采用。按照我国刑事诉讼法的规定，讯问犯罪嫌疑人时要告知其有申请回避的权利、拒绝回答与案件无关问题的权利以及聘请律师的权利，如果在实践中通过讯问笔录的记载发现，侦查人员确实未告知被讯问人相关权利和法律规定，这种行为显然是否定了权利告知程序所应具有的保护合法权利、获得有效辩护和公正审判之立法初衷，其已经侵犯了被讯问人的知悉权，间接影响甚至阻碍了被讯问人其他权利的正常行使。类似的情形在德国，如果未告知或未充分告知被指控人有咨询辩护人等其他的权利，此亦构成证据使用禁止，[①] 讯问获得的言词证据应直接排除。但是在我国，考虑到上述行为对证据真实性的危害不大，《高法解释》还是给予了该类笔录证据重新制作[②]或事后追认[③]的补正机会，这其实是不当压缩了“非法证据排除规则”的适用空间。此外，其他一些侵犯当事人基本权利的违法取证行为也没有在我国的证据排除规则中体现。例如，法律规定讯问未成年人应当通知其法定代理人到场，如果法定代理人不能到场，则应通知其他的合适成年人到场。讯问未成年人通知其法定代理人到场，对于消除未成年人的紧张情绪，确保其心智的正常发育都是十分必要的。不通知的行为则严重剥夺了未成年人的代理权，所获证据应当以非法证据对待，直接排除。但现行法律和司法解释中却没有对此作出相应的规定，唯一可以“挂靠”的可能就是参照《高法解释》第 82 条第（一）项的规定，仍将该类证据认定为瑕疵证据。[④]

鉴于此，笔者认为，未来我国若仍保留三类证据排除规则的格局，就应当适当调整各个排除规则的内容条款，将那些通过侵犯公民基本权利违法收集的证据更多地纳入非法证据排除规则中，通过启动排除程序进行精细化调查，一旦确认或不能排除非法取证情形的，直接彻底地排除该类证据，以强化非法证据排除规则对刑事诉讼法“尊重和保障人权”任务的贯彻执行。另外，将现行非法证据排除规则中针对言词证据，尤其是针对非法口供的判断标准作出调整，从“痛苦规则”[⑤] 转为“基本权利侵害规则”。即针对那些没有使人产生剧烈疼痛或痛苦的取证行为，只要与刑讯逼供的“实质性后果一致”——严重侵犯公民的基本权利，特别是达到侵犯宪法性权利的程度，都应当划归到非法证据排除规则中，从而扩大非法证据排除规则对公民基本权利的救济范围。

---

① 德国刑事诉讼法第 136 条第 1 款：初次讯问开始时，要告诉被指控人所被指控的行为和可能接受的处罚。应当告诉被指控人，享有就指控进行陈述或者不陈述的权利，并且有权随时，包括在讯问之前，与自己选择的辩护人进行商议。此外，应当告知其可以申请收集一些对自己有利的证据。还应当告知被指控人在合适情况下可以书面陈述。英文释义参见 www. juris. de, Service provided by the Federal Ministry of Justice in cooperation with juris GmbH；中文释义参见《德国刑事诉讼法》，宗玉琨译，知识产权出版社 2013 年版，第 123—125 页。

② 牟绿叶：《论可补正的排除规则》，载《中国刑事法杂志》2011 年第 9 期。

③ 万毅：《论瑕疵证据——以“两个〈证据规定〉”为分析对象》，载《法商研究》2011 年第 5 期。

④ 《高法解释》第 82 条第（一）项指出，讯问笔录填写的法定代理人有误或者存在矛盾的，可以补正或作出合理解释。有学者调研发现实践中若讯问或询问未成年人未通知法定代理人到场的，一般认定为是瑕疵证据，采用重做的方式予以补正。参见杨宇冠等：《非法证据排除规则在中国的实施问题研究》，中国检察出版社 2015 年版，第 241—247 页。

⑤ 龙宗智：《我国非法口供排除的“痛苦规则”及相关问题》，载《政法论坛》2013 年第 5 期。

（四）树立证据能力和证明力的立法概念

虽然笔者一直试图在用证据能力和证明力这对概念去套用“证据不予认定条款”中的相关规定，并梳理出涉及证据能力的“不可靠证据排除规则”和“瑕疵证据排除规则”。但不容否认的是，在“证据不予认定的条款”中还是出现有关乎证据证明力判断的规定，如《高法解释》第78条第3款就规定，“经人民法院通知，证人没有正当理由拒绝出庭或者出庭后拒绝作证，法庭对其证言的真实性无法确认的，该证人证言不得作为定案的根据”。此外，按照最高人民法院对《高法解释》具体条款的解读来看，其认为《高法解释》第73条第3款，“对物证、书证的来源、收集程序有疑问，不能作出合理解释的，该物证、书证不得作为定案的根据”的规定也并非是对其证据能力的质疑，而是对其证明力即真实性的质疑。①

之所以在“证据不予认定条款”中还会出现些许涉及证据证明力的规定，可能有三个方面的原因：首先，“证据不予认定条款”涉及《高法解释》“证据”一章第二节至第七节的规定，这几节都是对某一类证据的审查与判断，而对证据的审查判断既有对证据能力的审查也有对证明力的审查，所以出现少部分对证据证明力规定的条款并无不妥。其次，在“证据不予认定的条款”设计上，立法者也并未截然区分证据能力和证明力这对概念，而是本着实用主义的视角，通过形式逻辑规定了法官在审查判断证据过程中对哪些情形的证据不得作为定案的根据，哪些情形的证据可以作为瑕疵证据予以补正或作出合理解释。至于哪些规定属于证据能力的规则，哪些又属于证明力规则，立法者基于我国刑事诉讼的实际状况并未言说，也未明确要求审理案件的法官掌握。②因此，也就出现了证据能力和证明力条款混杂的现象。最后，证据能力和证明力本身就有内在交叉的模糊地带。一般而言，证明力是事实性判断，其关乎证据的真实性和关联性，但对于某些证据分量很小、证明价值微乎其微，又或是某些证据的关联性过于遥远，容易导致推测、虚构或者浪费时间等情形的，③法律则直接从证据能力的角度进行了否定。概言之，证据能力可以等同于一种“最低限度的证明力”。但是，这种认识也存在局限，在越来越低的证明力过渡到证据能力的过程中，临界点的判断难以把握，是证明力还是证据能力的判断就会让人产生困惑。例如前面提及的《高法解释》第73条第3款被部分最

① 江必新主编：《最高人民法院刑事诉讼司法解释理解与适用》（上），人民法院出版社2015年版，第232页。

② 最高人民法院刑事审判第三庭：《刑事证据规则理解与适用》，法律出版社2010年版，第50页。

③ 肖建国：《证明能力比较研究》，载《中国刑事法杂志》2001年第6期。

高人民法院的法官解释为证明力的判断准则，但与之表述类似的《高法解释》第94条第（二）项，“视听资料、电子数据制作、取得的时间、地点、方式等有疑问，不能提供必要证明或者作出合理解释的，不得作为定案的根据”则又被解释成是对证据能力的判断规则。

为此，未来排除规则的设计还是有必要引入证据能力和证明力的概念，并以此为前提做好章节布局上的内在协调以及条文内容上的体系自洽。从长远来看，随着证据规则的不断推进，可以借鉴国外的成功经验，建立中国化的非法证据排除规则、意见证据规则、鉴真证据规则、自白任意性规则等，将证据能力的判断分散到具体的证据规则中，而将证明力的判断尽量少用立法的手段去固化，而是在以审判为中心的诉讼制度改革下将其更多地委之于法官的自由心证去决断。

第三章 威胁所获口供之“非法性”认定

2012年第二次修订的刑事诉讼法第50条仍然延续了1996年刑事诉讼法第一次修订时的规定，“严禁刑讯逼供和以威胁、引诱、欺骗以及其他方法收集证据”。同时，2012年刑事诉讼法在第54条还新增了非法的言词证据排除规则，该条规定“采用刑讯逼供等非法方法收集的犯罪嫌疑人、被告人供述和采用暴力、威胁等非法方法收集的证人证言、被害人陈述，应当予以排除”。仔细审视两个条文的规定会发现，立法者对待非法的取证行为采取了“严禁止，宽排除”的立法策略，即对于刑讯逼供、威胁、引诱、欺骗的取证行为严格禁止，对于刑讯逼取的犯罪嫌疑人、被告人供述以及采用暴力、威胁方法获取的证人证言、被害人陈述采取绝对排除的态度。但对于威胁、引诱以及欺骗所获取的犯罪嫌疑人、被告人的供述如何处理，立法规定较为模糊，实践中不同地区、不同阶段的公安司法人员在遇到上述问题时要么无所适从，要么处理结果差异较大。本书将以2012年《刑事诉讼法》、2017年6月27日“两高三部”联合发布的《严格排除非法证据规定》等相关司法解释为规范性依据，结合实践中的具体案例，对于威胁、引诱、欺骗所获取的口供之“非法性”认定进行分析，期待为司法实践提供些许参考。

一、威胁获得供述排除的观点纷争

威胁是指采用威逼胁迫的手段使被威胁者产生心理恐惧，违背其意愿作出供述的一种取证方法。例如，对被讯问人进行恐吓将对其使用暴力，揭露其个人隐私，对其亲属采取强制措施，对其配偶和子女追究相应的责任或者影响子女前途，对有病的犯罪嫌疑人、被告人以不予以治疗进行恐吓，如恐吓对身患糖尿病者不给注射胰岛素等。实践中，威胁取证的方式很多，而威胁的直接后果往往会使被威胁者产生恐惧，引发精神痛苦，进而造成心理强制，最后违背意愿作出供述。虽然我国《刑事诉讼法》第50条明令禁止威胁取证，但对于威胁取得的犯罪嫌疑人、被告人的供述是否排除，立法层面并未给出明确态度，理论界和实务部门也存在分歧，主要有以下三种观点：

第一种观点认为，威胁并不像刑讯那样是对被讯问人的身体实施暴力或体罚虐待，其主要是通过心理影响对人的自由意志产生强制，故在侵害程度上不如刑讯那般恶劣，对其的程序性制裁不必如此严厉，仅对相关人员作出处理即可。而且，威胁取供与侦查讯问中的谋略运用在实践中有一定的重叠，有时难以区分，如果将威胁所获供述加以排除会使侦查讯问人员办案时产生顾虑，打消他们办案的积极性，不利于侦查讯问活动的推进。如果担心威胁会获得虚假供述，完全可以通过证据的审查判断，从证明力的角度舍弃虚假的供述。

第二种观点认为，既然刑事诉讼法明确规定了严禁威胁取证，因此，凡是采用威胁的方法取得的供述都应当予以排除，否则无法遏制威胁取供行为的发生。况且，《刑事诉讼法》第 54 条还规定了对于证人采用威胁的方法取证应当予以排除，那么，针对犯罪嫌疑人、被告人使用威胁获取的供述也应等同视之，一并作为非法证据加以排除。

第三种观点可谓是一种折中说，该观点认为，在没有法律明确规定的前提下，证据取得的禁止性规定并不必然可以推导出证据使用的禁止性规定。举例而言，我国《刑事诉讼法》第 116 条规定，讯问犯罪嫌疑人的时候，侦查人员不得少于二人。如果讯问时仅有一名侦查人员，所获供述是否排除，法律并未规定。因而，实践中一些办案机关在讯问中有同步录音录像的情况下，即使仅有一名侦查人员讯问，所获供述也并未排除。同样的道理，我国法律虽然禁止采用威胁的手段取证，但并不必然可以推导出由威胁所获得的供述就一定要排除。有鉴于此，对于发现的威胁取证行为可以追究相关人员的法律责任，但由威胁所获取的供述并不必然排除，要视威胁的具体情况而定。《刑事诉讼法》第 54 条第 1 款规定："采用暴力、威胁等非法方法收集的证人证言、被害人陈述，应当予以排除。"但是该条款在对犯罪嫌疑人、被告人供述的排除上所圈定的非法手段或方法仅是列明了刑讯逼供，之后便以"等"字结尾。由此观之，立法在对非法言词证据的排除态度上，似乎有意区分了"威胁取供"与"威胁取证"的不同情形。何家弘教授就认为此种立法技术说明，"询问证人、被害人时不能采用威胁的方法，但是讯问犯罪嫌疑人、被告人时可以适度采用威胁的方法，这种区别具有合理性"。① 基于此，"对于采用威胁方法获取口供，也应作具体分析，只有那种严重的威胁，导致嫌疑人精神上剧烈痛苦，被迫供述，才属于排除范围"。② 适度的威胁，对被讯问人施加一定的精神压力迫使其供述认罪属于审讯的一种正常手段，只要保持在一个较为合理的

---

① 何家弘：《论"欺骗取证"的正当性及限制适用——我国〈刑事诉讼法〉修改之管见》，载《政治与法律》2012 年第 1 期。

② 龙宗智：《我国非法口供排除的"痛苦规则"及相关问题》，载《政法论坛》2013 年第 5 期。

限度内，在法律政策上就具有容许性，所获供述不应一概排除。

上述几种观点在实践办案中都不同程度的有所体现，导致了类似案件的差异化处理。案例5和案例6[①]同样是针对亲人的威胁，但对于由此获取的供述是否排除，处理结果却大相径庭。

［**案例5**］涉毒案

2012年9月13日，北京市一中院公开审理一起涉毒案件，法官在审理前排除了对被告人不利的非法证据。这份认罪供述，被指是侦查人员以“不说的话就见不到你孩子”进行威胁后，犯罪嫌疑人才配合作出的有罪供述。经审查，法庭认为这份证据因“非法取得”被排除，检方不得在审理中宣读该份供述。

［**案例6**］非法讯问案

2013年全国司法考试卷二刑事诉讼法第68题：在法庭审理过程中，被告人屠某、沈某和证人朱某提出在侦查期间遭到非法取证，要求确认其审前供述或证言不具备证据能力。下列哪些情形下应当根据法律规定排除上述证据？其中C选项为：对沈某进行威胁，说“不讲就把你老婆一起抓进来”。对此，司法部给出的答案认为该威胁行为所获取的犯罪嫌疑人的供述不应排除。

从效果看，威胁确是一种心理作用的反映，是否一定会产生心理强制，往往会因人而异、因情而变，被讯问人是否都会违背意愿作出供述也不尽然。由此也就决定了有些威胁手段可能会产生心理强制，使犯罪嫌疑人违心供述，但同样的威胁对其他人可能并不奏效，一概排除似乎不妥。然而，如果采用综合性因素，个案判断势必会导致各地证据排除的差异化。如何处理，有必要参考、借鉴域外的经验和做法。

二、其他国家和地区对威胁取供的态度和做法

威胁取供不仅侵犯人权，而且容易导致供述的虚假不实，引发冤假错案，降低司法的公信力，所以世界各地均严格禁止威胁取证。日本和我国台湾地区的刑事诉讼法关于证据能力的规定即明确列举了“胁迫”。韩国刑事诉讼法第309条（强制等坦白的证据能力）规定：“被告人的坦白，有理由可以怀疑系出于拷问、暴行、胁迫、不适当长期拘束身体或欺骗等方法，而非出于任意陈述的，不得作为有罪的证据。”[②]

---

① 参见单民、董坤：《检察机关适用非法证据排除规则若干问题探讨——兼论〈人民检察院刑事诉讼规则（试行）〉修改的意见和建议》，载《河北法学》2014年第9期。

② 《韩国刑事诉讼法》，马相哲译，中国政法大学出版社2004年版，第88页。

在美国，侦查讯问人员是否对被告人实施胁迫，是判断自白任意性的重要考量因素。在罗杰斯诉理士满案件中，被告人的自白是在警察假装发布命令逮捕其有病的妻子来接受讯问之后取得的，州法院裁定“如果假装或欺骗并非蓄意获取不真实的陈述”，那么该陈述不需要排除。但最高法院不同意州法院的裁定，认为正当程序的自白排除规则也意在防止不适当的警察行为。对“用一支枪指着他的头部或者以暴力相威胁”，最高法院的判例指出，当存在这种违法行为时，“不需要衡量其对被告人意志的影响”即可直接排除证据。[①]在美国，以暴力相威胁直接可认定自白的任意性受到影响，所获供述应当排除。

1984年《英国警察与刑事证据法》第76条（2）规定：“在任何程序中，如果检控方准备将被告所作的自白提交为证据，在法院看来该自白是或者可能是以如下方式获得的，则法院不得允许采纳该自白，除非检控方向法院排除合理怀疑证明该自白（尽管该自白可能是真实的）并非以如下方式获得的：（a）对作出自白的人进行逼迫；或者（b）实施了在当时的情况下，可能导致被告所作的任何自白不可靠的任何言语或行为。”该法第76条（8）对“逼迫”的含义作了界定，包括“拷讯、不人道或有辱人格的处遇、使用或威胁使用暴力（无论是否等于拷讯）”。对于采用逼迫方法获得的口供予以排除有两个理由：其一，这样的自白可能不可靠；其二，在一个文明社会里，不应强迫一个人自我归罪，对于处于监禁状态中的人，警察不得施以虐待或者不当压力来榨取其自白。[②] 根据上述法律规定，在英国，以暴力威胁的方法获取的口供直接排除。

德国刑事诉讼法第136条a（禁止的讯问方法）规定：“（一）对被指控人决定和确认自己意志的自由，不允许用虐待、疲劳战术、伤害身体、服用药物、折磨、欺诈或者催眠等方法予以侵犯。只允许在刑事诉讼法准许的范围内实施强制。禁止以刑事诉讼法的不准许的措施相威胁，禁止以法律没有规定的利益相许诺。（二）有损被指控人记忆力、理解力的措施，禁止使用。（三）第一、二款的禁止规定，不顾及被指控人承诺，必须适用。对违反这些禁令所获得的陈述，即使被指控人同意，也不允许使用。”[③] 从该条第（一）部分的表述可以发现，德国刑事诉讼法中“禁止的讯问方法”并不是简单将“威胁”

① ［美］伟恩·R. 拉费弗等：《刑事诉讼法》，卞建林等译，中国政法大学出版社2003年版，第342—343页。

② ［英］克里斯托弗·艾伦：《英国证据法实务指南》（第四版），王进喜译，中国法制出版社2012年版，第237页。

③ 《德国刑事诉讼法典》，李昌珂译，中国政法大学出版社1995年版，第62页。

列举其中，而是有所区别的“禁止以刑事诉讼法的不准许的措施相威胁”。由此可见，德国并未普遍禁止在讯问中使用威胁手段，只是禁止用刑事诉讼法所不允许的后果来威胁犯罪嫌疑人。例如，警察声明嫌疑人如果不合作会导致长期监禁，则不被视为威胁，而是法院实际量刑的预示。但是如果这种声明是不真实的，则是非法的欺骗。[①] 但是，对于威胁使用酷刑的方式在德国是明确禁止的，即使酷刑威胁的目的是为了实现正义，所获供述也必须排除。曾在德国引起学界和社会激烈讨论的Göfgen案就是典型例证，“被指控人Göfgen绑架了一名儿童，警方询问被指控人孩子的下落，无果。事已数日，警察猜测如再不及时找到孩子，孩子有生命危险（其实，当时孩子已经被杀死了），故警方对被指控人威胁施加酷刑，被指控人供出了孩子的下落。最后，法院没有使用经过警方酷刑威胁而得到的供认。而威胁使用酷刑的两名警察因此受到了刑事审判”。[②]

综上而言，在不同国家和地区，对于威胁取供的行为，法律都明确禁止，且都将威胁作为排除供述的重要考量因素，他域的成文法中关于证据排除的规定多明确列举了“威胁”，即一旦在取证过程中认定有威胁即可导致证据排除。同时，对于某些国家而言，对于非法证据排除中“威胁”的手段还做了进一步的成文法限定，如英国限定为主要以暴力相威胁，而德国则将威胁限定在了法律不允许的措施或手段内，威胁以刑法第56f条未加规定的不予缓刑之情形，[③] 以及“暴力”“酷刑”相胁迫皆属此类。

三、我国对威胁获取供述的排除规定

我国《刑事诉讼法》第50条严格禁止了威胁取证的方法，但在威胁取供是否排除的态度上则并未一概否定，而是采纳了模糊处理的方法。这种立法技术是考虑到实践中威胁的手段、情境以及被讯问人耐受力等的差异化和多元化；同时，考虑到威胁取证与压力情形下的讯问、取证有时还有重合的部分，笼统否定，过于绝对。立足于法律规定、司法实践，以及国外他域的现实情况，《严格排除非法证据规定》第3条指出，“采用以暴力或者严重损害本人及其近亲属合法权益等进行威胁的方法，使犯罪嫌疑人、被告人遭受难以忍受的痛苦而违背意愿作出的供述，应当予以排除。”《严格排除非法证据规定》

---

① ［德］托马斯·魏根特：《德国刑事诉讼程序》，岳礼玲、温小洁译，中国政法大学出版社2004年版，第85—86页。

② 《德国刑事诉讼法典》，宗玉琨译注，知识产权出版社2013年版，第128页。

③ ［德］克劳斯·罗科信：《德国刑事诉讼法》，吴丽琪译，三民书局1998年版，第268页。

对于威胁取得的供述并未不加分析、不分情况地一概排除或简单认可，而是通过关键要素的设定来限定威胁的强度，进而有选择地排除供述。至于限定的要素，具体包括威胁的方法和威胁的程序两个方面。

（一）威胁的方法限定

综合实践中容易诱发虚假供述以及严重侵犯犯罪嫌疑人、被告人合法权益的情形，《严格排除非法证据规定》将威胁的方法主要限定为两种。一种是以暴力相威胁，此种情形是典型的威胁取供，如用枪指着被讯问人的头部，“再不交代，直接枪毙了你”。此种威胁方法容易使人产生高度恐惧，所产生的心理痛苦不亚于刑讯所带来的肉体疼痛，对犯罪嫌疑人、被告人自由意志权这一基本权益的侵犯程度也与刑讯十分接近，因此，也被称为精神刑讯，在世界各国和地区都被绝对禁止，所获供述也均被认定为非法证据加以排除。另一种是以严重损害本人及其近亲属合法权益的方法相威胁。我国《刑事诉讼法》第60条第1款规定，“凡是知道案件情况的人，都有作证的义务”，犯罪嫌疑人亲友也不例外；犯罪嫌疑人亲友涉嫌共同犯罪，或涉嫌窝藏、包庇等犯罪，理应受到法律追究。为广泛收集证据，侦查人员向犯罪嫌疑人亲友调查了解相关案件情况理所当然。所以，侦查人员向犯罪嫌疑人作出声明，在其拒不供述时，有可能向其亲友调查取证，并不违反法律规定。但是，实践中在办理的不少案件中，一些威胁侵犯犯罪嫌疑人亲属合法权益的取证行为要坚决制止，如“威胁犯罪嫌疑人要将其怀孕的妻子抓起来，因为这种威胁违反了怀孕的妇女一般不适用逮捕强制措施的法律规定，且有悖于体恤孕妇的社会伦理常情，不亚于刑讯逼供”,[①] 犯罪嫌疑人如果因此作出供述应予排除。再如，某官员家中受贿，行贿人向其赠送10万元现金。案发后，侦查讯问中该官员拒不供认，侦查人员告诉他，侦查机关怀疑案发时其儿子可能也在家，他儿子了解该案情况，如果不交代，就去学校找他儿子（此时高考在即，他儿子正在积极备战，且有可能考上名牌大学）公开调查了解案情，如果承认了就不去找他儿子，这名官员心里非常紧张、压力很大，认为自己奋斗一辈子都是为了儿子，如果此案牵连到自己的儿子肯定会耽误他的前程，遂供认了所有指控的犯罪事实。这种利用亲情相威胁的取证方法，破坏了基本的人伦道德底线，所获供述也应当排除。

上述两种威胁的方法不仅为法律以及伦理常情所禁止或排斥，且极易诱发虚假供述，故《严格排除非法证据规定》作了明确列举，但在该条中仍然以

---

① 龙宗智等主编：《中国刑事证据规则研究》，中国检察出版社2011年版，第449页。

“等”字煞尾，意味着还有其他威胁方法也可能导致所获供述被排除，如揭露隐私等。然而，以揭露隐私相威胁是否所获供述径直排除仍有争议。近期一些落马官员（不论男女）的通报，多数都有一句“与他人通奸”（“他人”是谁？一般不指名道姓）。通奸即婚外性行为，是违反社会道德的行为。个人隐私到底有哪些？法律未作明确规定。一般认为，将他人婚外性行为向社会公布属于侵犯隐私权。但对隐私权的保护也并非绝对，为了社会公共利益，有关国家机关调查和公开当事人的有关信息，不属于侵权行为。即便不是因为侦查犯罪，仅为抑制不道德行为，国家也可以在一定范围和程度公开嫌疑人的婚外性行为。对社会公开，当然包括犯罪嫌疑人家属。因此，笔者认为，以揭露婚外性行为相通告，只要程度把握得当，谈不上违法，也不存在道德底线的沦丧。

（二）威胁的程度

我国《刑事诉讼法》第54条明确规定：“采用刑讯逼供等非法方法收集的犯罪嫌疑人、被告人供述和采用暴力、威胁等非法方法收集的证人证言、被害人陈述，应当予以排除。”该条的表述是“刑讯逼供等非法方法”，这种“列举+种属”式的表达方式，意味着除法条明文列举的刑讯逼供之外，采用其他与刑讯逼供具有同质或等效性的非法方法收集的供述，仍然应当予以排除。按照《严格排除非法证据规定》第2条对刑讯逼供的界定，其在方法上是指“采取殴打、违法使用戒具等暴力方法或者变相肉刑的恶劣手段”，而在程度上则需要达到“使犯罪嫌疑人、被告人遭受难以忍受的痛苦而违背意愿作出供述”。也正是从程度的等效性上来考虑，《严格排除非法证据规定》将威胁也限定在了“使犯罪嫌疑人、被告人遭受难以忍受的痛苦而违背意愿作出供述的程度”，与刑讯的表述完全等同。至于如何判断这一程度，则需要法官根据一般人的情况，结合具体案情，综合裁量。

第四章　引诱、欺骗所获口供之“非法性”认定

采用引诱或欺骗的方式获得口供在司法办案中较为常见，实践中引诱与欺骗常常交织在一起，有时甚至难以区分。[①] 另外，引诱、欺骗还常常与威胁一并使用，所谓的威逼利诱，就是指这种情况。就引诱和欺骗而言，比较常见的是共同犯罪案件中，利用同案犯相互推诿的责任心理，谎称同案犯已经坦白，以骗取被讯问人的供述。还有一种比较常见的引诱是利益许诺，这也可以算是欺骗，就是如果交代犯罪行为可以换取取保候审的条件，或者利用犯罪嫌疑人对法律的无知，告诉他们供述后就不会产生任何法律非难。对于引诱和欺骗，虽然我国《刑事诉讼法》第 50 条明确规定严禁以引诱、欺骗的方法取证，但是对于由此获得的供述能否排除，《刑事诉讼法》未予规定，《严格排除非法证据规定》同样未予明确。究其原因，盖因该司法解释的制定者认为，“指供”“诱供”等引诱、欺骗的方法与侦讯策略难以区分，因此未作列举规定。[②]

一、其他国家和地区对引诱、欺骗取供的态度和处理方式

就引诱与欺骗而言，即使在世界其他国家和地区，也并未绝对禁止，所获证据也常常是裁量排除。

（一）美国

美国著名法学家波斯纳坦言：“法律并不绝对地防止以欺骗手段获得口供。在审讯中，是允许耍一定的小诡计的。特别是夸大警察已经获得的、对嫌疑人不利的其他证据，让嫌疑人觉得招供也没有什么的预先的战术设计，这都

---

① 例如“许诺”有的兑现了，有的没有兑现，兑现了许诺自不存在欺骗。问题是许诺没有兑现，到底是利诱还是欺骗？“只要你承认杀人，保你判处缓刑”，其中的“保你判处缓刑”是利诱，根本不可能兑现时就是欺骗。“只要你承认这部汽车是你偷的，我们就为你取保”，其中的“为你取保”是利诱；能够取保故意不取保的就是欺骗。

② 万春、高翼飞：《刑事案件非法证据排除规则的发展》，载《中国刑事法杂志》2014 年第 3 期。

是许可的。”[①] 波斯纳的主张与美国的侦查实践、审判实践是一脉相承的。美国专门研究审讯的学者里奥（Leo）向警方推荐的欺骗性审讯策略包括：警察在设法获得供述的过程中隐瞒自己的身份（如假扮嫌疑人的同室狱友、伪装照顾某人、装作犯罪人）；在审讯期间，警察歪曲罪行的性质或严重程度（如在谋杀案件中，向嫌疑人谎称被害人仍然活着而且可以说话，或者暗示被害人的死亡是意外事故、非预谋的）；哄骗，这是警察在审讯中最常用的欺骗性审讯策略，代表性的做法是提出嫌疑人有罪的假证据（如假称同案被告已经供述，夸大对嫌疑人不利的证据的证明力，假称警方已经获得表明嫌疑人有罪的法医证据、目击证人的证词或谎报测谎的结果）。在美国警方最常用的12种审讯策略中，“使嫌疑人面对虚假的有罪证据”排在第8位，其在案件中使用的比例为30%。[②] 在美国的审判实践中，尽管法官对“欺骗”提出激烈批评，但一般而言，法官并不认为这种行为本身足以使自白成为非任意性，面临被排除的风险。在对弗雷泽诉卡普（Frazier v. Cupp）案中，在对弗雷泽进行的涉及杀人罪的讯问过程中，警察告诉他案发当天晚上曾与他在一起的他的表兄弟罗尔斯已经被逮捕并且已经承认了犯罪。法院的结论是“警察虚构罗尔斯的陈述这一事实虽然有一定影响，但是就我们看来并不足以使原本自愿的自白不可采”。[③] “同样，下级法院也认为在以下情况下作出的自白是可采的，如杀人案件的被害人仍然活着，找到了并不存在的证人，发现了杀人工具，在犯罪现场发现了被告人的指纹，以及同案犯已经供认并指认被告人犯罪。”相对而言，法院更不可能容忍警察对于法律的曲解，例如被告人的自白不会在审判中用作不利于他的证据或者先前获得的同案犯的自白可以在审判中用作证据。[④]

（二）英国

“法庭对由欺骗获得的证据通常认为，要反对积极诱导供述的欺骗，欺骗只是为被告提供一个供认犯罪的机会，并不会导致供述被排除。”[⑤]

---

① ［美］理查德·A. 波斯纳：《法理学问题》，苏力译，中国政法大学出版社2002年版，第228页。

② ［英］吉斯力·H. 古德琼森：《审讯和供述心理学手册》，乐国安、李安等译，中国轻工业出版社2008年版，第8、9、30页。

③ 394 U. S. 731, 89 S. Ct. 1420, 22L. Ed. 2d 684 (1969).

④ ［美］伟恩·R. 拉费弗等：《刑事诉讼法》，卞建林等译，中国政法大学出版社2003年版，第345页。

⑤ ［英］吉斯力·H. 古德琼森：《审讯和供述心理学手册》，乐国安、李安等译，中国轻工业出版社2008年版，第216页。

（三）德国

德国联邦最高法院认为对“欺诈”应作严格解释，侦查谋略不在此列。明确禁止的是故意以虚伪的事实欺诈（依照司法判例和主流观点，没有欺诈故意不构成欺诈）。例如说“其他的参与人已经被羁押了”“有人在行为实施时看到了被指控人”“共犯已经供认了”，或者说掌握了很多证据，被指控人没有机会了。此外，有意对法律情况作不正确说明也被认为是欺诈，例如说不正确的主张和沉默被认为是有罪的证据。又如，警方发现了无首尸体，对嫌疑人以查丢失物为名进行询问；被指控人被审前羁押，警方在其关押房间安排了一名“押友”，诱骗其说出犯罪行为，这些都是不允许的。如果询问人在询问休息期间离开，以使被询问人有机会在“无监视”的情况下与第三人交谈，而询问人却倚靠在门外偷听到对被指控人不利的话，此亦构成欺诈。① 总之，在分辨讯问方法是否违法时，最重要的区别标准在于，被告在具体案件中是否仍有自由陈述之权利。②

（四）日本

日本刑事诉讼法条文并未明确列举“欺骗”，但实践中有因欺骗排除证据的判例。包括：(1)“许诺的自白”予以排除。判例指出，检察官许诺如果自白就不起诉或者起诉犹豫，被告人、犯罪嫌疑人相信了这种承诺所作出的自白没有任意性，承诺不起诉而又起诉的，不仅是背信弃义的利益诱导行为，而且具有虚伪性，侵害了供述的自由。(2)“骗供获得的自白”予以排除。判例指出，告诉犯罪嫌疑人同案犯已经招供这种提供虚假内容所获得的自白，是“骗供讯问”获得的自白，设圈套给犯罪嫌疑人施加心理压力，这种行为的结果是诱发虚伪的自白，因此骗供获得的自白没有任意性，应当否定其证据能力。如果采用这种自白就是违反宪法、刑事诉讼法的规定。③

（五）我国台湾地区

台湾学者将“诈欺”分为事实诈欺和法律诈欺两种，前者包括伪称共犯已经招供、伪称不利证据已经发现、伪称血型比对相符等；后者包括伪称刑法不处罚、伪称仅行政罚、伪称自白可减刑或不起诉。如果对嫌疑人告以，如自白就一定不会被羁押、可获缓刑之宣告，以及故意误导受询问者其行为系法律所不处罚等，即对被询问者承诺法律所未规定的利益，使其信以为真，或者故

① 《德国刑事诉讼法典》，宗玉琨译注，知识产权出版社 2013 年版，第 127 页。

② ［德］克劳斯·罗科信：《德国刑事诉讼法》，吴丽琪译，三民书局 1998 年版，第 268 页。

③ ［日］田口守一：《刑事诉讼法》，张凌、于秀峰译，中国政法大学出版社 2010 年版，第 298 页。

意扭曲事实，影响被询问人之意思决定自由，则属取证规范上所禁止之不正方法。[①]

综述：不同国家和地区对于引诱和欺骗的取证态度并不完全一致，具体情形为：(1) 对虚构证据，美国表现较大程度的容许，[②] 但大陆法系的德国、日本、我国台湾地区却相对严格；(2) 对违背承诺，尤其是有意歪曲法律的虚假承诺，各地的态度基本一致，即严格禁止；(3) 对非诱导性欺骗，英国判例明确表示容许。可见，全世界在对待威胁、引诱取供的态度上都没有完全禁止的意思，由于其与讯问策略难以区分，重合度较高，对该类方式取得的供述，各国都是选择性、裁量性地排除。

二、我国当下对于引诱、欺骗取供的应有态度

鉴于引诱或欺骗的取供方法在实践中确实难以与讯问策略准确剥离，如如何准确划分引供与唤醒记忆、诱供与教育感化、指名指事问供与使用证据等[③]，有时确实会使办案人员产生困惑。加之，国外也并未完全禁止，处断方式更是千差万别。故而，我国当下比较适当的方法是，对于那些实践中比较突出的，需要加以程序性制裁的威胁、引诱取供方法加以原则性规定，赋予法官相当的裁量处理权，具体的情形主要包括三类：

第一，采取以许诺法律不准许的利益等进行引诱或者指供的方法收集的犯罪嫌疑人、被告人供述应当予以排除。如以提供毒品并容许其吸毒的方式来引诱有毒瘾之犯罪嫌疑人作有罪供述应予排除，但为犯罪嫌疑人提供香烟而获得的供述则不予排除。

第二，引诱、欺骗的行为不得冲击社会的基本伦理底线，如违背宗教伦理、职业伦理以及社会伦理等。例如，警察装扮成监狱中的牧师以听取忏悔的方式向犯罪嫌疑人取证，这一侦查谋略因为亵渎了牧师这一神圣的宗教角色而违背宗教伦理，侦查机关运用这一侦查谋略取证，可能因为伤害了社会大众的宗教感情而“使社会感到震惊”，进而“使社会不能接受”。[④] 再如，侦查人

---

① 李知远编著：《例解刑事诉讼法》，五南图书出版股份有限公司 2009 年版，第 404、412 页。

② 美国学者鼓励警察诱骗、欺骗和欺诈，遭致英国学者的批评——“尽管美国的法庭通常允许这些方法，但它们引发了关于审讯行为的道德本质这一非常严重的问题。公众知道警察的这种行为，必然不可避免地削弱他们对警察职业的尊敬。欺骗和哄骗也会导致嫌疑人的怨恨，提高审讯中对供述产生争议的可能性”。[英] 吉斯力 · H. 古德琼森：《审讯和供述心理学手册》，乐国安、李安等译，中国轻工业出版社 2008 年版，第 34 页。

③ 胡关禄主编：《侦查讯问学》（修订本），中国人民公安大学出版社 2001 年版，第 37—38 页。

④ 万毅：《侦查谋略之运用及其底限》，载《政法论坛》2011 年第 4 期。

员化装成辩护律师，借会见犯罪嫌疑人之机套问口供。这种隐瞒真实身份和目的的侦查，毫无疑问应属欺骗性取供的范畴，在辩护律师都有可能是侦查人员冒充的情况下，今后谁还会信任辩护律师？辩护职业和辩护制度又如何存续、发展？而没有良性发展的辩护制度和辩护职业，现代刑事司法的正义性又如何得以保障和彰显？[①] 还如，侦查人员联合医院伪造犯罪嫌疑人的母亲发生严重车祸的就医材料，以允许其见母亲最后一面为条件，要求其供述，即使供述系事实，但这种方法显然也严重背离了社会的基本道德伦理。[②] 因此，哄骗不得使法庭或社会受到"良心上的冲击"，[③] 否则该供述应予排除。

第三，引诱、欺骗的方法如果容易导致虚假供述的出现，所获供述也应当排除。案例 7 就体现了实务中对待引诱、欺骗方法获取供述的态度。虽然该案例表面上是以证据取得非法——采用了引诱、欺骗的方法，最终排除了犯罪嫌疑人的供述，但从本质上而言，供述被否弃的根本原因则是该供述与其他证据难以相互印证，真实性存疑，最终才没有被作为定案的根据。因此，从真实性角度考虑引诱、欺骗所获得的供述应当是对待该类取供行为的一个重要考量乃至决定性要素。

[案例 7] 在某受贿案件中，犯罪嫌疑人刘某的妻子未对案件做任何陈述，但是侦查人员在询问中称，刘某的妻子已经对受贿案件的事实做了交代，犯罪嫌疑人说"我记不清了，我妻子怎么说你们就怎么写吧"，侦查人员就在笔录中记载道犯罪嫌疑人承认了受贿的事实，后检察机关提审时得知了这一情节，认为有欺骗取证的嫌疑，同时由于该供述与其他证据难以吻合，且缺乏印证，最终将该供述作为非法证据予以排除。

---

① 万毅：《何为非法如何排除？——评〈关于办理刑事案件严格排除非法证据若干问题的规定〉》，载《中国刑事法杂志》2017 年第 3 期。

② 黎宏伟：《非法证据排除与侦查谋略——以"威胁、引诱、欺骗"获取供述为例》，载《云南大学学报（法学版）》2014 年第 4 期。

③ ［美］弗雷德·E. 英博等：《审讯与供述》，何家弘等译，群众出版社 1992 年版，第 275 页。"警方审讯人员为了获得嫌疑人的供述，装扮成监管所的牧师；或者审讯人员为达目的，非法作为被告人的辩护律师"，可以被看成是对"良心上的冲击"的解释。

第五章　疲劳审讯及其所获证据之证据能力

随着侦查法治化和科学化的推进，目前，司法实践中采用暴力殴打留下伤痕的典型的刑讯逼供越来越少，但是与之程度相当的变相刑讯逼供或者说变相肉刑开始有了市场。此类审讯在被审讯人身上不留伤痕，不易被发现，但是效果却不亚于暴力殴打，常常使犯罪嫌疑人遭受到超越他们生理极限的折磨，最后不得不违背意愿作出供述。对此，最高人民法院《关于建立健全防范刑事冤假错案工作机制的意见》（以下简称《防范冤假错案意见》）第8条第1款明确规定："采用刑讯逼供或者冻、饿、晒、烤、疲劳审讯等非法方法收集的被告人供述，应当排除。"综合《防范冤假错案意见》以及侦查实践的具体情况，当前比较典型的变相肉刑如"冻、饿、晒、烤"，[①] 获得的有罪供述如果认定为非法证据予以排除，依照前文中谈及的"使犯罪嫌疑人在肉体或者精神上遭受剧烈疼痛或者痛苦的痛苦规则"即可。而目前法律急需回应实践的是，对于因疲劳审讯而排除言词证据的情形到底如何认定，很多实践部门的同志要求给出一个明确可操作性的标准，毕竟疲劳审讯很多情形下就是"靠时间"，到底连续审讯多长时间算是疲劳审讯，基层业务部门需要相关的解释或操作细则。

一、疲劳审讯概述

疲劳审讯也称为疲劳讯问，俗称"熬鹰"，是指通过长时间"车轮战"式的连续讯问，剥夺被讯问的犯罪嫌疑人、被告人的必要休息和睡眠时间，令其在肉体和精神两方面达到极端疲劳以致丧失反抗意志，从而取得其供述。疲劳审讯具有明显的现实危害性，主要缘于两个方面：

第一，对人的身体造成损害。疲劳审讯一般由两个要素构成，一是长时间的审讯，二是剥夺休息和睡眠。根据科学研究显示，睡眠剥夺对人的生理和精神均能造成重大影响。睡眠剥夺首先影响人的神经系统，导致认知能力下降、

① 变相的肉刑或刑讯当然还包括：保持体位，即长时间保持一种痛苦的姿势；长时间浸泡在污秽物中；服用药物以及强光和强噪声影响等。

记忆力损害、警觉下降及注意力难以集中、最佳反应能力下降等，对于心脏病、高血压病人，睡眠剥夺可加重高血压，[①] 另外睡眠剥夺对于内分泌、代谢、免疫系统、基因表达等生理因素均有重大影响，长时间的睡眠剥夺甚至可能导致致命性败血症。[②] 即便是较短时间的睡眠剥夺，也会给被剥夺者带来强烈的不适感、甚至身心的双重痛苦。在我国，曾发生过因疲劳审讯以及变相肉刑等多重因素叠加致犯罪嫌疑人死亡的沉痛教训。“2009 年 2 月 10 日，陕西省某县发生一起高二女生被害案。经过侦查，公安部门认定某中学高三学生徐某某有重大嫌疑。徐某某 2 月 28 日 23 时被公安机关传唤，3 月 8 日在审讯时猝死。后经调查，自 3 月 1 日起至 3 月 8 日凌晨 6 时许，办案人员先后在该县公安局刑警队、资峪派出所对嫌疑人徐某某进行了长时间、不间断的疲劳审讯，少数民警在审讯中对徐某某还实施了肉体侵害行为，致使徐某某身体极度疲劳引发心跳骤停，经抢救无效死亡。”[③]

第二，疲劳审讯可能造成虚假供述，引发冤假错案。疲劳审讯通过给被讯问人的身心造成痛苦，从而压制被讯问人的意志自由，强迫被讯问人作出非自愿的供述，由此获取的口供很难保证其真实性。据美国学者利奥研究发现，“大多数正常审讯持续的时间不会超过 2 个小时，然而在犯罪嫌疑人作出了虚假供述的案件中，34% 的案件审讯时间持续了 6—12 小时；39% 的案件审讯时间持续了 12—24 小时；平均时间为 16.3 小时。”[④] 在我国近几年发生的赵作海、[⑤] 佘祥林以及呼格吉勒图错案中都存在疲劳审讯。1991 年发生在美国的布鲁斯（Leo Bruce）案中，嫌疑人布鲁斯因涉嫌谋杀被捕，对其讯问从凌晨 2：30 开始，一直持续了 13 个小时，最终布鲁斯作出了虚假供认，后被证实为错案。布鲁斯后来在解释为什么供述时说，长时间的讯问使他非常疲劳，需要睡觉，想立即结束讯问。这么长时间的讯问对嫌疑人而言已类似于酷刑。[⑥] 可见，从保障口供的自愿性和真实性的角度出发，立法应明确禁止疲劳讯问，以保证案件质量，避免冤假错案的发生。

---

① 参见刘谦、侯晓华：《睡眠剥夺对机体影响的研究》，载《临床内科杂志》2005 年第 10 期。

② 丁琳、胡小波：《睡眠剥夺对机体的影响》，载《微量元素与健康研究》2010 年第 6 期。

③ 李铁柱：《最高法发布防冤假错案意见改变“口供至上”等做法》，载《北京青年报》2013 年 11 月 22 日，第 0A4 版。

④ 转引自吴纪奎：《心理强制时代的侦查讯问规制》，载《环球法律评论》2009 年第 3 期。

⑤ 在赵作海错案中，据赵作海回忆当时在讯问过程中自己被铐在板凳上，三十多天都不让睡觉。最后自己实在顶不住了，在其他刑讯逼供手段的合力围攻下被迫作出了不真实的认罪口供。参见张寒：《赵作海：被打得生不如死，我就招了》，载《新京报》2010 年 5 月 12 日，第 A19 版。

⑥ Welsh S. White, “False Confessions and The Constitution: Safeguards against Untrustworthy Confessions”, 32 Harv. C. R. – C. L. L. Rev. 1997, p. 143.

如何抑制疲劳审讯的发生，除了对采用疲劳审讯的侦查人员或其他工作人员进行纪律惩戒、法律追责外，“以证据排除制约讯问等取证行为”的非法证据排除模式被引入我国。实践证明非法证据排除规则的“行为阻吓功能”可以有效抑制警察的不法取证，形塑合法规范的侦查讯问活动，我国立法和司法机关也在引入非法证据排除规则时，有意将疲劳审讯纳入到与刑讯逼供相当的变相刑讯或“其他不法取证行为”中，从而将疲劳审讯所获供述予以排除。然而，实践中需要亟待解决的问题则是，如何准确认定疲劳审讯，做到在非法证据排除程序中对待当事人提出的疲劳审讯抗辩不枉不纵、不错不漏呢？实践中曾经发生过下面两起案例：

[**案例 8**] 张某投毒杀人案

某投毒杀人案的犯罪嫌疑人张某在侦查阶段曾被连续讯问四天，在这四天中，犯罪嫌疑人吃饭、睡觉的时间一共只有半个小时，后经过审查认为该案已经构成疲劳审讯，应当排除有罪供述，加之案件其他证据也存有疑点，最终张某被无罪释放。

[**案例 9**] 刘某某受贿案

教育部考试中心原党委书记兼副主任刘某某被控利用职务便利受贿 15 万余元。法庭审理过程中，辩护律师指出，检方利用刘某某白天一整天上班后的疲劳，再连续审讯 14 小时，超过了法律规定的 12 个小时，属于疲劳审讯。辩护律师在提交辩护意见时，认为该份口供是疲劳审讯所得，应当排除。[①]

对于案例 8，意见比较统一都认为构成了疲劳审讯，对于案例 9，辩方与控方则产生了较大分歧。[②] 准确认定疲劳审讯对于后续的供述排除、事实认定至关重要，对此笔者认为有必要比较借鉴他域的一些既有法律文本和成功经验，同时结合我国现有的一些研究成果综合研判以此来准确认定疲劳审讯。

二、其他国家和地区疲劳审讯所获证据之证据能力评析

因疲劳审讯所获证据不具有证据能力而被排除的情形在国外也有不少，但对于疲劳审讯的认定一直是个难题，不同国家在疲劳审讯的判断上有着不同的认定模式，大致有三种模式。

（一）强制性认定模式

疲劳审讯的强制性认定模式是指法律明确规定合理或非法审讯的时长，明

① 颜斐：《涉贪官员庭审爆疲劳审》，载《北京晨报》2015 年 4 月 23 日，第 A17 版。

② 相关讨论请参见单民、董坤：《检察机关适用非法证据排除规则若干问题探讨》，载《河北法学》2014 年第 9 期。

确疲劳审讯的时间节点，一旦审讯超过规定的时间限制所获证据就会被排除。比较有代表性的是前苏联和现在的俄罗斯。如《俄罗斯联邦刑事诉讼法典》第 164 条“实施侦查行为的一般原则”第 4 项就规定，在实施侦查行为时不允许使用暴力、威胁和其他的非法措施，以及不允许对参加侦查行为的人构成生命和健康危险的行为。其中“其他的非法措施”就包括了疲劳审讯，具体规定在《俄罗斯联邦刑事诉讼法典》第 187 条，其对讯问时间作出了严格的限制，“一次讯问持续时间不能超过 4 小时；两次讯问之间的间隔不少于 1 小时，以保证休息和用餐，且一天中的讯问时间不能超过 8 小时；若有医学原因，讯问的时间长度应当根据医嘱确定”。[①] 对于讯问超过法律规定的情形，《俄罗斯联邦刑事诉讼法典》第 75 条认定为是违反本法典所获得的证据，不允许采信而要径行排除。

（二）裁量性认定模式

裁量性认定模式是由当事人或辩护方对于审讯的时长提出异议，由法官根据案件的具体情况考虑“整体环境要素”[②] 作出是否构成疲劳讯问的判断，进而审查审讯所获证据是否具有可采性或证据能力。

对疲劳审讯裁量性认定模式的代表首推美国，美国联邦最高法院是以同时考虑被讯问人的个体情况如年龄、社会地位、受教育程度等，以及讯问的客观情况如讯问方式、讯问环境等多方面因素，按照“整体环境”（totality of circumstances）标准进行个案审查以确定自白是否具有任意性、自愿性，讯问的持续时间长短只是作为考量因素之一。因此，不同地区、不同案件中法官对于疲劳审讯的认定时长不尽相同。在阿什克拉夫特诉田纳西（Ashcraft v. Tennessee）[③] 一案中，嫌疑人在被连续讯问了 36 小时后作出有罪供述，期间只有 10 分钟的休息。对此，美国最高法院指出，在禁止与外界接触的情况下，持续不断地对嫌疑人进行近 36 小时的讯问，本身就是一种强迫。因此可以推定被告的供述不具有自愿性，应当排除。而在 1959 年的斯帕诺诉纽约（Spano v. New York[④]）一案中，考虑到嫌疑人是在外国出生、受教育程度较低、无犯罪记录，之前又有情绪不稳定的病史，讯问期间警察还让一位嫌疑人的朋友去说服他，联邦最高法院认为警方在夜间对嫌疑人连续讯问 8 小时后作出的供述

---

① 此处的讯问原文中为询问，但原文中的询问也同样适用于犯罪嫌疑人和被告人，这一点可以从《俄罗斯联邦刑事诉讼法典》第 194 条第 1 项得出。相关法律条文的中文版，参见《俄罗斯联邦刑事诉讼法典（新版）》，黄道秀译，中国政法大学出版社 2006 年版，第 151、173 页。

② Illinois v. Gates, 462 U. S. 213（1983）.

③ 322 U. S. 143（1944）.

④ 360 U. S. 315（1959）.

是在控方的强大压力和疲劳的综合作用下作出的，因而并不具有自愿性，应当将该供述排除，否则将违反宪法第十四修正案的正当程序条款。在 1961 年的罗杰斯诉里奇蒙德案（Rogers v. Richmond）中，联邦最高法院进一步判定，若讯问期间讯问人有威胁被讯问人的行为，则即便是 6 个小时连续讯问后作出的供述也不具有可采性。[①]

《德国刑事诉讼法》第 136a 条明确禁止以疲劳战术进行讯问。[②] 依据证据禁止规则，该疲劳战术所获供述不具有证据能力。但是，何种战术谓之疲劳，理论认为“需端视被告在讯问的当时是否已真的疲累而定，而该疲劳状态是否会侵害到其意志自由（BGHSt 1，379）；这种疲累状态不管是刻意造成的或是被告就是因讯问过程才导致疲累的，都应视为禁止之讯问方法。也因此联邦最高法院判例主张，如果被告在其自白前的 30 小时未曾睡过觉时，则此讯问程序应视为违反《德国刑事诉讼法》第 136a 条之规定（BGHSt 13，60）；如果被告曾获睡眠时间，但却睡不着而仅处于‘假寐’，则此不成立疲累的情形，因为精神上的能力也可经由休息及松弛之后，即使不睡觉，亦能恢复（BGHSt 38，291）。”[③] 可见，在德国疲劳审讯的认定也是以犯罪嫌疑人的自由意志是否受到侵害、供述是否自愿为标准，而这一标准也往往是由法官来裁量的。

承袭《德国刑事诉讼法》的精髓，我国台湾地区“刑事诉讼法”第 156 条第 1 项规定：“被告之自白非出于强暴、胁迫、利诱、欺诈、疲劳讯问、违法羁压或其他不正之方法，且与事实相符者，得为证据。”反之，疲劳审讯所获被告之自白则不得作为证据。可见，我国台湾地区也同样禁止疲劳审讯。对此，台湾最高法院在廖正井案中对疲劳审讯做了进一步的界定：“讯问被告不得以疲劳讯问之方法为之，被告之自白出于疲劳讯问等不正之方法者，不得为证据，刑事诉讼法第九十八条、第一百五十六条第一项固有明文，但此等规定旨在使被告享有陈述与否及如何陈述之意思决定自由，以维护自白供述之任意性，并实现宪法上遵守正当法律程序、保障人权之要求，是此等规定所称之疲

---

① 郑曦：《疲劳讯问的法律规制》，载《人民法院报》2013 年 11 月 20 日，第 6 版。

② 《德国刑事诉讼法》第 136 条 a 规定：“（一）对犯罪嫌疑人决定和确认自己意志的自由，不允许用虐待、疲劳战术、伤害身体、服用药物、折磨、欺骗或者催眠等方法予以侵犯。只允许在刑事诉讼法准许的范围内实施强制。禁止以刑事诉讼法不准许的措施相威胁，禁止以法律没有规定的利益相许诺。（二）有损犯罪嫌疑人记忆力、理解力的措施，禁止使用。（三）第（一）、（二）款的禁止性规定，无论犯罪嫌疑人是否同意，都必须适用。对违反这些禁止性规定所获得的陈述，即使犯罪嫌疑人同意，也不允许使用。”

③ ［德］克劳斯·罗科信：《刑事诉讼法》，吴丽琪译，法律出版社 2003 年版，第 234 页。

劳讯问，应系指被告或犯罪嫌疑人已处于自由意志受到压抑、影响之疲劳状态，但实施刑事诉讼程序之公务员却仍对其进行讯问之情形而言。故有无疲劳讯问之情事，应依个案情节，就被告受讯（询）时间之久暂、过程中是否获有足以维系应讯体力、精神之日常生活所需与休息等影响其自由意志之因素，予以综合判断，要非徒执其起居作息是否如常一端，作形式上之观察，尤与该疲劳状态之形成是否可归责于讯问主体及讯问主体主观上有无利用受讯问人疲劳状态取供之恶意等非关受讯问人自由意志之事项无涉。”[①]

（三）原则加例外的认定模式

原则加例外的认定模式是法律原则上明确规定了疲劳审讯认定的时长，但同时也规定了一些例外情形，这些例外情形由法官根据具体情况予以灵活判断，体现了原则性与灵活性相结合的特点。比较典型的国家是英国，其 1984 年的《警察与刑事证据法》的执行守则 C 第 12.2 条规定，任何 24 小时期间内，必须允许被拘留者享有连续 8 小时的休息时间，不应受讯问、转移或者来自警察人员的打扰。休息时间一般应在夜间，不受干扰、不被迟延。[②] 但是该法在坚持讯问的时长最长一般不得超过 16 小时的前提下，还设置了例外情形。其一，该拘留者本人，或他的适当成年人或法定代理人另有请求，也可以延长或推迟上述休息时间；其二，有合理的依据认为若不推迟或中断上述休息时间会导致某些不利的结果，如可能会导致他人伤害或严重的财产损失，不必要地延迟被羁押人的释放，损害侦查结果等。[③]

（四）评析与小结

对于疲劳审讯的认定，其最终目的是科学而准确地认定审讯供述所获证据的证据能力。对疲劳审讯强制规定型的认定模式以俄罗斯等前苏联国家最具代表，其特点是疲劳审讯的认定较为明确且易于操作，缺点是过于僵化，“一刀切”的模式对于某些特殊情形或复杂情况缺乏灵活的对应辩护，如对某些特殊体质或身患疾病、老人等一概认定一个统一的审讯时间，可能有些人没有超过疲劳审讯的固定时间已经身心受到巨大煎熬、精神遭到巨大的痛苦，但却无法认定为疲劳审讯。

对于疲劳审讯自由裁量型的认定模式则以英美法系和部分大陆法系为代

① 参见我国台湾地区“最高法院”一〇一年度台上字第八六七号刑事判决。

② 中国政法大学刑事法律研究中心组织编译：《英国刑事诉讼法（选编）》，中国政法大学出版社 2001 年版，第 445 页。

③ 相关具体内容可参见《英国拘留、待遇和讯问守则》，Revised Code of Practice for the Detention, Treatment and Questioning of Persons of Police Officer（PACE－Code C）：12.2。

表。其优势是弥补了苏联等东欧模式僵化死板的规定，能够因案而异，更具灵活性，但缺点也较为明显，即缺乏统一性，难免在不同时期、不同地区、不同案件中有疲劳审讯认定上的差异化，如果操作不当，差异明显，难免会出现同案不同判的现象，进而触发民众对公平性的质疑。同时，给予法官较多的裁量权，也容易滋生法官的恣意和滥权，减损司法的公信力和权威性。

相对而言，原则加例外的情况可以较好地解决了上述两种模式所带来的困扰，一方面，原则性的规定可以有效地规训法官的裁量权不至于那么自由，在认定疲劳审讯时有一个基线，不至于跑得太远。另一方面，例外性的规定赋予了法官能够根据案件自身情况较为灵活地处理一些特殊情形。所以，很多国家都在疲劳审讯的认定上采用了“原则＋例外”的模式，只是在例外的规定上有的宽松有的趋紧罢了。

更深一步的分析，其实不同国家之所以在疲劳审讯的认定上有着不同的标准或判断模式，也深深地源于本国的诉讼制度和法律实施现状。如以俄罗斯为代表的前苏联国家，中央集权制根深蒂固，人权保障的理念较为淡漠，侦查中心主义仍然是该国诉讼制度的典型特点，侦查对于后续的起诉和审判有着很强的影响乃至决定作用，而相对的辩护制度却较为孱弱。因此，如果在这些国家没有疲劳审讯的明确界定，而是赋予法官灵活的个案自由裁量权，一方面辩方由于缺乏相应的权利手段，可能很难有能力去提出因疲劳审讯而排除非法证据的动议；另一方面，即使辩方提出，审判缺乏中立性，法官也可能会更多地迁就于侦查方或控方，在自行可以裁量的范围内更多地倾向于对疲劳审讯的不认定。

而在以提倡程序正义、人权保障的美国，诉讼结构所体现的则是审判中心主义，其对于侦查行为的启动，如搜查、逮捕等强制性侦查措施都是以令状的形式进行批准，同时以证据排除规则和程序无效原则等方式来反制侦查活动，侦查中心主义在美国无存在的空间。同时，在审判中心主义下，法官、法院具有很高的地位和权威。美国人民在内心中就相信美国的法官能够不受现实环境约束，勇敢挑战强权，公正、客观地解释与适用法律。正如美国大法官所言，“我们不是因为公正而权威，我们是因为权威而公正。”因此，美国法院尤其是联邦最高法院的判决或裁定为民众所认可与信服的程度都很高。另外，美国在人权保障的理念下辩护制度也非常发达，辩护律师享有很高的地位。因此，在美国对于疲劳审讯的认定赋予法官更多的裁量权就有了裁量模式生长的土壤。一方面，辩护制度的发达可以使辩方有意愿、有能力提出因疲劳审讯排除非法证据的动议；另一方面，审判中心主义的诉讼制度可以使法官敢于认定疲劳审讯，并进而排除疲劳审讯所获得的供述证据，实现“以证据制约（侦查）

行为”的程序正义。更重要的是，由于法官和法院在美国的权威性和至高无上的地位，即使出现一些在疲劳审讯认定上的差异或地区的不均衡，民众也能够接受。

而对于一些其他的大陆法系或英美法系国家，由于处在一种诉讼结构、辩护制度或是人权保障理念发展的“中间状态”，更具调适性的“原则 + 例外”模式就更为妥帖了。

三、我国对疲劳审讯的认定及所获供述证据能力的判断

（一）国内观点理论的梳理

国内学者对于疲劳审讯的研究集中于两个方面：一是疲劳审讯所获供述能否作为证据使用；二是疲劳审讯如何认定。对于前者，目前已经达成一致，即疲劳审讯所获供述应当予以排除，不得作为定案的根据。有学者就明确指出，“就疲劳审讯而言，一方面，长时间、连续不断的疲劳审讯无异于对被追诉人肉体和精神的双重折磨，程序上极不人道，严重侵犯公民基本人权；另一方面，在长时间、连续不断的疲劳审讯下，饱受折磨的被追诉人往往身心俱疲，为求缓解痛苦往往作出虚假供述。”① 另外，官方的文件也对于疲劳审讯所获证据的证明能力予以了明确，最高人民法院《防范冤假错案意见》第 8 条第 1 款“采用刑讯逼供或者冻、饿、晒、烤、疲劳审讯等非法方法收集的被告人供述，应当排除”的规定就是例证。但是对于疲劳审讯的认定，我国学者还存在着一定的认识分歧。

部分学者认为应当采用自由裁量的模式，由法律确立一个基本的法则，然后由证据裁量者遵循该法则的内在法理进行判断。而具体的法则有两种：一种是自白任意性法则，即只有当审讯时长达到了对被讯问人的身心造成压制或强迫，使其不能在自由意志下作出供述时，则该审讯构成疲劳审讯。② 另一种则是痛苦规则，该规则强调，“只有疲劳审讯使犯罪嫌疑人、被告人在肉体上或者精神上遭受剧烈疼痛或者痛苦的程度与刑讯逼供相当，迫使其违背意愿供述时，所取得的供述就应予以排除。”③ 虽然一些学者对上述两种法则做了较为

---

① 万毅：《“全国首例非法证据排除案”法理研判》，载《证据科学》2011 年第 6 期。

② 张建伟：《自白任意性规则的法律价值》，载《法学研究》2012 年第 6 期。

③ 朱孝清：《刑事诉讼法实施中的若干问题研究》，载《中国法学》2014 年第 3 期。

合理的区分,[1] 但这两种法则在判断疲劳审讯的问题上都可归结为自由裁量模式。而另外一部分研究者则秉承了国外有关疲劳审讯的原则加例外的认定模式，主张应当由法律明确审讯的合理期间，超过该期间的审讯即视为疲劳审讯，当然还可根据情况设置一定的例外。如有学者就认为超过12小时的连续讯问应视为疲劳审讯,[2] 陈光中教授则认为，“明确规定羁押期间一次讯问持续的时间最长不应超过24小时，其间至少应休息6小时，而且两次讯问之间的时间间隔也不得少于24小时。由于被讯问人的个体差异，毫无例外地适用单一的标准也不符合实际。对于老弱病残的犯罪嫌疑人，应根据入所体检报告或者犯罪嫌疑人的要求，确定更短的一次最长持续讯问时间、更长的休息时间和更长的两次讯问时间间隔。对于违反该规定超期限审讯获得的供述，一律视为非法证据予以排除。”[3]

（二）本书对疲劳审讯证据认定的态度

就上述学者的观点而言，首先对于疲劳审讯所获供述的证据能力已经达成了共识，特别是在不得强迫自证其罪原则、非法证据排除规则已经引入刑事诉讼法的情况下，对于疲劳审讯所获证据之证据能力的否定性评价既是对于刑事诉讼法保障人权等立法精神的恪守，同时也是规范侦查行为、保证案件质量的重要举措。而对于疲劳审讯如何认定，笔者认为还是应当结合当前我国刑事诉讼法的诉讼结构以及司法的现实状况通盘考量。虽然，党的十八届四中全会提出了推进以审判为中心的诉讼制度改革，但是我国长期的侦查中心主义诉讼制度根深蒂固，积重难返，改革应当循序渐进，才能卓有成效。另外，我国2012年刚刚进行的一次刑事诉讼法的大修，辩护制度获得了很大完善，但是不少地方辩护权的保障仍然任重道远。同时，我国司法的权威性、公正性还有待进一步提高，检察官、法官等司法人员的地位也并不高，亟待加强。面对上述我国司法的种种现状，笔者认为当前对于疲劳审讯的认定还是应当遵循原则加严格例外的模式。即法律或司法解释明确合理审讯的时间，严格禁止持续的、长时间的讯问。超出规定时长的讯问即应被认为是疲劳审讯，所获供述作

---

① “自白任意性规则”与“痛苦规则”是不同的非法口供排除规则。前者是以当事人的意志自由为基础，以自白的任意性即自愿性为中心进行评判；后者则是以当事人对于痛苦的耐受性为基础，以侵权的严重性为中心进行评判。前者强调的是内心自由的内在标准，后者重视的是形成痛苦源的肉刑、变相肉刑等方法的应用，即外部的标准。参见龙宗智：《我国非法口供排除的“痛苦规则”及相关问题》，载《政法论坛》2013年第5期。

② 万毅：《微观刑事诉讼法学》，中国检察出版社2012年版，第198页。

③ 陈光中、郭志媛：《非法证据排除规则实施若干问题研究——以实证调查为视角》，载《法学杂志》2014年第9期。

为非法证据径行排除。但是，面对特殊情况，法律还应当准许例外。

1. 疲劳审讯认定的原则性规定，24 小时为讯问的合理期限。之所以限定为 24 小时，这是与我国新修订的刑事诉讼法之规定相吻合的。修订后的刑事诉讼法虽然没有对羁押状态下的讯问时间作出限制，但我们仍可以依照非羁押状态下讯问的时间限制来推导出疲劳审讯的时间临界点。根据新《刑事诉讼法》第 117 条的规定，一般情况下传唤、拘传持续的时间不得超过 12 小时，案件重大、复杂需要采取拘留、逮捕措施的，传唤、拘传持续的时间不得超过 24 小时，而且必须保证犯罪嫌疑人的饮食和必要的休息时间。可见，法律明确规定了未被羁押时传唤或拘传后连续讯问的时间最长不得超过 24 小时。相较而言，犯罪嫌疑人羁押比未被羁押时其人身的强制性高，在封闭的讯问空间内，紧张且伴有较大的压力，精神容易疲劳、痛苦的可能性大。既然未被羁押时连续讯问的时间都不得超过 24 小时，羁押时被连续讯问的时间更不得超过 24 小时，因此认定疲劳审讯以 24 小时为临界点比较合适。另外，按照羁押状态下法律对讯问程序的规定，超过 24 小时的讯问也很难“依法”出现。新修订的《刑事诉讼法》第 83 条和第 91 条第 2 款规定，拘留后 24 小时内送看守所，逮捕后立即送看守所。可见，羁押后讯问的地点都是在看守所内进行，而看守所的讯问时间有严格的规定，超过 24 小时的连续讯问是不可能在看守所发生的。当然，实践中存在侦查机关可能利用从看守所提出嫌疑人在所外辨认、搜查或指认现场的时候借机讯问的情形，但是根据《防范冤假错案意见》第 8 条第 2 款的规定，“除情况紧急必须现场讯问以外，在规定的办案场所外讯问取得的供述……应当排除。”质言之，羁押后连续讯问超过 24 小时在现行法律文本中根本没有生存的空间。综上而言，我国对于审讯合理期间的认定原则上应限定为 24 小时内，超出 24 小时的应认定为疲劳审讯。

2. 特殊的例外情况。对于疲劳审讯的例外情形，主要是两个向度：一是对审讯时间少于 24 小时仍然认定为疲劳审讯的情形；二是超过 24 小时的审讯时间不认定为疲劳审讯的情形。

对于第一种情形，借鉴他国的立法经验，可以规定，由于身体原因，如年老、体弱或疾病等生理或医学原因，讯问的时间长度应当由医嘱确定，超过该时长的讯问即为疲劳审讯，当然具体的考察因素还可以从以下几个方面着手：（1）审讯手段。有无其他不规范讯问行为的出现，如扇耳光的肢体行为、话语刺激等言语行为皆易导致疲劳。（2）所处环境。包括是否采取强制措施、是否戴脚镣手铐、是否与外界联系等。（3）生活待遇。包括是否有冻饿晒烤、监仓空间大小、同监人数等。（4）个人状况。即年龄、性别、健康、阅历、自身体质、心理素质等，是否年老体弱、疾病缠身等。

对于第二种情形，可以规定下列情形经控方证明可不认定为疲劳审讯：（1）经被讯问人书面明示同意延长一定的讯问时间；（2）如不延长讯问时间恐有急迫之情形发生或导致严重后果，如被讯问人即将死亡、可能导致危害国家安全、公共安全以及严重危害他人人身安全的犯罪发生、可能造成严重的财产损失、可能不必要地延迟被羁押人的释放等。由于第二种例外情况可能随着案件的不同会有多种情形发生，故可以采用列举未尽的立法技术，同时辅之以推定反驳的证明模式。即当辩护方提出疲劳审讯的动议后，裁判者需要调查审讯的时长，如果审讯超过了24小时，则证据裁判者可首先推定构成疲劳审讯，但允许控方对推定进行反驳，如果控方能够证明存在上述例外情形，则推定可以被推翻，讯问所获供述可以作为证据使用。

当然，需要说明的是，随着审判中心主义诉讼制度的逐步健全，检察官、法官等司法人员地位和威望的提升，司法公正、司法公信力的逐步建立和完善，疲劳审讯等一系列非法讯问手段的认定还是可以渐进性地转为自由裁量模式。

四、有关疲劳审讯的其他问题

（一）仅仅是剥夺饮食算不算疲劳审讯

实践调研中，笔者曾碰到过此种情形，即在审讯过程中侦查人员严格按照当地制定的讯问守则展开讯问活动，每次讯问都没有超过规定的时间，且犯罪嫌疑人都获得了较为充足的休息时间。然而，犯罪嫌疑人应有的一日三餐却没有得到保障，此类讯问可否认定为疲劳审讯。对此，有的同志认为刑事诉讼法明确规定了讯问期间要保障犯罪嫌疑人饮食和必要的休息时间，不提供饮食已经违法。同时，讯问和接受讯问都要消耗一定的体力和精力，需要通过进食予以补充，如果没有饮食则后续被讯问期间的注意力、反应力乃至接受讯问的耐受力都可能下降或受到影响，体力可能难以为继，容易产生疲劳，故剥夺饮食的讯问也可认定为疲劳审讯。对此，笔者认为剥夺饮食首先违背了刑事诉讼法讯问规则的应有规定，属于程序违法，但是将其归结为疲劳审讯似有不妥，因为一般认为疲劳审讯中的“疲劳”主要是侦查人员搞“车轮战”“靠时间”所造成的精神痛苦，而不是剥夺饮食造成的生理痛苦。故剥夺饮食的讯问方式不宜向疲劳审讯的方向去认定，而是可以按照其他非法讯问方法中的“饿”去判断，判断的标准可以按照“两高”司法解释中与刑讯逼供相当的在肉体上造成剧烈疼痛或痛苦之规则去判断。

（二）夜间讯问是否是疲劳审讯

一般而言，人的作息规律都是“日出而作，日落而息”的，夜间一般是休息睡眠补充体力和精神的时段。因此，夜间讯问往往会打破多数人的正常生活习惯，给其精神造成一定的伤害。因此，有学者提出夜间讯问是否也应当视为疲劳审讯，予以严格控制。对于这一观点，其他学者提出了不同看法。其实对于夜间讯问，不少国家和地区的规定也并不一致，如在德国，夜间的讯问（BGHSt 1，376；BGHSt 38，291）或审判（BGHSt 12，332），依联邦最高法院的见解，非必然均为禁止。[①] 而在俄罗斯，根据《俄罗斯联邦刑事诉讼法典》第164条第3项的规定：“不允许夜间实施侦查行为，但刻不容缓的情况除外。”[②] 而我国台湾地区“刑事诉讼法”第100条之3第1项规定：“司法警察官或司法警察讯问犯罪嫌疑人，不得于夜间行之，但有下列情形之一者，不在此限：一、经受讯问人明示同意者；二、于夜间拘提或逮捕到场而查验其人有无错误者；三、经检察官或法官许可者；四、有急迫之情形者。”此条款为台湾地区1998年间“刑事诉讼法”所增订内容，其立法理由为“夜间乃休息之时间，为尊重人权及保障程序之合法性，并避免疲劳讯问，爰增订本条。”[③] 可见，台湾地区对于夜间讯问也并未一概否定，而是设置了若干的例外情形。在日本，关于夜间调查讯问所得自白证据能力的问题也有一定的争论，一方面，由于夜间调查讯问会给嫌疑人的身心造成疲劳，因此，应当给予人权维护上的关注；另一方面，由于现行法限制拘束人身的侦查时间，又要求迅速侦查，这两者的协调就会产生冲突。对于上述冲突以及夜间调查讯问所获自白的证据能力问题，日本的判例动向几乎没有认为因调查到深夜而违法者。判例都是就调查讯问之际的具体情况，虽曾发生或个别违法和不当的讯问，但确定是否与自白之间有因果关系，判断有无任意性，最后日本的判例基本肯定在夜间所作自白的任意性。[④] 可见，在日本夜间讯问是被允许的，且其并不会使自白丧失证据能力。

参照上述国家和地区的规定，笔者认为夜间讯问目前在我国是可以允许的，但应作出严格限制。同时，如果辩护方提出对于夜间讯问的供述排除的动议后，裁决者可以依据疲劳审讯的判断标准作出证据是否排除的裁定，而不应

---

① ［德］克劳斯·罗科信：《刑事诉讼法》，吴丽琪译，法律出版社2003年版，第234页。

② 《俄罗斯联邦刑事诉讼法典》（新版），黄道秀译，中国政法大学出版社2006年版，第151页。

③ 黄朝义：《刑事诉讼法》（第二版），新学林出版股份有限公司2009年版，第498页。

④ ［日］土本武司：《日本刑事诉讼法要义》，董璠舆、宋英辉译，五南图书出版公司1997年版，第327页。

仅仅因为是夜间讯问就径行排除审讯所获取的言词证据。

（三）两次审讯的时间间隔如何确定

新修订的刑事诉讼法明确规定了讯问过程中要给予犯罪嫌疑人、被告人必要的休息时间。一般而言，必要的休息时间可以有效避免疲劳审讯的发生。通过必要的休息犯罪嫌疑人获得了一定体力的补充、精神疲劳也获得了一定的缓解。然而，必要的休息到底是多长时间呢？按照医学上的观点，一般人的睡眠应保持在6—8小时之间。睡眠不足，人的抵抗力就会下降，容易疲劳、注意力不集中。所以，从医学角度来说，一天之内必要的休息时间至少应为6个小时。故在任何一个24小时内，应当至少保证犯罪嫌疑人、被告人不少于6小时的连续休息时间。[①] 但是，对于这一立法意向，实务部门的同志提出了异议，根据他们的实践经验，犯罪嫌疑人一旦进入刑事司法程序，如第一次讯问或采取强制措施后，“他们常常精神高度紧张，饭吃不下，也睡不着觉，大脑往往在高速运转、眼睛瞪得大大的，脑袋里面更多的是在思考如何脱罪，如何实施反侦查、反讯问伎俩，此时，如果没有时间做保障，不通过突审拿下口供，而是给他休息饮食的时间，无疑是给了他喘息的机会，最终结果只会丧失战机，导致侦查讯问的僵局，把案件引得越来越复杂，不仅浪费司法资源还可能放纵犯罪。”既然新颁布的《人民检察院刑事诉讼规则（试行）》第80条第2款已经规定：“两次拘传间隔的时间一般不得少于十二小时，不得以连续拘传的方式变相拘禁犯罪嫌疑人。”自然可以考虑连续讯问在不超过24小时的情况下，可以通过两次讯问的间隔12小时来保证犯罪嫌疑人的休息时间，毕竟侦查中侦查人员和犯罪嫌疑人时刻在上演着活力对抗，获得侦查主动权、把握侦查战机对于案件事实的查明、及时惩罚犯罪也非常重要。对于此观点，笔者认为有一定的合理性，但是对于上述实务中所碰到的现实情况，侦查机关完全可以通过与犯罪嫌疑人的沟通，询问其是否需要休息来予以解决。如果犯罪嫌疑人要求在连续讯问的24小时内进行休息，则侦查人员应当停止讯问，毕竟这是刑事诉讼法规定的犯罪嫌疑人的应有权利，任何人不得剥夺。侦查机关可以利用犯罪嫌疑人休息的时间，重新梳理和规划侦查讯问计划、制定讯问策略，争取在下一轮的审讯中科学规范地取得口供。

---

① 在2012年《刑事诉讼法》修改过程中，中国人民大学陈卫东教授就曾表示，“刑事诉讼法草案”讨论稿中对于审讯中的休息时间曾经有明确的两个方案，“一个方案是在任何一个24小时内，询问的累计时间不得超过12小时。还有一个方案是在任何一个24小时内，连续休息的时间不能少于6小时”。参见李丽：《刑法专家聚焦“非法证据排除”第一案——疲劳审讯算不算刑讯逼供》，载《中国青年报》2011年9月3日，第3版。

第六章　重复性供述排除规则之规范解读

——从《关于办理刑事案件严格排除非法证据若干问题的规定》第5条切入

2010年“两高三部”《关于办理刑事案件排除非法证据若干问题的规定》(以下简称《排除非法证据规定》)实施以来，在统一“排非”规则、更新办案理念、规范执法行为、确保司法公正等方面都取得了积极成效。随着2012年刑事诉讼法的第二次修订，非法证据排除规则正式入法，对于完善我国证据制度、落实尊重和保障人权、防止发生冤假错案意义重大。伴随着《排除非法证据规定》以及修订后的刑事诉讼法在实践中的全面运行和深入推进，一些涉及非法证据排除规则的问题也相继暴露，如对非法证据的范围和认定标准，法庭审理时对取证合法性的调查程序，公诉机关对取证合法性的证明方式，以及法庭审理后对证据合法性争议的裁判方式等还存在一定的分歧和争议，有待立法或司法解释层面上的进一步明确和规范。其中，一个较为突出的问题就是对重复性供述是否排除，以及排除的范围和标准等尚无明文规定，理论上也存有较大争议，亟待新的司法解释作出规范。“两高三部”2017年6月27日出台的《严格排除非法证据规定》第5条对此作出回应，该条规定：“采用刑讯逼供方法使犯罪嫌疑人、被告人作出供述，之后犯罪嫌疑人、被告人受该刑讯逼供行为影响而作出的与该供述相同的重复性供述，应当一并排除，但下列情形除外：（一）侦查期间，根据控告、举报或者自己发现等，侦查机关确认或者不能排除以非法方法收集证据而更换侦查人员，其他侦查人员再次讯问时告知诉讼权利和认罪的法律后果，犯罪嫌疑人自愿供述的；（二）审查逮捕、审查起诉和审判期间，检察人员、审判人员讯问时告知诉讼权利和认罪的法律后果，犯罪嫌疑人、被告人自愿供述的。”

由于《严格排除非法证据规定》出台之前，对于重复性供述问题的研究更多的是一种域外经验的分享和理论层面的推演，如今随着新规定的出台，重复性供述排除规则已经从纸面上的法转变为行动中的法。故本书将从中国的司法实践出发，结合我国特有的司法场域和现实情况，围绕《严格排除非法证据规定》第5条的内容展开理论上的分析解读，以求对实践操作提供参考。

一、何谓重复性供述

重复性供述也称为“重复性自白”“反复自白”。按照《严格排除非法证据规定》的表述，重复性供述是指“采用刑讯逼供方式使犯罪嫌疑人、被告人作出供述，之后犯罪嫌疑人、被告人受该刑讯逼供行为影响而作出的与该供述相同的重复性供述”。概念是认识对象和分析问题的逻辑原点，对于重复性供述的概念需要从以下几个方面把握：

（一）重复性供述与刑讯直接逼取的供述在内容上相同或包容

不少研究者在对重复性供述的概念进行界定时都不约而同地认为重复性供述与刑讯直接逼取的供述在内容上需相同或重合。[①]《严格排除非法证据规定》也以“相同的”语词表述予以认可。但需要注意的是，重复性供述并非是与之前刑讯所直接逼取的供述在内容上完全雷同，而是指主要事实或关键情节一致相当，并无矛盾。毕竟，人不可能两次踏入同一条河流。遵照正常的讯问规律，在整个刑事诉讼中，犯罪嫌疑人、被告人一般会作出多份供述，但多数情况下，有的重复性供述是对第一次刑讯逼取供述的核实固定，有的是在第一次刑讯逼取供述基础上的修订完善，还有的是对第一次刑讯逼取供述的细化补充。司法实践中，内容完全雷同的重复性供述几无可能出现，只要重复性供述与第一次刑讯逼取的供述在内容上没有实质性差异或矛盾，两者内容相当，或者重复性供述的内容包容着对第一次刑讯逼取供述的内容，都可被视为重复性供述（见图2）。

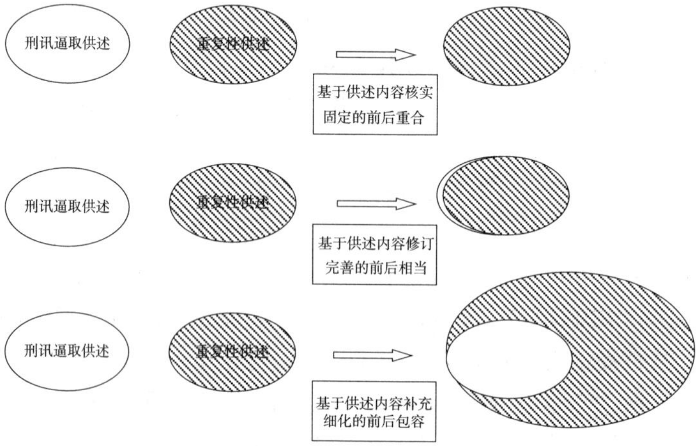

图2　重复性供述与刑讯逼供的第一次供述之间的关系

① 龙宗智：《两个证据规定的规范与执行若干问题研究》，载《中国法学》2010年第6期；万毅：《论“反复自白”的效力》，载《四川大学学报（哲学社会科学版）》2011年第5期。

（二）重复性供述的表现形式并不仅限于讯问笔录

由于案卷笔录中心主义的影响，我国庭审并未彻底贯彻直接言词原则，庭前的供述笔录并未排除于法庭之外，还常常成为法庭认定案件的重要依据。基于此，重复性供述最为常见的表现形式就是笔录类材料，具体包括两种：一种是公安司法机关的办案人员在讯问犯罪嫌疑人、被告人时依法制作的讯问笔录；另一种是犯罪嫌疑人、被告人自行书写的书面供词。除此之外，对于被告人当庭供述以及讯问阶段为固定言词证据的同步录音录像也可成为重复性供述的表现形式。

（三）重复性供述不包括重复性辩解

按照《刑事诉讼法》第48条规定，作为法定证据形式之一的口供，既包括犯罪嫌疑人、被告人的供述也包括他们的辩解。在排除犯罪嫌疑人、被告人重复性供述时，务必要甄别讯问笔录和其他形式的口供材料中一些犯罪嫌疑人、被告人辩解的内容，避免排除规则下的“误伤”。至于重复性辩解的不排除原因也较易理解，辩解是犯罪嫌疑人、被告人针对指控的反驳，对自己无罪、罪轻的申辩。不难想象，在刑讯强压之下若某人仍坚称无罪，其陈述的自愿性被压制的可能性不大，清白无罪的概率较高，辩解自然也不应被排除。在域外，非法口供的排除仅包括可能使被告人定罪量刑的部分，而不包括可能使被告人无罪的部分，如在英国，《警察与刑事证据法》第76条第2款明确规定：“在任何公诉方计划将被告人供述作为证据提出的诉讼中，如果有证据证明供述是或者可能是通过以下方式取得的：（a）对被告人采取压迫的手段；或者（b）实施在当时情况下可能导致被告人的供述不可靠的任何言语或行为，则法庭不得将该供述作为对被告人不利证据被提出……”在美国，以强迫方式取得的供述，也仅禁止控方将其作为证明被告人有罪的证据，或将其作为攻击被告人可信性的弹劾证据。[①] 之所以如此，是因为如果要求法官排除有利于被告人的信息，对于被告人来说就显然不公正，相当于让被告人为司法人员的非法取证行为“埋单”。[②] 这一共识也已在我国《刑事诉讼法》第54条表露无疑。根据该规定，只有采用刑讯逼供等非法方法收集的犯罪嫌疑人、被告人的供述才应排除，辩解无须排除。既然刑讯直接获取的辩解都无须排除，之后的重复性辩解则更不应成为排除的对象。当然，需要注意的是，实践中有些

---

① 参见［美］约书亚·德雷勒斯、艾伦·C. 迈克尔斯：《美国刑事诉讼法精解》，吴宏耀译，北京大学出版社2009年版，第448页。

② 纵博：《非法口供排除中的若干疑难问题及其破解》，载《四川师范大学学报（社会科学版）》2016年第5期。

口供中的供述和辩解存在一定的转化现象。如侦查讯问人员刑讯张三，张三说“案发时，我并未在甲地杀人，而是在乙地盗窃”，这一陈述如果是针对故意杀人的指控就是辩解，但若针对盗窃犯罪的指控则演变为供述。究竟如何判断，必须结合指控的犯罪事实、涉嫌罪名、犯罪形态（预备、未遂、中止、既遂）、共同犯罪中的主从地位以及责任归属等法律性评价逐一判断。①

二、重复性供述排除规则的模式选择

（一）学理探讨上的四种排除模式

有关重复性供述排除规则的模式选择，理论界曾有过多种设计，归结起来可以分为四种：

其一，“不排除说”。该观点主要出自实务部门，主张对于刑讯逼供行为只能一次性评价，不得重复评价。具言之，刑讯逼供的行为一旦认定，哪次是刑讯逼取的供述就排除哪次，即“一次一排”②。至于后续的第二次乃至多次供述，“为避免放纵犯罪，对于严重犯罪原则上应当承认重复口供的证明能力，但应对重复口供的取得进行严格的制度规范，以消除刑讯逼供可能存在的影响。”③

其二，“绝对排除说”。该观点认为只要第一次有罪供述是刑讯或者其他非法手段获得，在排除此证据后，之后的重复供述就应“一排到底”。“我国现行的司法体制和刑事诉讼机制，产生了一种‘绑定’效应，先前的非法讯问行为一经实施，其与后续自白之间的因果关系，就很难被切断，因而，也就不存在不予排除的例外。”④

其三，“裁量排除说”。该观点认为“不排除说”和“绝对排除说”这两种全有全无式的排除模式太过绝对。重复性供述排除的关键在于刑讯逼供行为

① 再举一例，公安机关指控王某故意杀害林某。侦查人员刑讯王某后，王某仍坚称自己并非有意持枪射杀林某，只是想拿枪吓唬他，但林某上来夺枪，争执中不小心触碰扳机，子弹击中林某致其死亡。如果检察机关在审查起诉过程中发现这一口供，那么针对公安机关指控王某故意杀人的犯罪，这一口供即为辩解，不应排除。但如果检察机关之后变更起诉罪名，由故意杀人罪改为过失致人死亡罪，起诉到法院，针对过失致人死亡罪的指控，该口供即为供述，后续与之相同的重复性供述，法庭就应考虑是否作为非法证据一并排除。

② 崔洁、肖水金、王丽丽、李勇：《非法证据争议期待修法破题》，载《检察日报》2011 年 8 月 10 日，第 5 版。

③ 王振峰、戚进松：《两个〈证据规定〉有关证据排除规则的理解和适用》，载《国家检察官学院学报》2010 年第 6 期。

④ 万毅：《论“反复自白”的效力》，载《四川大学学报（哲学社会科学版）》2011 年第 5 期。

对后续供述的波及效力和影响效果，如果认定刑讯逼供行为对被讯问人的身体、精神产生了持续性压迫、恐惧，以致这种影响已经波及延伸至后续的讯问之中，被讯问人受到了心理强制，无法再自由陈述，重复性供述即应排除。但是，如果压迫和恐惧已经在下一次或后续的审讯中被有效阻断或稀释，那么当时作出的有罪供述便可以作为证据使用。“在判断是否符合稀释原则时，应综合判断第一个自白与第二个自白相距的时间、介入因素、警察违法行为的情节等，以决定第二个自白的证据能力。”① “裁量排除说”承认刑讯逼供行为与重复性供述之间的因果关系，但认为因果关系有被阻断或稀释虚化的可能，因此裁判者要通过对多重因素的综合判断自由裁量重复性供述是否排除。

其四，“原则加例外说”。该观点认为，对于重复性供述原则上应予以排除，禁止作为证据使用。同时，禁止因刑讯事实存在而重新取供的行为，并否定此类重新取供的证据效力。不过，“对排除重复性供述原则可以设置若干例外，如被告人在公开的庭审中，在有律师辩护，同时已经获知其如实陈述和进行辩解权利的情况下，仍然承认过去所作自白，这种承认，应当认为具有证据效力；又或是根据被告人的供述、指认提取到了隐蔽性很强的物证、书证，且被告人的供述与其他证明犯罪事实发生的证据相互印证，重复自白可以作为定案依据。”②

（二）立足国情和司法实际的模式抉择

《严格排除非法证据规定》对于重复性供述最终确定了“严格加例外”的排除模式，即原则上排除重复性供述，但应有例外的考量。之所以如此设计，是在考虑我国现实情况的基础上，比较几种排除模式，权衡利弊后的最优选择。

首先，“不排除说”仅仅排除刑讯直接获取的供述，对于重复性供述的不排除将难以彻底遏制刑讯逼供。侦查人员完全可以采取丢卒保车的方法：先主动舍弃刑讯逼取的直接供述，然后凭借刑讯的余威震慑获取重复性供述，以此提交法庭作为指控被告人有罪的证据。在此过程中，虽然刑讯逼供行为的直接收益被“没收”，但间接性收益却没有被斩断，同时还产生了与直接收益相同的效果——架空非法证据排除规则，使程序性制裁机制难以发力。

其次，“绝对排除说”因为一次刑讯就排除后续的所有供述有打击面过宽之嫌。毕竟，犯罪嫌疑人、被告人之后的多次供述很多是在不同情形下作出的。有的可能是在受到了侦查讯问人员的政策教育、亲情感化下，真心悔悟，

---

① 王兆鹏：《刑事诉讼讲义》，元照出版有限公司2010年版，第401页。

② 龙宗智：《我国非法口供排除的“痛苦规则”及相关问题》，载《政法论坛》2013年第5期。

主动供述的；有的是基于争取宽大处理的利益驱动，自愿交代的；还有的是在其他证据面前，不得不坦白的。这些情况中，刑讯是否还产生着持续的影响是值得怀疑的，一概排除重复性供述并不利于打击犯罪。而且，根据当前认罪认罚从宽制度改革的精神，对犯罪嫌疑人、被告人在刑事诉讼中如实供述自己罪行，对指控的犯罪事实没有异议，愿意接受处罚的，可以获得诉讼程序从简和实体量刑从宽的处理，如果对重复性供述采“绝对排除说”，显然会打消犯罪嫌疑人、被告人主动供述的积极性。另外，“绝对排除说”还可能产生某种危险的激励，即侦讯人员可能基于破罐破摔的思维逻辑，为了避免刑讯后所有供述被“一排到底”的命运，会尽其所能地掩盖刑讯，由此导致今后刑讯逼供更难被发现和纠正。例如，“秦朝赵高诬陷李斯谋反，对李斯严刑拷打，逼迫他认罪。赵高指使门客十余次诈称是皇帝派来的御史、谒者、侍中前去复审，李斯大呼冤枉，却遭到不断的毒打，后来秦二世派人来验狱的时候，李斯再也不敢申诉。”①

再次，“裁量排除说”的折中处理虽然克服了上述两类学说的弊端，但理论照耀到实践中仍会映衬出问题的影子——如何才能准确判断刑讯的波及效力已影响到供述的自愿性？虽然有研究者曾列出了诸如“刑讯的严重程度、讯问人员是否更换、间隔时间的长短、程序阶段是否转换”，② 作为影响强度的参照指标或考察要素。但众所周知，就自愿性本身而言，由于主观内心的飘忽不定，可以纳入考量的要素远不止于此，内容可谓相当庞杂，例如被讯问人的心智发育、情感特征、身体状况、年龄大小、受教育水平、再次讯问人员的态度和方式，是否有辩护律师介入等也应考虑纳入评判范围。就连美国联邦最高法院哈兰（Harlan）大法官也不得不承认，“以自愿性为被告供述可采性标准也许没有任何意义，因为所谓的整体情形总是处于一种变动不居的状态之中。”③ 由此，一个现实的实践问题摆在司法解释制定者面前：在刑讯的波及或延伸效力是否已经中断，被讯问人的供述是否自愿的判断上，若完全由法官权衡个案情境自由裁量是否契合中国的司法现状？可能的实践隐忧有二：

其一，权力的下放，是否会不当扩张裁决者的自由裁量权，导致重复性供述排除的艰难。不容否认，我国当下的司法实践中，公检法受“重配合，轻制约”的长期影响，三机关的同质化倾向较强。在维稳和打击犯罪的目标下，侦查中心主义的影响积重难返，非法证据“不愿排”“不敢排”的现象在不同

① 陈光中：《刑事诉讼法学》，中国人民公安大学出版社、人民法院出版社 2004 年版，第 60 页。

② 李颖：《重复自白的证据能力》，载《中国刑事法杂志》2012 年第 7 期。

③ 384 U. S. at 508.

地区多有出现。在直接的刑讯逼供排除率都不高的情况下，将权力下放，期寄裁判者通过自由裁量，严格准确地排除更为复杂的重复性供述似乎更为艰难，最终的结果反倒可能出现重复性供述基本不排除的尴尬境地。

其二，目前中国的裁决者恐怕还难以胜任如此复杂的裁量性排除工作。非法证据排除规则真正以系统的规范性文件形式出现在我国只有7年，实践中的适用一直处于摸索阶段，相关的规则规定仍较为原则，加之实践中非法证据排除的典型案例不多，司法机关未能积累足够多的实践经验。此时，若将裁量权全部委由裁决者去个案判断、适时排除，恐怕知易行难。美国联邦最高法院布莱克（Black）大法官就曾指出，“如果每次你在考虑被告的供述是否具有可采性时都必须根据个案的具体情形，那么，这世界上恐怕没有一个法庭能够知道其所面对的被告的供述是否可采，直到案件提交到我们面前的时候，可能我们会发现，（确定被告供述的自愿性）已经超出了我们的能力范围。”① 证据排除规则在美国已施行百年尚且如此，面临相同的问题我国也将是任重道远。

综合考虑了上述三种排除规则的利弊优劣，一个更具操作性，也更符合中国实际情况的“原则+例外”排除模式被推出。该模式的核心要义是，原则上只要认定重复性供述受到刑讯逼供行为的影响就应当直接排除，这也符合当下我国对刑讯逼供重点防范、强力遏制的决心。但是，如果能判断出刑讯对重复性供述的影响已被“切断”或“稀释”，重复性供述仍有保全的可能，这其实是借鉴了“裁量排除说”的合理内核。但如何判断，《严格排除非法证据规定》并未赋予裁判者自行裁量的权力，而是将裁判者针对个案情势的机动判断转化为对程序性规定动作是否遵守的审查。这便是《严格排除非法证据规定》第5条第（一）项和第（二）项的例外规定，即虽然发现了刑讯逼供行为，但如果控方能够证明，“侦查期间，侦查机关更换侦查人员，其他侦查人员再次讯问时告知诉讼权利和认罪的法律后果；或者在审查逮捕、审查起诉和审判期间，检察人员、审判人员讯问时告知诉讼权利和认罪的法律后果”，犯罪嫌疑人、被告人如再次供述所作出的重复性供述可不予排除。此种处理的技巧恰好暗合了美国对待供述是否排除的最新理论。其实，美国应对供述的排除问题共经历了三个阶段：“一、真实性。只要自白与真实相符，即得为证据。在此理论下，刑求逼供为法律所许可，即令之后刑求为法所禁，但刑求下之自白，只要与事实相符，未必应排除。二、任意性，即令自白与真实相符，但如不是被告自由意志之产物，即不得为证据。三、预防性。为确保自白之真实性

① 63 Landmark Briefs and Oral Arguments of the Supreme Court of the United States: Constitutional Law, 894. Phil－lip Kurland & Gerhard Casper eds.（1966）.

及任意性，法律设计许多前置的预防措施，以求周密保护被告之自由意志。只要违反预防性措施，虽然执法人员未必违反被告之自由意志，但仍将自白排除，以防止非真实或非任意性的自白成为审判中的证据。”① 相较于美国当前通行的“预防性”排除自白标准，我国“严格 + 例外”的排除模式同样是巧妙地将重复性供述合法性的证明对象予以转化，即将重复性供述的自愿性这个主观性较强的证明难题转化为例外性规定中程序是否遵守的判断。这一立法技术相对于语义模糊的自愿性标准而言，一方面，对于证据审查方是一个“更好的、更易于把握和处理供述问题的标准。”② 另一方面，也大大降低了控诉方履行证明责任的难度。③ 鉴于此，无论是侦查人员、检察人员、审判人员还是辩护律师下一步需要认真研究的都应是重复性供述例外规定的具体内容。

三、对于两项例外情形的解读

有关重复性供述排除规则例外情形的设置，根本目的还是要保障重复性供述的自愿性，方式则是设定预防程序，消除刑讯逼供的影响。

（一）更换讯问人员及转换讯问情境的理论解析

侦查阶段，封闭密室内的刑讯行为不仅会使犯罪嫌疑人在肉体或精神上产生剧烈疼痛或痛苦，也会使其对刑讯人员产生内心恐惧。在相同地点和环境下的讯问还会使被讯问人产生心理压力，出现供述障碍。为了使犯罪嫌疑人、被告人在刑讯后能够自愿供述，吐露真情，更换讯问人员和转换诉讼阶段成为消除刑讯影响、保障供述自愿性的有效方式之一。《严格排除非法证据规定》第5条对此予以明确规定：对于侦查阶段发生的刑讯逼供，侦查期间，侦查机关更换侦查人员；或者在审查逮捕、审查起诉和审判期间，转换讯问情境后，改由检察人员、审判人员讯问犯罪嫌疑人、被告人时，若履行了相应的告知义务，则重复性供述获得自愿性保障，不被排除。

通过对《严格排除非法证据规定》第5条第（一）项和第（二）项的比较发现，该条第（一）项仅仅是侦查阶段内的侦查人员的更换；第（二）项则包括同时转换讯问人员和讯问情境，即由侦查人员转换为检察人员或审判人

---

① 王兆鹏：《新刑诉·新思维》，元照出版有限公司2005年版，第48页。

② Geoffery R. Stone, The Miranda Doctrine in the Burger Court, 1977 Sup. Ct. Rev. 102 - 103.

③ 实践中，辩护方基于其诉讼立场对于重复性供述多数会主张排除，而控诉方需要对重复性供述具有证据能力承担证明责任，即需要证明重复性供述具有自愿性，没有受到之前刑讯逼供的影响。但是，重复性供述是否受到之前刑讯逼供的影响，是个主观性较强的问题，控诉方证明难度较大。《严格排除非法证据规定》第5条的例外规定则将这一主观性问题转化为程序性问题，这既明确了重复性供述证据能力的证明对象问题，也大大降低了控诉方履行证明责任的难度。

员，讯问也由侦查阶期间转换为审查逮捕环节、审查起诉或审判阶段。对于第（二）项的规定，不少研究者都曾撰文表示赞同。有学者就指出，“被告人的供述如被证明系刑讯逼供所得，法官对被告此前的有罪供述应全部予以排除，但在排除此前形成的有罪供述后，法官可以依法重新对被告进行讯问，若被告仍作出有罪供述，该有罪供述可作为定案根据。”① “因为公开的庭审具有基本的程序保障，即控辩审组合形成的庭审结构、对辩护权的确认与保障、质证与辩论程序，以及公开审判等……在庭审这种特殊空间中为波及效力中断设置一种例外，可谓相对合理。”②

另外，基于我国宪法对检察机关的特有规定，检察环节检察人员对犯罪嫌疑人的重新讯问亦能产生与审判阶段相同的效果——阻断刑讯的波及效力和负面影响。我国《宪法》第131条规定，“人民检察院依照法律规定独立行使检察权，不受行政机关、社会团体和个人的干涉。”第135条规定，“人民法院、人民检察院和公安机关办理刑事案件，应当分工负责，互相配合，互相制约，以保证准确有效地执行法律。”细究下来，我国《宪法》第131条的规定在英美法系国家法律中并无规定。依照三权分立的传统学说，英美法系国家中检察机关是行政机关的下设机构，受行政权领导，本身就不是司法机关，没有独立性。而我国《宪法》第135条对检警分离的规定在大陆法系国家宪法中也未列明，因为在它们那里奉行的是检警一体化的侦查模式，检察官是侦查主体，领导、指挥警察办案，由于检警一体侦查办案的“捆绑模式”，诉讼一开始，检察官的控诉职能即已凸显。而在我国，由公安机关主导的侦查活动，检察机关并未参与介入期间的侦辩对抗，属于局外的第三方。③ 当进入审查逮捕环节，我国的检察官与他国的羁押法官一样均是行使司法审批权，所处的地位是超然中立的，并未受到其他机关的干涉和影响，加之客观性义务的制约，检察官总体上并未彰显出强烈的控诉倾向。作为中国特有的司法环境下，审查逮捕的第三方，检察官是能够客观中立且独立自主地纠正侦查机关的刑讯逼供行为，积极排除刑讯供述，并履行权利告知义务，消除刑讯的不良影响，为犯罪嫌疑人的再次供述提供自愿性保障。实践中也有这方面的典型例证，如在王玉雷故意杀人案中，检察机关在审查逮捕阶段讯问王玉雷，就发现了其可能遭受刑讯逼供的情形，经过积极安抚，在履行了相关权利告知义务后，王玉雷重新

---

① 万毅：《论“反复自白”的效力》，载《四川大学学报（哲学社会科学版）》2011年第5期。

② 龙宗智：《我国非法口供排除的“痛苦规则”及相关问题》，载《政法论坛》2013年第5期。

③ 由于当下检察机关职务犯罪侦查办案人员的转隶工作已经在北京、浙江、山西试点，职务犯罪权从检察机关分出似乎已是箭在弦上，因此，当下再探讨职务犯罪侦查和检察机关批捕权与审查起诉权的一体的不足似乎意义不大。

作出的无罪供述被采纳，一起错案就此得到纠正。[①] 同样的法理推演也适用于检察机关的审查起诉阶段，虽然此时检察人员的公诉职能似乎会阻碍其对有罪供述的排除动力，降低重复性供述自愿性的担保力度。但实际上，国家法律监督机关的宪法定位决定了检察机关必须要对侦查活动进行强有力的制约才会产生监督效果。随着非法证据排除规则在立法中的确立，实践中检察机关公诉部门绩效考核的一个重要指标就是排除非法证据的数量和效果。一些一线办案部门的同志对此曾坦言，“既然在日常办案中发现了涉及考核中的这块‘肥肉’，为什么我们不吃呢?”综上，在审查逮捕、审查起诉和审判期间，检察人员、审判人员讯问时告知诉讼权利和认罪的法律后果，犯罪嫌疑人、被告人自愿供述的，该类重复性供述作为排除规则的例外符合中国的司法实际，也能够激励一线办案人员发现和纠正刑讯逼供，规范讯问活动。

当然，对于《严格排除非法证据规定》第 5 条第（一）项的例外规定，无论是理论界还是实务部门都有一定分歧和争论。争论焦点在于，同是在侦查阶段，仅仅更换了侦查人员、履行了权利告知义务，能否扭转犯罪嫌疑人对侦讯人员“都是一伙的”刻板印象，从而有效阻隔或消除刑讯余威的负面影响。如果这种例外的设定不当，不仅不能遏制刑讯，还会导致非自愿的重复性供述进入法庭，影响法官的正确裁判。经过多方考虑，《严格排除非法证据规定》最终仍然设置了第（一）项的例外规定，即“侦查期间，根据控告、举报或者自己发现等，侦查机关确认或者不能排除以非法方法收集证据而更换侦查人员，其他侦查人员再次讯问时告知诉讼权利和认罪的法律后果，犯罪嫌疑人自愿供述的”，该重复性供述可不被排除。之所以最终如此规定，主要是基于两方面的考虑：其一，我国《刑事诉讼法》第 54 条第 2 款赋予了侦查机关、检察机关和审判机关的办案人员在诉讼中排除非法证据的职责。在侦查阶段，犯罪嫌疑人遭受刑讯逼供主动向侦查机关提出，“侦查机关更换侦查人员重新进行讯问并告知诉讼权利和认罪的法律后果，是对刑讯逼供的一种预防和纠正，如果对重新讯问取得的重复性供述也予以排除，势必会影响侦查机关自我纠错、主动排除非法证据的积极性，”[②] 不利于纠正刑讯逼供和排除非法证据的尽早启动。其二，侦查阶段由不同的办案人员进行讯问的动因除了由侦查机关自行发起外，还有来自检察机关的纠违意见。根据《人民检察院刑事诉讼规

① 徐盈雁：《纠正王玉雷冤错案：排除非法证据引导抓获真凶》，载《检察日报》2015 年 2 月 13 日，第 2 版。

② 万春、高翼飞：《刑事案件非法证据排除规则的发展——〈关于办理刑事案件严格排除非法证据若干问题的规定〉新亮点》，载《中国刑事法杂志》2017 年第 4 期。

则（试行）》第379条的规定，“人民检察院公诉部门在审查中发现侦查人员以非法方法收集犯罪嫌疑人供述、被害人陈述、证人证言等证据材料的，应当依法排除非法证据并提出纠正意见，同时可以要求侦查机关另行指派侦查人员重新调查取证，必要时人民检察院也可以自行调查取证。”如果另行指派的侦查人员补充侦查中再次讯问获取的重复性供述不能作为证据使用，则检察机关要求侦查机关另行指派侦查人员重新取证也就失去意义。并且，检察机关提出纠正意见后，侦查机关再次刑讯逼供的可能性不大。[①] 有鉴于此，侦查期间（包括补充侦查期间）讯问人员的变更，一般可以认为是阻断了之前刑讯逼供的影响，应当承认侦查期间存在排除重复性供述的例外情形。

（二）告知诉讼权利和认罪的法律后果的范围

遵循刑事诉讼法的规定，无论是侦查期间，还是审查逮捕、审查起诉和审判期间，侦查人员、检察人员、审判人员讯问犯罪嫌疑人、被告人时都应当告知的诉讼权利主要包括：犯罪嫌疑人、被告人在讯问中有自行辩护的权利；犯罪嫌疑人、被告人有聘请辩护律师或其他辩护人，申请法律援助的权利；犯罪嫌疑人、被告人针对侦查人员侵犯其诉讼权利和人身侮辱的行为，有申诉和提出控告的权利；犯罪嫌疑人、被告人有要求侦查讯问人员、检察讯问人员和审判讯问人员回避的权利；讯问中，犯罪嫌疑人、被告人有使用本民族语言文字的权利；犯罪嫌疑人有权拒绝回答与本案无关的问题的权利；犯罪嫌疑人、被告人有核对讯问笔录、对讯问笔录提出补充、改正或请求自行书写供述的权利。

除此以外，《严格排除非法证据规定》第16条还规定，审查逮捕、审查起诉期间讯问犯罪嫌疑人，应当告知其有申请排除非法证据的权利。该项权利的告知，主要目的是赋予犯罪嫌疑人、被告人针对自己遭受的刑讯行为寻求救济的机会；同时，也能使犯罪嫌疑人、被告人摆脱刑讯阴影，自愿如实地陈述案情。在此需要进一步思考的问题是：发现了刑讯逼供行为，除了及早纠正，并在再次讯问时告知犯罪嫌疑人、被告人诉讼权利和法律后果外，讯问人员是否也要告知之前刑讯获取的供述被排除？在此，存在一种称为“飞语难收”或“出袋之猫”的理论（cat out of the bag theory），“在被告第二次自白前，警察虽曾为权利告知，但前一个自白已影响被告心理上保持缄默的意愿。因为一般人都会觉得先前都已经承认了，再维持缄默已无意义，往往会继续作出有罪

① 高翼飞、高爽：《重复性供述的排除规则和对翻供的审查》，载《人民司法（案例版）》2016年第35期。

供述。"[①] 因此，有必要在重新讯问前告知先前供述被排除的情况。笔者认为，在《严格排除非法证据规定》第5条第（一）项的例外规定中，履行刑讯供述排除的告知义务尤为重要。在该规定中，侦查讯问人员的更换正是由于已经确认或不能排除刑讯逼供行为的存在，如果此时不告知先前刑讯的纠正以及相关供述的排除，打消其有关顾虑，将难以确保被讯问人后续供述的自愿性。

然而，这种供述被排除的情况通报是否也要在审查起诉或审判环节讯问时一并履行？笔者认为并不尽然。实践中很可能会出现下述情况：虽然犯罪嫌疑人在侦查期间遭受了刑讯逼供，但在审查逮捕、审查起诉期间，检察人员在讯问时告知了犯罪嫌疑人诉讼权利和认罪的法律后果后，嫌疑人没有提出遭受刑讯逼供的情况，仍然作出了重复性的有罪供述。后来，该刑讯逼供行为在审判阶段被发现，按照《严格排除非法证据规定》第5条的规定，审查起诉阶段的重复性供述可否采用呢？对此，笔者持肯定态度。首先，按照前文分析，审查逮捕、审查起诉和审判阶段讯问语境和讯问人员的转换已经能够在客观上对刑讯逼供起到影响阻隔的效果；其次，要承认犯罪嫌疑人、被告人在不同语境下有心理上的起伏以及权衡利弊自由抉择的可能。面对已经知晓的诉讼权利和认罪的法律后果，犯罪嫌疑人有可能受到道德感召以及认罪认罚从宽利益的吸引，在认罪与申请"排非"的选择中作出利益最大化的决定。故按照《严格排除非法证据规定》第5条第（二）项的规定，在案件从侦查期间进入后续的检察环节和审判阶段时，如果犯罪嫌疑人、被告人没有提出遭受刑讯的控告或申诉，而是在充分了解了诉讼权利和认罪后果后，仍然作出重复性供述。即使后续发现了在侦查阶段的刑讯逼供行为，此时也可按照《严格排除非法证据规定》的要求，将重复性供述作为证据排除的例外。但对已经发现的刑讯逼供行为要及时纠正，对其直接获取的有罪供述也要严格排除。

四、需要进一步思考的问题

《严格排除非法证据规定》出台之前，重复性供述一直是司法办案中较为棘手的难题，本次规定的出台对于破解实践难题提供了规范层面的依据。随着规定的施行和全面推开，今后围绕该议题需要进一步思考和研究的问题可能还会涉及如下几个方面：

（一）受到刑讯影响，但后续作出不同内容的供述是否排除

司法实践中，一些刑讯后的再次供述虽然与刑讯直接逼取的供述在内容上

---

① 王兆鹏：《刑事诉讼讲义》，元照出版有限公司2010年版，第399—340页。

差异很大，甚至完全不同，但同样也会受到刑讯逼供的强烈影响。例如在佘祥林错案中，佘祥林被刑讯逼供后不一样的有罪供述有多份，仅作案方式的不同供述就有 4 种。[①] 在最高人民检察院公布的第七批指导性案例中的王玉雷不批准逮捕案中（检例第 27 号），王玉雷在公安机关先后九次接受侦查机关询问、讯问，其中前五次为无罪供述，后四次为有罪供述。在有罪供述中，对作案工具就有斧子、锤子、刨锛三种不同说法。[②] 对此，有研究者提出，“后续的多次供述也有可能在内容上完全不同，但只要是有罪供述，也应属于重复供述的范畴。”[③] 该观点有一定道理，毕竟在类似案件中，如果对前后供述中不同的部分不予排除于理不通，也易诱发错案。但总体而言，此种情况较为复杂。在我国印证规则的影响下，犯罪嫌疑人有时会在侦查人员的刑讯和诱导下作出与犯罪现场所获实物类证据以及所收集的言词证据吻合、一致的供述。但随着侦查的深入，一些新的证据材料被发现，为了满足证据材料之间相关印证的要求，再次供述中的一些关键性内容可能就会在刑讯余威、指供诱供等交织作用的影响下，被删改、补充，作出修正，最终呈现出前后内容差别较大的有罪供述。然而，除此以外，侦查讯问中前后供述反复、内容不同的原因还有很多，有的可能是基于前后记忆的偏差；有的可能是基于被讯问人为了争取宽大处理而主动作出的更为详尽的认罪供述，以及漏罪或同案犯的交代；还有的则可能是在遭遇刑讯的情况下违心作出供述后又再翻供（有些翻供仍然可能是有罪供述，如此罪翻为彼罪、故意翻为过失等）寻求救济。表面上看，这些后续供述与刑讯直接获取的第一次有罪供述内容上并不相同，但是否受到了刑讯逼供行为的影响却难以判断，如果一概认定为重复性供述均予否弃，排除面似有过宽之嫌，而且也与《严格排除非法证据规定》第 5 条“该供述相同的重复性供述”文义不符。笔者认为，问题的实质还在于刑讯与再次不同供述间内在的关联性问题，如果能够证明存在某种紧密的关联，后续的不同供述也应加以排除。但由于刑讯与后续不同供述之间因果关系的判断更为复杂和困难，还需要进一步研究，故而《严格排除非法证据规定》并未作出明确规定。笔者认为，实践中如果能够准确判断出上述因果关系的存在，是否可以考虑将先前刑讯对后续不同供述的影响转化为“威胁”，适用《严格排除非法证据规定》第 3 条的规定，即采用以暴力进行威胁的方法，使犯罪嫌疑人、被告人遭受难

① 《湖北“杀妻”案有罪推定全记录》，载《温州瞭望》2005 年第 5 期。

② 《最高人民检察院公布第七批指导性案例》，载《检察日报》2016 年 6 月 7 日，第 3 版。

③ 闫召华：《重复供述排除问题研究》，载《现代法学》2013 年第 2 期；谢小剑：《重复供述的排除规则研究》，载《法学论坛》2012 年第 1 期；林国强：《论审前重复供述的可采性》，载《证据科学》2013 年第 4 期。

以忍受的痛苦而违背意愿作出的供述，应当予以排除。[1] 当然，这种权宜之计是否妥当，还需实践检验。

（二）重复性供述是否仅限于刑讯逼供行为的影响

重复性供述之所以被排除的重要原因就在于非法取证行为极为恶劣，以致负面影响极为深远，广度已波及到了后续的讯问取证。在前文谈及的裁量性排除规则中针对重复性供述是否排除的考量因素无不涉及到非法取供的手段、持续时间以及严重程度等。《严格排除非法证据规定》在划定重复性供述“诱因”时，将刑讯逼供这类最严重的非法取证行为明确规定当无异议，体现了国家对刑讯逼供行为防治的坚决态度。但同时，其他在权益侵害和强迫程度上与刑讯逼供相当的如威胁、非法限制人身自由的拘禁、羁押等非法取供行为却失之阙如，可能会导致重复性供述的排除范围过窄，不利于排除规则的彻底施行。

以“威胁”而言，其并不直接针对肉体使用暴力，而是通过对被讯问人的精神、听觉、视觉等感觉系统的折磨，使其屈服供述。威胁可谓是典型的精神折磨、精神刑讯。《联合国反酷刑公约》中规定的威胁酷刑就包括直接对嫌疑人实施的威胁，如威胁判处嫌疑人死刑，也包括通过对第三人实施威胁进而威胁嫌疑人，如威胁损害嫌疑人近亲属的重大合法利益，还包括通过对第三人实施非法行为进而威胁嫌疑人，如在嫌疑人面前殴打其近亲属。这些恶劣行径的危害程度，即对被讯问人心理强制的持续性影响绝不亚于刑讯逼供。另外，我国《宪法》第 37 条第 3 款明确规定，“禁止非法拘禁和以其他方法非法剥夺或者限制公民的人身自由，禁止非法搜查公民的身体。”如果采用以非法拘禁等非法限制人身自由的方式收集证据显然侵犯了公民的宪法性基本权利，所获证据应当排除。《严格排除非法证据规定》第 4 条对此作出了明确规定予以认可。但同时，我们还应当正视非法拘禁等非法限制人身自由的取证方式其负面影响的延续效应。试想，在一些极度恶劣的拘禁环境中，如长时间与外界隔

---

① 如我国台湾地区“最高法院”93 年度台上字第 6018 号判决认为：被告之自白，需非出于强暴、胁迫、利诱、诈欺、违法羁押、疲劳讯问或其他不正之方法。对被告施以上揭不正之方法者，不以负责讯问或制作该自白笔录之人为限，其他第三人亦包括在内，复不以当场适用此等不正之方法为必要，纵系由第三人于前此所为，倘使被告精神上受恐怖、压迫之状态延续至应讯时致不能为任意性之供述时，该自白仍属非任意性之自白，依法自不得采为判断事实之根据。台湾地区“最高法院”93 年度台上字第 6578 号判决也所作出同样的观点，即如果犯罪嫌疑人、被告人在侦查人员使用刑讯等非法讯问方法供述后，若没有脱离其先前所受讯问的心理强制，之后其所作供述即使内容不同，仍应视为非法证据，予以排除。相关内容参见王兆鹏：《刑事诉讼讲义》，元照出版有限公司 2010 年版，第 401 页。

离，单独关押，被剥夺光照和时间感；或者长期在狭窄拥挤的牢房、囚禁者之间严重的暴力行为、糟糕的卫生标准、缺乏足够的食物和医疗待遇等[①]都可能导致被拘禁者彻底的心理崩溃、长期的精神恐惧。

综上，在重复性供述排除规则的“诱因”设定上，除了刑讯逼供外，实践中非法拘禁、威胁以及二者叠加[②]共同组成的非法取证手段等，也可以考虑纳入到重复性供述被排除的“诱因”中。

（三）其他重复性言词证据是否需要排除

《严格排除非法证据规定》第5条仅仅设定了犯罪嫌疑人、被告人重复性供述的排除规则，但对于其他言词证据，例如证人证言、被害人陈述等，如果其是以暴力、威胁的方式取得，之后的重复性证人证言、被害人陈述如何处理，是否排除？《严格排除非法证据规定》也未明确，这似乎意味着重复性供述的排除规则并不适用于重复性证人证言、被害人陈述。可能的解释是，证人和被害人并不像犯罪嫌疑人、被告人那样，一直在侦查机关的控制之下，他们即使受到暴力取证的侵害，也并不会长时间处于羁押状态，被剥夺人身自由。因此，暴力的延续效力在证人、被害人人身不受拘束、相对自由的环境下被慢慢稀释，先前暴力所造成的心理恐惧或心理强制也在慢慢消解。故而，实践中，重复性证人证言、被害人陈述的任意性、自愿性受到严重污染、强力干扰的情形并不多见，问题并不突出，故《严格排除非法证据规定》未予规定。但是，鉴于《刑事诉讼法》第54条在非法言词证据的范围设定上既规定了刑讯逼供等获取的犯罪嫌疑人、被告人的供述，还规定了暴力、威胁方法获取的证人证言、被害人陈述，那么由此涉及的重复性言词证据的排除问题理应涉及上述所有的非法言词类证据。实践中也存在部分公安司法机关将案件拆分处理，将同案犯作为另案证人收集证言的情况，如在部分地区就曾出现过将行贿人作为受贿人的证人取证。在这类情形下，就可能出现对于证人暴力取证后，再获取的重复性证人证言等言词证据是否排除或采纳的问题。鉴于此，对于重复性言词证据的排除规则，在某些情况下还是有必要延伸到重复性证人证言、被害人陈述中。

---

① ［奥］曼弗雷德·诺瓦克：《〈公民权利和政治权利国际公约〉评注》，孙世彦、毕小青译，生活·读书·新知三联书店2008年版，第179—180页。

② 实践中，非法拘禁他人，进而恐吓、威胁致他人精神失常的情形屡现于报端。2015年5月7日，为要到所欠50余万元工程款，多名农民工强行将一工程负责人拖至6楼楼顶，称不给钱就将其扔下楼，非法控制近10小时。这名负责人因长时间心理极度恐慌而导致精神失常。参见姬生辉：《不还钱就把你从楼顶上扔下去》，载《齐鲁晚报》2015年9月24日，第A12版。

第七章　违反录音录像规定讯问笔录证据能力研究

一、问题的提出

长久以来，“密室讯问”在刑事司法中饱受诟病。封闭的讯问空间将犯罪嫌疑人与外界隔离，使其处于孤立无援的境地，容易沦为被追诉的客体。同时，讯问的不透明也为讯问主体——侦查人员提供了刑求的便利。所谓“棰楚之下，何求可不得”，① 事实证明，“密室讯问”中刑讯逼供的泛滥常常成为冤假错案酿成的重要诱因。正如有学者所言“在每一起刑事错案背后，基本上都有刑讯逼供的影子”，② 而映衬这一“影子”的背景正是封闭的讯问密室。为了革除流弊，打破封闭的讯问空间，实现讯问过程的透明化，新的制度和技术被创制研发，如侦查讯问时第三方——辩护律师的在场介入；侦查与羁押分离，使讯问场所由第三方——看守所进行管理；还有则是讯问时录音录像制度的建立。③ 2012 年修订后《刑事诉讼法》第 121 条第 1 款明确规定了在讯问中侦查人员可以录音录像，而对于某些特殊的，如可能判处无期徒刑、死刑的案件以及其他重大犯罪的案件应当录音录像。④ 讯问中录音录像制度的引入打破了既往封闭密室中侦查方与被讯问方二元对立下的“行政治罪”格局。由于录音录像“第三只眼睛”的介入，侦查人员的讯问行为受到全景式监督，刑讯、威胁等非法取证行为受到事前阻吓，一些不合理的“打擦边球”的讯问行为也大为收敛。在规范公权力的同时，该制度运行中所衍生出的录音录像资

---

① 班固:《汉书·路温舒传》，中华书局 2012 年版，第 2065 页。

② 陈兴良:《错案何以形成》，载《浙江公安高等专科学校学报》2005 年第 5 期。

③ 我国已逐步吸收了这些制度理念，2012 年 3 月 9 日全国人大常委会提交全国人大审议的“关于《中华人民共和国刑事诉讼法修正案（草案）》的说明”中就指出“为从制度上防止刑讯逼供行为的发生，修正案草案增加规定了拘留、逮捕后及时送看守所羁押，在看守所内进行讯问和讯问过程的录音录像制度”。

④ 《人民检察院刑事诉讼规则（试行）》第 201 条第 1 款还规定，“人民检察院立案侦查职务犯罪案件，在每次讯问犯罪嫌疑人的时候，应当对讯问过程实行全程录音、录像，并在讯问笔录中注明。”

料还发挥了重要的证据价值，其证明作用主要体现在两个层面：第一，当被告人于庭审中抗辩其在侦查讯问时遭到了刑讯逼供等非法取证行为，笔录中所记载的有罪自白并非其自愿供述时，当庭播放录音录像可以保证侦查讯问程序的合法性，担保讯问笔录的证据能力，有效还击被告人的抗辩；第二，审判中，被告人并未对讯问的合法性提出异议，但争执于审判前所做的讯问笔录并未如实记载其供述，如讯问笔录对供述内容的记载有遗漏或出入时，当庭播放录音录像可以建立对讯问笔录的公信力，提高其可信性。应当说，无论从事前的阻吓违法讯问，还是从事后的证明取证的合法性，担保讯问笔录的证据能力，提高讯问笔录的公信力，录音录像制度的引入都多有裨益。[①] 但是我们也注意到，为了能更好地发挥录音录像制度的多重功效，《刑事诉讼法》第 121 条第 2 款明确规定“录音或者录像应当全程进行，保持完整性”。由此带来一个不得不深思的问题：当讯问中没有录音录像或录音录像没有全程进行，所带来的法律后果是什么？毋庸置疑，这首先会对讯问的合法性产生负面影响，违规者可能会被追究相关的法律责任。但同时要思考的是，这一负面影响的“涟漪效应”是否会波及被讯问人自白的非任意性，进而影响讯问笔录的证据能力。鉴于刑事诉讼法的修订，笔者有理由相信在一些新制度的适用过程中，实务部门大多处于摸着石头过河的“试水阶段”，实践中诸如讯问时不规范的录音录像问题很有可能发生。本文即从这一现象入手，以最高人民法院《防范冤假错案意见》第 8 条“未依法对讯问进行全程录音录像取得的供述……应当排除”的规定为切入点，探讨侦查人员违反录音录像规定后讯问笔录的证据能力问题，以求为理论研究和实践办案提供参考。

二、相关理论学说的介评

根据我国刑事诉讼法的规定，讯问中侦查人员录音录像有“可以”和“应当”两种情形，据此可以划分为“选择性录音录像”和“强制性录音录像”。由于录音录像要耗费大量的成本以及投入相应的人力资源，加之中国犯

---

① 2005 年 5 月 30 日，最高人民检察院副检察长王振川在 2006 年召开的全国检察机关推行讯问职务犯罪嫌疑人全程同步录音录像工作现场会上指出，讯问录音录像有 4 个有利于，即有利于固定关键证据；有利于防止犯罪嫌疑人翻供和诬告办案干警；有利于通过再现审讯过程，从中研究寻找新的案件突破口；有利于总结经验教训，通过实战案例加强对干警的培训。参见《检察机关讯问职务犯罪嫌疑人将全程同步录音录像》，载中华人民共和国中央人民政府网站 http：//www. gov. cn/jrzg/2006 - 01/17/content_ 161716. htm. ，2013 年 10 月 24 日访问。

罪率的攀升,[①] 考虑到国情以及大部分案件被告人都认罪的司法实际，笔者认为对所有案件一律规定全程录音录像不仅浪费诉讼资源，而且也确无必要。因此，法律规定了侦查人员在讯问中对“选择性录音录像”的案件是否录音录像可视具体情况自由裁量，如果最终没有录音录像也并不违反法律规定，相关人员的责任追究以及讯问笔录的证明能力问题自然无从谈起。

但是，在对可能判处无期、死刑以及其他重大犯罪的“强制性录音录像”案件中，录音录像是侦查人员“应当”采取的措施。其如同讯问前必须告知犯罪嫌疑人相应的诉讼权利一样是侦查人员必须履行的义务，已经成为侦查讯问中必不可少的内容。那么当侦查方在此类案件中没有履行或瑕疵履行了录音录像义务时，本质上已属违法讯问。我国刑事诉讼法及相关司法解释根据违法讯问的程度不同，对犯罪嫌疑人、被告人供述（我国侦查讯问中犯罪嫌疑人的供述基本上都是以讯问笔录形式固定）做了差别化处理，一种是绝对排除，如《刑事诉讼法》第 54 条规定“采用刑讯逼供等非法方法收集的犯罪嫌疑人、被告人供述和采用暴力、威胁等非法方法收集的证人证言、被害人陈述，应当予以排除……”另外一种是可补正、可解释的裁量排除，如“两高三部”《关于办理死刑案件审查判断证据若干问题的规定》和《关于办理刑事案件排除非法证据若干问题的规定》或新修订的《最高人民法院关于适用〈中华人民共和国刑事诉讼法〉的解释》都规定“首次讯问笔录没有记录告知被讯问人相关权利和法律规定的，属于讯问笔录有瑕疵，经补正或者作出合理解释的，可以采用；不能补正或者作出合理解释的，不得作为定案的根据。”由此可得出一个简单推论：在“强制性录音录像”案件中，未履行录音录像义务的讯问涉嫌违法，根据已有的法律或解释的规定，违法讯问必然会对讯问笔录的证据能力带来一定的负面影响，但这一影响的程度和结果究竟如何，一些国家或地区提出了不同的理论学说。

（一）不同学说以及对应的法律规范梳理

1. 无证据能力的绝对排除说。绝对排除说认为“对被告人的讯问需在装配有录音、录像设施的讯问室内进行，且对讯问过程全程录音录像，录音录像分别一式两份，一份密封后单独存放，另一份随诉讼程序提交公诉机关和法庭。如果讯问未在具备录音录像设施的讯问室进行或未经过录音录像的，该讯

---

① 中国社科院发布的 2010 年《法治蓝皮书》显示，2009 年中国犯罪数量打破了 2000 年以来一直保持的平稳态势，出现大幅增长。其中，暴力犯罪、财产犯罪等案件大量增加。参见靳高风：《2009 年中国犯罪形势及刑事政策》，载《中国法治发展报告 No. 8（2010）》，社会科学文献出版社 2010 年版，第 177—180 页。

问笔录同样不具有‘可承认性’。”①② 此说从法律的正当程序出发，认为警方（侦查人员）违反录音录像的“强制性”规定而进行的讯问属于取证的不法，是对法律正当程序的公然践踏，应当予以排除。美国的阿拉斯加州（Alaska）即采此种学说，1985年，该州最高法院判决：根据该州宪法的正当程序条款要求，警方在可能的情况下，应对所有的羁押审讯进行录音录像，否则所获得的供述在法庭上不得采纳为证据。③

2. 权衡排除说。该学说为我国台湾地区司法实务部门所提出并适用。权衡排除说认为法庭上当检察官提交被告人在侦查阶段所做的讯问笔录，被告人对笔录中自白的任意性提出抗辩，法官调取、播放录音录像，结果发现录音录像效果不清、未全程录音录像或完全未录音录像等问题，此时讯问笔录证据能力的认定可依据台湾“刑事诉讼法”第158条之4的规定采“权衡排除法则”④ 判断。至于如何判断，台湾地区“最高法院”的经典注释是“司法警察（官）询问犯罪嫌疑人如违背上述规定，⑤ 其所取得之供述笔录，究竟有无证据能力，原应审酌司法警察（官）违背该法定程序之主观意图、客观情节、侵害犯罪嫌疑人权益之轻重、对犯罪嫌疑人在诉讼上防御不利益之程度，以及该犯罪所生之危害，暨禁止使用该证据对于抑制违法搜证之效果，及司法警察（官）如依法定程序有无发现该证据之必然性等情形，本于人权保障与社会安全之均衡维护精神，依比例原则，具体认定之”。⑥

3. 不利推定说。不利推定说从录音录像的功能定位出发，指出“强制录音的规定，只是确保讯问程序合法及确保笔录记载正确之证明。单纯未录音或录音有瑕疵并未侵犯被告的人身自由或自白任意性，只是被告供述任意性、真实性可能因此不明确而已……若录音效果不清楚、未全程录音或完全未录音、录像的情形，既违反规定，应推定该自白无任意性及笔录不正确，不得作为证据，唯检察官倘能以其他方式证明该被告自白的任意性与笔录记载正确性（如辩护人全程在场并于笔录末签名），则笔录虽然违反全程录音、录像的规定，应仍得为证据。”⑦

---

① “可承认性”（admissibility），也译为“可采性”。——编者注

② 牟军：《自白制度研究》，中国人民公安大学出版社2006年版，第252页。

③ *Stephan v. State*, 711 *P. 2d* 1156, 1159 (*Alaska* 1985).

④ 台湾“刑事诉讼法”第158条之4的规定“除法律另有规定外，实施刑事诉讼程序之公务员因违背法定程序取得之证据，其有无证据能力之认定，应审酌人权保障及公共利益之均衡维护。”

⑤ 即台湾“刑事诉讼法”第100条之1第一项规定“讯问被告，应全程连续录音；必要时，并应全程连续录像。但有急迫情况且经记明笔录者，不在此限”。——编者注

⑥ 台湾“最高法院”1999年度台上字第5762号判决、2003年度台上字第4770号判决要旨。

⑦ 吴巡龙：《刑事诉讼与证据法全集》，台北新学林出版股份有限公司2008年版，第335页。

（二）对几种学说的评析

从上述几种学说来看，第一种“绝对排除说”过于简单机械，不能根据案件情况具体判断，缺乏灵活性，例如，如果仅仅是机械故障导致讯问中录音录像的中断或无法使用就断然否定讯问笔录的证据能力则显失公平。虽然从维护法律程序的正当性而言，该说可以促使警察更为严格和审慎地去恪守法律程序的每一个细节，然而这种以牺牲案件真实发现为代价的做法过于严苛，正如美国大法官卡多佐对法律正当程序的批评那样，“因为警察违法，就放纵犯罪”,[①] 此种利益对价过于高昂。正是基于此，上述阿拉斯加州“绝对排除”的做法遭遇了美国其他州的抵制。2010 年美国统一法委员会（ULC）起草并向国会提交的《统一羁押讯问录音录像法案》在总结各州经验的基础上，对于讯问中未依法录音录像的仅仅规定了有限的证据相对排除议案。[②] 对于“权衡排除说”与“不利推定说”都可以归结为对讯问笔录的相对排除，但是权衡排除说在判断标准上过于抽象朦胧，虽然我国台湾地区“最高法院”在相似案件的判决要旨中都提出了七种可资考虑的参照系数，但是这对于法官的裁量仍过于自由，加之不同法官知识背景和生活阅历的不同，有些法官可能过于看重对案件真实性的发现，而有些法官可能更关注于对法律程序的遵守，最终的判断很可能会令人捉摸不定，带有极大的不确定性。相较而言，不利推定说既摆脱了绝对排除说的僵化，同时还以推定的方式对讯问笔录的证据能力首先做了方向性的判定——推定无证据能力，而后要求检察官负担举证责任，如果其能积极举证推翻推定的命题则讯问笔录重获新生恢复证据能力，反之则认定为无证据能力。相较于“权衡排除说”，“不利推定说”将讯问笔录证据能力的查明更多地以举证责任的形式向控辩双方分配，凸显了当事人主义色彩，同时也摆脱了“权衡排除说”将证据能力的查明全权委任于法官调查的职权主义弊端，限缩了法官对证据能力过于自由的认定空间，也降低了法庭对证据能力认定的模棱两可，过于不确定的风险。故“不利推定说”目前较为推崇和流行。

然而上述几种学说仍存在共同缺点，因实践中未规范遵守录音录像规定的情形多种多样，上述学说“一刀切”式的认定模式缺乏细致的分类判断，仍显过于粗糙。对此笔者认为有必要对违反录音录像规定的情形至少先做归类，根据具体情形分类判断，对需要重点研究的情形细致分析，再行提出学说。

---

① Mapp v. Ohio, 367 U. S. 643 (1961).

② Andrew Taslitz, High Expectations and Some Wounded Hopes: The Policy and Politics of a Uniform Statute on Videotaping Custodial Interrogations, 7 NW J. L. & Soc. Pol' y (2012), p. 411.

三、讯问实务中违反录音录像规定的形式分类

实务中违反录音录像操作规定的情形多种多样，如在应当录音录像的案件中没有录音录像、未全程连续录音录像、讯问突破后补充录音录像[①]以及录音录像声音画面有质量问题等。从录音录像不规范对讯问笔录证据能力的影响入手，笔者认为形式分类和证据能力判断的切分点应从以下几个方面着手：

（一）违反录音录像规定应当是主客观相统一的行为

虽然上述列举的不规范的录音录像行为客观上都违反了录音录像的操作规定，但笔者认为这种违反还必须具备主观上的“过错”——故意或过失。如果是情况紧迫别无选择，录音录像在主观上已不具有期待可能性，此时客观上的“不法”由于缺乏主观过错的支配，不能就此断定“表面上”对录音录像规定的违反会影响到讯问笔录的证据能力。其实在其他国家或地区常常将此作为不会影响证据能力的例外规定，如美国伊利诺伊州（Illinois）的法律就规定，“任何人在受逮捕拘禁状态下接受讯问，必须有录音录像记录且该记录必须真实可靠，否则供述不得作为证据使用，除非有下列法定例外：1. 录音录像事实上已不可行；2. 供述并非是对警方提问的回答……”[②] 我国台湾地区“刑事诉讼法”第100条之一第1项也规定“讯问被告，应全程连续录音；必要时，并应全程连续录像。但有急迫情况且经记明笔录者，不在此限。”[③] 我国大陆最高人民法院新近出台的《防范冤假错案意见》似乎也认可了这一立场，其第8条第2款指出，“除情况紧急必须现场讯问以外，在规定的办案场所外讯问取得的供述，未依法对讯问进行全程录音录像取得的供述，以及不能排除以非法方法取得的供述，应当排除。”因此，虽然客观上违反了录音录像的规定，但如果主观上没有故意或过失等例外情形的存在，则讯问笔录的证据能力并不会因此受到影响。但是负责讯问的侦查人员仍然应当将此情形在讯问笔录中注明，或事后以其他证明材料单独成卷附带移送，以备法院调查之需。

---

① 此种情形具体是指侦查人员在讯问活动取得突破性进展或者说犯罪嫌疑人有罪供述的笔录制作完毕后，再要求犯罪嫌疑人重新供述犯罪经过，或边念笔录边录音录像。

② Thomas P. Sullivan, *Police Experiences with Recording Custodial Interrogations*, *Northwestern Universi ty School of Law Cen Thomas p. Sullivan*, *Police Experiences with Recording Custodial Interrogations*, *Northwestern University School of Law Center on Wrongful Convictions*, *No.* 1 *Summer* 2004, *p. appendix C*1 – *C*3.

③ 我国台湾地区黄东熊教授认为，“所谓‘有急迫情况’，乃应认为指临时无录音设备或录影设备可用，且如不及时侦讯，恐不能阻止新犯罪发生，或犯罪结果发生、加重或扩大，或共犯脱逃等情形而言，始妥当”。参见黄东熊、吴景芳：《刑事诉讼法论》（上），三民书局2005年版，第183页。

（二）实务中的“合理操作”不宜认定为对录音录像规定的违反

在排除了主观上的无过错或紧迫情况等例外情形后，其他的录音录像违规都是主客观统一的行为，然而这其中仍然有一些情形值得探讨，这里主要针对未全程连续录音录像的问题展开。

侦查讯问是一门艺术，究其原因就在于针对不同的嫌疑对象讯问的策略千差万别，只有使用灵活多变的讯问技战法才能突破被讯问人的心理防线，取得讯问活动的主动权。但是，灵活多变的讯问策略有时可能会与全程连续的录音录像规定产生冲突，例如为了缓和气氛的事前沟通，可能内容不会涉及案情，此时即采取录音录像难免会造成交谈气氛上的不自然，甚至讯问伊始即产生对立情绪，影响侦讯效果。另外，日本学者三井诚教授在反思日本录音录像制度时曾坦言：“日本建立在与犯罪嫌疑人构筑人际关系、心意沟通以及信赖之下，取得供述的侦讯机能、性质，应如何评价？有人常言，在密室中侦讯，才能建立信赖关系，犯罪嫌疑人才肯说出实话……”① 试想在侦讯中，当犯罪嫌疑人的心理防线有所松动，其以关闭录音录像为条件，请求与侦查人员“单独交流”“私下聊聊”，此时讯问面临取得突破性进展的战机，暂时关闭录音录像是否必然不妥，值得深究。再者，诸如讯问中被讯问人的身体突发不适、意外停电以及中途更换录音录像带等众多原因都可能导致录音录像的中断、不连续。可见，在具体的司法实务中，由于纠缠于多种原因，未全程录音录像的情景颇为常见，一概地据此质疑讯问笔录的证据能力实有不妥。在此，笔者认为可参考前文紧迫情况下处理的经验，在没有全程连续录音录像的“断点或断片”处辅之以文字材料的说明，并附上一定的证明材料。例如，突发停电或被讯问人突患疾病需要紧急送院治疗以致录音录像中断的情形，可附上电力局的停电证明或医院的诊疗记录作为辅助证据，增强在法庭上的解释效力。再如，侦讯中为了与犯罪嫌疑人建立信任、便利沟通，或者应犯罪嫌疑人要求，为了侦查讯问的需要适时关闭录音录像，笔者认为诸如此类情形应属侦讯中的“合理操作”，只要在讯问笔录中注明，并经过被讯问人的签名同意，讯问笔录同样具有证据能力。但是，对于此类情形，审判阶段的法官仍然有必要当庭向被告人确认对讯问笔录是否有异议。一个可能的隐忧就是，被告人侦讯阶段对部分时段未录音录像的认同是否是出于内心意思的真实表示，这其中是否渗透有侦查人员的刑讯、威胁、引诱或欺骗的因素，以致被讯问人迫于刑讯淫威或认识错误才被动作出“认同协议”。如果法庭经过确认，没有上述不利因素

① ［日］三井诚：《日本检察制度之最新问题动向》，许家源译，载台湾地区台北《月旦法学杂志》2011年第12期。

的干扰，那么虽然录音录像有中断，未全程连续进行，讯问笔录仍然具有证据能力。

（三）对录音录像行为的三层分类以及研究重心的确立

通过对违反录音录像情形的具体剖析，可以将侦讯中的录音录像行为分为几个不同层面（见图3）：

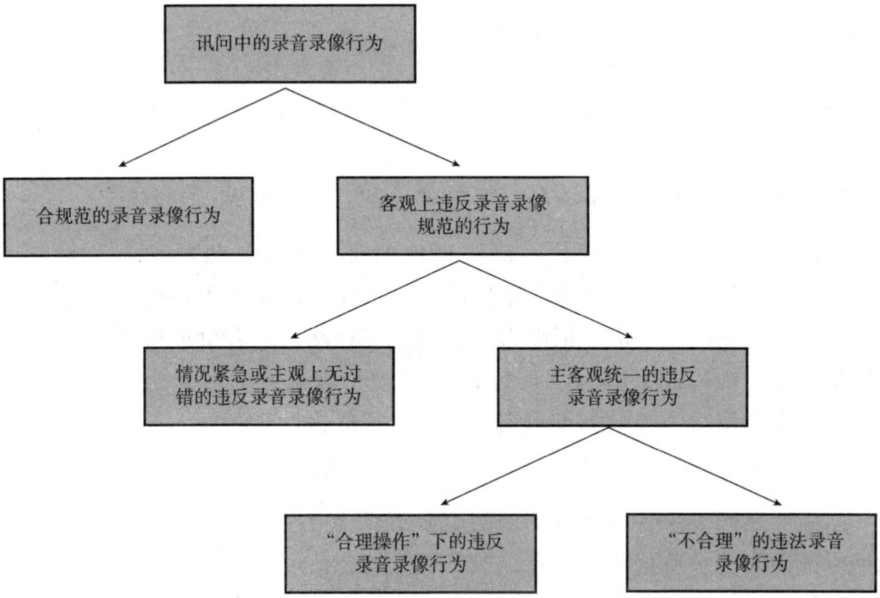

图3　讯问中录音录像行为的三层分类

第一层面，将录音录像行为分为合规范的录音录像行为和客观上违反录音录像的行为。该判断标准是从客观行为的符合性上进行区分。对于前者，讯问笔录自始具备证据能力，并无异议。对于后者——外在客观上违反录音录像规定的行为需要进行第二层面的划分来进一步判断讯问笔录的证据能力。

第二层面，将客观上违反录音录像的行为分为情况紧急或主观上无过错的违反录音录像行为和主客观统一的违反录音录像行为。对于前者属于违反录音录像行为的例外情形，只要能说明例外情形的存在，则讯问笔录具有证据能力。对于后者则需要再进行第三层面的细分。

第三层面，将主客观统一下的违反录音录像行为分为归咎于“合理操作”下的违反录音录像行为与“不合理”的违法录音录像行为。其中对于“合理操作”下的违反录音录像规定的行为，只要能够随案移送相关的证明材料或被讯问人的签名同意书，讯问笔录也具有证据能力。对于“不合理”的违法录音录像行为则是本书接下来要讨论的重点，主要情形包括：没有例外情形却未录音录像；未连续录音录像（且中断的时段正是被告人抗辩遭受刑求的时段）；部分时段录音录像无声音画面（且此时段被告人抗辩曾遭受刑求）。笔者认为，只有对此类形式的违规录音录像才有必要考虑适用前文介绍的“绝对排除说”“权衡排除说”或“不利推定说”。

吸收“不利推定说”的合理内核，结合我国新近修订的刑事诉讼法中将证据能力分为合法证据、非法证据以及瑕疵证据的三分法理论。[①] 笔者认为，如果在侦查讯问中发现“不合理”的违法录音录像行为，讯问笔录的证据能力采“瑕疵说”理论较为妥当。

四、讯问笔录证据能力“瑕疵说”的理论论证

新的理论假说常常都隐含着既往理论的合理因子，吸收“不利推定说”的合理内核，笔者发现一个值得借鉴的分析进路，即从全程录音录像的功能分析入手来探讨讯问笔录的证据能力。借鉴这一思路，笔者也拟从录音录像的功能定位切入以阐述证据能力“瑕疵说”的理论观点，同时认为在“不合理”的违法录音录像行为影响下讯问笔录属于瑕疵证据。

（一）讯问笔录证据能力“瑕疵说”的论证逻辑

如前所述同步录音录像对于讯问笔录有两重功效，一是保障其证据能力，二是印证讯问笔录所记载的内容、提高笔录的公信度或证明力。由于本书主要讨论讯问笔录的证据能力，故针对录音录像只关注其证据能力的保障功能。在此前提上“瑕疵说”的论证逻辑如下：

讯问笔录本质上是自白的一种外化书面形式，其证据能力之所以会丧失，在于自白的任意性被破坏，而破坏的原因主要是侦查人员在讯问中的刑讯逼供、威胁、引诱或欺骗等严重的非法讯问行为使被讯问人的自由意志受到强烈干扰，无法独立自主地作出陈述，自白的虚假性高且此时已无任意性可言。因此，凡是通过刑讯逼供等严重的非法取证方式获得的自白都被认为欠缺任意性而不具备证据能力，被绝对排除。然而，录音录像的引入恰恰有效抑制了非法取证行为的发生概率。在一个全方位监控的立体场所内，侦查人员的言行举止

---

① “所谓‘合法证据’，是指完全符合法定要件的证据，其自始具有证据能力；而‘非法证据’是指欠缺法定构成要素而自始不具有证据能力的证据，其不具有作为证据的资格、不得采信作为定案根据；所谓‘瑕疵证据’，是指在法定证据要件上存在轻微违法情节（俗称‘瑕疵’或‘缺陷’）的证据。瑕疵证据属于证据能力待定的证据，其是否具有证据能力，取决于其瑕疵能否得到补正或合理解释。”参见万毅：《论瑕疵证据——以“两个证据规定”为分析对象》，载《法商研究》2011 年第 5 期。

都受到监督，非法讯问的空间和时机已没有了死角。在这样的环境下，讯问的合法性和规范性被形塑，讯问中的自白是出于自愿，任意性可以得到有效保障，讯问笔录当然具有证据能力。但是一旦录音录像被撤出，监督真空下先前"关进笼子"的权力又有了蠢蠢欲动的机会，侦讯中刑讯逼供等非法取证发生的风险系数由此上升，自白的任意性难以获得充分保障，讯问笔录的证据能力自然会备受质疑。在此，我们可以导出以下两个基本的逻辑关系：

关系1：有录音录像—侦查讯问合法规范—自白任意性有保障—讯问笔录有证据能力

关系2：无录音录像—侦查讯问的合法性堪忧—自白任意性欠缺保障—讯问笔录证据能力疑窦丛生

需要澄清的是，关系2中的反向逻辑关系并不必然导出讯问笔录无证据能力，仅仅是对证据能力产生强烈质疑。因为，即使是录音录像的全程缺位也只是给刑讯逼供等严重的非法取供提供了可能的机会和条件，但并不必然转化为现实，被讯问人由此作出的自白也并非一定是非任意性的。在此断然肯定刑讯逼供等行为的存在，提出自白非任意性的主张，并进而否定讯问笔录的证据能力实有不妥。例如，我们并不能在一起故意杀人案件中因为讯问时没有录音录像，就断定侦查人员实施了刑讯逼供，从而否定该讯问笔录的证据能力，这是武断和不负责任的。恰当的处理方式是：基于"'不合理'的违法录音录像行为"与"刑讯逼供等非法取证"两者之间紧密的关联性或"较高盖然性的引起与被引起关系"，高度怀疑被告的自白不具有任意性，但仍不排除自白具有任意性的可能。就此，我们可以认为讯问笔录的证据能力因为自白任意性上的"瑕疵"处于效力待定的状态，属于瑕疵证据，如果能够通过积极的补正、解释，讯问笔录仍具有证据能力，但如果不进行补正、解释或补正、解释不能，则该讯问笔录将被视为无证据能力而被排除。

"瑕疵说"与前述"不利推定说"在具体操作上基本相同，即首先都认为"不合理"的违法录音录像并不必然导致讯问笔录无证据能力。其次，两种学说也不承认讯问笔录此时有证据能力，而是要求通过举证或补正、解释的方式来证明讯问的合法性、自白具有任意性，最终说服法官认可讯问笔录的证据能力。但如果是举证不能或补正解释无效，则讯问笔录都会被推定或认定为无证据能力，排除在法庭之外。然而不同的是，"不利推定说"直接将有争议的讯问笔录推定为"无证据能力"；而"瑕疵说"则是在我国证据能力三分法（即合法证据、非法证据、瑕疵证据）的立法背景下，将争议的讯问笔录暂时认定为证据能力"有瑕疵"，实际上其本质也是一种内在推定，只是将讯问笔录的证据能力推定到了"有证据能力"和"无证据能力"的中间状态——"瑕疵证据能力”。但这一中间状态并不稳定，而是有向“无证据能力”状态滑动的趋势，只有通过积极的补正、解释才能阻止这一趋势的现实化，将“瑕疵证据能力”复归到“有证据能力”的稳固状态，否则其最终必将划向无证据能力的状态。相较而言，在证据能力状态的描述上“瑕疵说”比“不利推定说”更为形象，但其内在的运行机理实则趋近一致，笔者采“瑕疵说”的理论主要是和我国刑事诉讼法以及相关司法解释中对证据能力的现行规定相契合，也便于实务部门理解和操作。

（二）“瑕疵说”的理论延伸——补正、解释的方法路径

在证据能力“瑕疵说”的理论框架下，讯问中“不合理”的违法录音录像行为并不必然导致讯问笔录丧失证据能力，此时的讯问笔录属于瑕疵证据，可以通过补正解释的方式将瑕疵“治愈”，恢复其证据能力。那么如何构建补正、解释的路径？有无预设的前提？

1. 触发证据能力“瑕疵说”的前提预设

讯问笔录证据能力瑕疵的产生除了要有“不合理”的违法录音录像行为存在，还必须要以被告人对讯问的合法性提出异议为前提。申言之，发生了违法录音录像的行为仅仅是使讯问笔录的证据能力产生“潜在性瑕疵”，要使其外显必须以被告对讯问的合法性提出异议为前提。按照我国相关司法解释的规定，控辩双方“在法庭审理中不存在异议的程序事实”① 不必提出证据加以证明。因此说，“检察官以被告自白为证据时，无须证明被告之自白是否出于任意性，仅在被告以其自白非出于任意性如遭刑求抗辩时，法院始依职权调查之”。②

在应当录音录像却没有录音录像的案件中，如果被告方对讯问的合法性未提出异议，作为审判中的程序事实——自白的任意性免证，讯问笔录的证据能力并无引发“瑕疵”的动因，证据能力自始取得。从形式上看，这恰似被告人“对讯问合法性”的事后追认。当然对于此问题，法官也必须在庭审中当庭向被告人确认，以确定其“追认”为真实意思的表示。

2. 对讯问笔录证据能力瑕疵的补正、解释路径——对讯问合法性的证明

当讯问笔录的证据能力产生瑕疵，为了避免被排除必须进行补正或解释。通过前文的逻辑分析，具体的补正、解释路径是通过证明讯问程序的合法性来担保自白的任意性，以恢复讯问笔录的证据能力。按照这一路径，将涉及以下

① 2013 年施行的《人民检察院刑事诉讼规则（试行）》第 437 条规定，“在法庭审理中，下列事实不必提出证据进行证明……（四）在法庭审理中不存在异议的程序事实……”。

② 黄雅芬：《被告自白之研究》，载台湾地区台北《司法研究年报》第 22 辑。

问题的分析展开，谁来证明（或补正、解释），具体证明（或补正、解释）的方式方法，证明（或补正、解释）到何种程度讯问笔录的证据能力便得以恢复。

（1）讯问合法性证明责任方应当由检察机关承担

"瑕疵说"作为"不利推定说"的本土性改良，在借鉴其内部运行机理的同时，还吸收了当事人主义色彩下的对抗制理念。即一旦被告以遭受刑求等提出抗辩，对讯问的合法性提出质疑，并按照法律的规定提出了"相关线索或材料"，那么此时讯问笔录的证据能力即产生瑕疵，检察机关必须通过积极的举证来证明讯问的合法性，补正瑕疵，并承担对讯问合法性的证明责任。

需要注意的是，按照我国刑事诉讼法的规定，在被告人对讯问的合法性提出异议或抗辩时，被告方还需完成初步的证明责任——提供相关的线索或材料，使法官对于讯问的合法性产生怀疑，并进而引发讯问笔录的证据能力处于瑕疵状态。但笔者认为，在诸如"没有例外情形应当录音录像而没有；未连续录音录像（且中断时段正是被告人抗辩遭受刑求的时段）；部分时段录音录像无声音画面（且此时段被告人抗辩曾遭受刑求）"等"不合理"的违法录音录像行为发生时，基于前文论及的"'不合理'的违法录音录像行为"与"刑讯逼供等非法取证"两者之间紧密的关联性或"较高盖然性的引起与被引起关系"，可以直接触发法庭对存在刑讯逼供等非法取证行为的怀疑，笔者认为此时"'不合理'的违法录音录像"可看作就是被告人提出的相关线索或材料，被告人的初步证明责任已经完成。

（2）检方对讯问合法性的证明应采自由证明

由于对讯问笔录证据能力的瑕疵补正主要是对讯问程序合法性的证明，证明的对象属于程序性争点，应采取何种证明方式？严格证明与自由证明理论在此可予借鉴。

所谓自由证明是相对于严格证明而言的，严格证明与自由证明这对概念源自大陆法系的德国，后经留学德国的小野清一郎教授引入日本，经过广泛的讨论和改造将其定义为："依刑事诉讼法规定，被认为具有证据能力之证据，在公判庭上经由合法之证据调查程序所得之证明谓之严格证明，而自由证明系指即便是欠缺严格证明条件之全部或者一部分所为之证明（亦较严格证明稍微宽松之证明）。"[①] 后严格证明与自由证明传入我国台湾地区，近年来我国大陆

① 黄朝义：《严格证明与自由证明》，载黄东熊等：《刑事证据法则之新发展——黄东熊教授七秩祝寿论文集》，台北学林文化事业有限公司2003年版，第77页。

对此也进行了广泛的探讨。[①] 主流观点认为，“就适用范围而言，程序争点之证明，仅须适用自由证明之程序即为已足，例如法官有无回避事由，告诉人何时知悉犯人，证人有无特定之业务关系，证人是否已达具结年龄等，此外，被告提出刑求来抗辩时，由于系争事项乃讯问官员有无使用不正方法之程序争点，因此仅须自由证明即可。”[②]

借鉴严格证明与自由证明的理论，笔者认为既然讯问笔录证据能力的瑕疵补正就是通过讯问程序的合法性证明使法官确信被告的自白是任意性的，这是对被告刑求抗辩的有力反驳或否定，宜采自由证明。我国台湾地区司法实务部门亦认为“被告自白是否出于任意性，涉及被告自白有无证据能力，得否为证据，属于程序事实事项，对于此等事项有疑义时，应适用自由证明程序调查之”。[③] 论及自由证明的具体展开，笔者认同“在自由证明适用的场合，法院不受法定的证据方法和调查程序的限制，原则上可以使用任何形式的证据材料来加以证明。法官可以采用查阅卷宗、电话询问等方法查明程序性事实，而不受直接、言词和公开原则及传闻证据规则的限制。”[④] 据此，在控方的举证过程中，可以以书面形式提交证人证言，无须受传闻规则的限制，如《关于办理刑事案件排除非法证据若干问题的规定》就指出在讯问合法性的证明上，控方可以提交“加盖公章的说明材料”。另外，诸如被告人在讯问期间其他在场人员（如翻译人员、法定代理人等）的书面证言、进出看守所的体检报告等都可以作为证明讯问合法性、自白任意性的证据。

需要注意的是，虽然自由证明对证明方法和调查程序没有严格限制，但一些基本的证据规则和调查方式仍应遵守。如首先应当严格遵守证据取得禁止中的严禁暴力取证。有学者就明确指出“在对自白任意性的证明中，通常是由控方承担自白任意性的证明责任的，若控方在证明时使用的是采用暴力、胁迫手段取得的证人证言，如由警察威胁与被告同住一个监室的其他被告人：‘你必须向法庭作证他（本案被告人）身上的伤是你们打架打的，否则我让你好

---

① 龙宗智：《“大证据学”的建构及其学理》，载《法学研究》2006年第5期；卞建林主编：《证据法学》，中国政法大学出版社2007年版；吴宏耀、魏晓娜：《诉讼证明原理》，法律出版社2002年版；罗海敏：《刑事诉讼严格证明探究》，北京大学出版社2010年版；康怀宇、康玉：《刑事程序法事实的证明方法》，载《社会科学研究》2009年第3期；纵博、郝爱军：《论自由证明的限度》，载《中国刑事法杂志》2010年第11期等。

② *Vgl. Roxin*, *Strafverfahrensrecht*, 1995, §24 *Rdnr.* 5; *a. A. Eisenberg*, *Beweisrecht der StPO*, 1999, *Rdnr.* 40; *Schoch*, *in*: *AK-StPO*, 1993, §244 *Rdnr.* 7. 转引自林钰雄：《严格证明与刑事证据》，法律出版社2008年版，第18页。

③ 王梅英：《证据能力与严格证明之研究》，载台湾地区台北《司法研究年报》第20辑。

④ 陈瑞华：《程序性裁判中的证据规则》，载《法学家》2011年第4期。

看。’这种证言在判断自白任意性时就不应采纳，因为以一个不具有任意性的自白去证实另一个自白的任意性，不仅不能完成证明任务，反而更加破坏诉讼证明的合法性和正当性。”[①] 其次，所提交的证据必须与程序性争点事实有内在的相当关联性；另外，“涉及自白任意性的事实是诉讼法上的事实，但多数是与犯罪事实有密切关系的事实，在这种情况下必须保障被告人的争辩权利。”[②]

（3）证明标准以优势证据为宜

按照严格证明与自由证明的关系。“严格证明必须达到完全确信的心证程度；反之，法院依照对于自由证明的程序之心证，无须达到确信的程度，只要法院在心证上认为很有可能或大致相信为已足——这种很有可能或大致相信的心证程度，约莫相当于法官回避事实所要求的释明程度。”[③] 按照这一观点，对于讯问程序合法性或者说自白任意性的证明，其证明程度无须达到严格证明的标准。在我国对于实体性事实的严格证明要求达到案件事实清楚、证据确实充分的程度，但对于程序性问题的证明标准我国刑事诉讼法却付之阙如。而“两高三部”《关于办理刑事案件排除非法证据若干问题的规定》第10条指出，“公诉人提供的证据确实、充分，能够排除被告人审判前供述属非法取得的”，法庭可以当庭宣读、质证，考虑作为定案的根据。如果按照这一规定，我国对程序性争点的证明标准设定了与严格证明相同的程度，实在过于严格。相对而言，自由证明法则下相对宽松的证明标准更为合理。借鉴美国证据法和证据理论，将国家的证明标准分为九等的理论，“第一等是绝对确定，由于认识论的限制，认为这一标准无法达到，因此无论出于任何法律目的均无这样的要求；第二等即排除合理怀疑，为刑事案件作出定罪裁决所要求，也是诉讼证明这方面的最高标准；第三等是清楚和有说服力的证明，某些司法机关在死刑案件中当拒绝保释时，以及作出某些民事判决有这样的要求；第四等是优势证据，是作出民事判决以及肯定刑事辩护时的要求；第五等是合理根据，适用于签发令状，无证逮捕、搜查和扣押，提起大陪审团起诉书和检察官起诉书，撤销缓刑和假释，以及公民扭送等情况；第六等是有理由的相信，适用于‘拦截和搜身’；第七等是有理由的怀疑，足以将被告宣告无罪；第八等是怀疑，可以开始侦查；第九等是无

---

① 纵博、郝爱军：《论自由证明的限度》，载《中国刑事法杂志》2010年第11期。

② ［日］田口守一：《刑事诉讼法》，刘迪、张凌译，法律出版社2000年版，第219页。

③ 林钰雄：《严格证明与刑事证据》，法律出版社2008年版，第18—19页。

线索，不足以采取任何法律行为。”① 笔者认为，对于讯问合法性或自白任意性的证明程度可采优势证据（preponderance of the evidence，也称为“过半证据”）的标准。

对于证明被告自白任意性的心证程度，在美国的乐高诉图米案（Lego v. Twomey）中已有明确讨论。“该案被告乐高被逮捕后在警察局自白，但随后在法庭上主张其警讯自白是在头部、颈部遭到枪柄击打后被迫所作，不具有任意性。另外，被告还提供了当时的照片，照片显示其头部、颈部有伤。但警长和四名警察出庭称并未对被告实施殴打和胁迫，并指出照片显示的伤痕是被告抢劫时，遭被害人抓伤所留。本案对于检察官证明被告自白任意性的举证责任标准就采纳了优势证据的门槛，即判断警察与被告方的陈述何者更较为可信。”② 判决作出后，被告不服一直上诉到美国联邦最高法院，并主张对自白任意性的证明程度应采“排除合理怀疑的标准”。③ 美国联邦最高法院未予采纳，并指出：“为了落实无罪推定原则，除非构成犯罪所必须的每个犯罪构成要件被证明到排除合理怀疑的程度，有罪判决才可作出。但是有罪判决不会因为以较低的证明标准认定自白的证据能力而变得不可靠。被告主张必须以排除合理怀疑的证明标准来认定自白是否具有证据能力，唯此才能保障非法证据排除规则所追求的价值，这一论点固然很有吸引力，但单纯强调证据排除法则所追求的价值，不足以证明宪法也要求证据能力的证明程度要达到排除合理怀疑的证明标准。”④ 随后联邦最高法院在科罗拉多州诉康奈利案（Colorado v. Connelly）⑤ 中再次指出检方举证的证明标准为优势证据，而非清楚和有说

---

① 《美国联邦刑事诉讼证据规则和证据规则》，卞建林译，中国政法大学出版社 1996 年版，第 22 页。

② Lego v. Twomey，404U. S. 477（1972）.

③ Beyond a reasonable doubt，即严格证明的标准。——编者注

④ Lego v. Twomey，404U. S. 477，488－89（1972）：“*From the experience over this period of time no substantial evidence has accumulated that federal rights have suffered from determining admissibility by a preponderance of the evidence. ... without good cause, we are unwilling to expand currently applicable exclusionary rules by erecting additional barriers to placing truthful and probative evidence before state juries and by revising the standards applicable in collateral proceedings. Sound reason for moving further in this direction has not been offered here nor do we discern any at the present time. This is particularly true since the exclusionary rules are very much aimed at deterring lawless conduct by police and prosecution and it is very doubtful that escalating the prosecution' s burden of proof in Fourth and Fifth Amendment suppression hearings would be sufficiently productive in this respect to outweigh the public interest in placing probative evidence before juries for the purpose of arriving at truthful decisions about guilt or innocence.*” 引自：http：//caselaw. lp. findlaw. com/scripts/getcase. pl? court = us&vol = 404&invol = 477. 2013 年 10 月 20 日访问。

⑤ Colorado v. Connelly，479 U. S. 157（1986）.

服力的证明（clear and convincing evidence）标准。

综上而言，当“不合理”的违法录音录像发生后，对讯问笔录具备证据能力，即自白任意性的证明，如果设定过高的证明标准，很多有价值的证据将无法进入法庭，妨碍案件真实的发现，还会增加有罪之人逍遥法外的概率，这绝对不是社会和民众所期望的。借鉴自由证明和严格证明在证明标准上的界分，结合美国联邦最高法院的判例，笔者认为对于类似程序性争点的证明标准应当低于我国“案件事实清楚，证据确实、充分”的严格证明标准，采自由证明规则中略低的证明标准即可，具体程度为我国民事诉讼中的“优势证据”标准最为适宜。

五、有关讯问录音录像其他相关证据学问题研究

我国2013年1月1日施行的刑事诉讼法第121条规定了在侦查讯问中侦查人员可以根据需要录音录像，而对于某些特殊的案件如可能判处无期、死刑以及其他重大犯罪案件则应当录音录像。讯问中录音录像的引入打破了既往封闭密室中侦查方与被讯问方二元格局下的“单向治罪”模式，由于“第三只眼睛”的介入，侦查讯问受到监督和规范。同时，“录音录像还为法院开启了一扇通向警察讯问室的窗户。它可以让外部有机会对讯问的总体环境以及在此环境下产生的自白或者承认进行客观的评价。”① 这对于保障被讯问人的合法权利、查清案件事实、遏制冤假错案的发生多有裨益。然而，任何一项制度从提出构想、创设试点及至立法推行的进程中，常常会碰到实践对理论的反对，一方面，这缘于旧有的办案观念和实践操作对新生体的排异反应；而另一方面，则是实务部门所遭遇的“难办案件”对新制度的挑战。讯问录音录像制度也面临着上述同样的问题。诸如讯问录音录像是否应当随案移送，辩护律师可否全盘复制；在法律规定应当录音录像的案件中，经犯罪嫌疑人申请或同意，讯问人员可否不予录音录像；以及录音录像与笔录不一致时法庭如何处理这一系列问题都考量着新制度的优越性。理论是实践的先导，制度的正常运转时刻需要理论支持去破解实践难题，有鉴于此，笔者试图从讯问录音录像制度内在的理论出发，探索实践困境中“难办案件”的解决出路。

① NSW Police (1992), “ERISP Instructions and Guidelines Manual”, Sydney: NSW Police, p. 1. 转引自［澳大利亚］戴维·狄克逊：《“讯问程序之窗?”——澳大利亚新南威尔士的警察讯问录音录像》，朱奎彬译，载《中山大学法律评论》（第9卷），2011年第2辑。

（一）功能定位下讯问录音录像的诉讼价值和证据属性

讯问录音录像作为新修订刑事诉讼法引入的一项制度，有着重要的诉讼功能和证据学意义。然而，就其功能定位和证据学属性具体为何，目前还存在一定分歧。最为明显的就是，讯问录音录像是否为口供的一种表现形式，能否直接证明案件实体事实而被独立使用。这一问题的厘清决定了后续很多诉讼活动的延展和相关制度的衔接。若认定讯问录音录像与讯问笔录地位相同，都是口供的一种表现形式或内容载体，[①] 那么其便是口供证据，应当在整个诉讼过程中随案移送。同时，依照《刑事诉讼法》第38条的规定，辩护律师自案件审查起诉之日起可以查阅、摘抄、复制此类证据。反之，若讯问录音录像不能作为口供来直接证明案件的实体事实，该类材料的移送以及辩护律师相应的阅卷权都将被严格限制，相关的诉讼活动和辩护制度等也要作出适当调整和安排。因此，分析讯问录音录像在诉讼中的功能定位以及在证据学上的法律属性具有很强的实践意义和理论价值。对此，笔者认为应当从两个层面来进行判断。从证据学的基本理论出发，讯问录音录像记载着与犯罪事实有紧密关联的犯罪嫌疑人的口供，是犯罪嫌疑人供述和辩解——口供的载体，它和讯问笔录一样都是口供这一法定证据的一种固定方式。从这个角度来理解，讯问录音录像是可以作为口供证据来使用的。但从另一个层面来看，讯问录音录像不仅记录着犯罪嫌疑人的口供，同时还记载着侦查人员的讯问活动，这就决定了讯问录音录像所承载信息的丰富性、功能的多元化。为此，立法者基于某些特定因素，如诉讼环境、经济成本的考量，在设定讯问录音录像制度的时候，并没有过多地去专注于录音录像的口供功能，而是期望以该制度的创立发挥讯问录音录像的其他功效。对此，笔者尝试从该制度的创设初衷出发，以制度演进的视角予以考察。

---

① 实践中，很多刑辩律师都持此观点，并以此要求包括检察院和法院在内的司法机关，在审判以及审查起诉阶段就应当允许律师复制录音录像资料。对此问题在2014年安徽省两会期间，省政协委员王亚林律师还专门提出了《建议安徽省各级法院、检察院允许律师复制全程同步录音录像》的提案，认为“讯问录音录像本质上属于犯罪嫌疑人、被告人供述和辩解。讯问录音录像与讯问笔录一样仅仅是一种载体，是与讯问笔录并列的又一种犯罪嫌疑人供述和辩解的表现形式。在审判阶段，当讯问录音录像作为指控犯罪或证明公安机关或检察机关侦查行为合法性的证据时，就应当允许辩护律师复制”。参见《省高院发布通知允许律师复制讯问同步录音录像》，王亚林刑事辩护网 http://www.ahxb.cn/a/16/2014-08-05/344.html，2015年1月12日访问。

1. 制度演进中讯问录音录像功能定位的探寻

讯问中录音录像最早缘起于我国检察机关各地的一些自发性试点，[①] 后逐步自下而上在全国检察系统推广。2005 年 12 月，最高人民检察院制定了《人民检察院讯问职务犯罪嫌疑人实行全程同步录音录像的规定（试行）》，该规定要求在检察机关办理直接受理侦查的职务犯罪案件中，每次讯问犯罪嫌疑人时都应当对讯问全过程实施不间断的录音、录像。此后，随着一些专家学者对该项制度的持续推动，[②] 讯问录音录像的适用逐步从职务犯罪推广到其他诸如公安机关侦办的刑事案件中。2007 年 3 月，最高人民法院、最高人民检察院、公安部、司法部联合发布了《关于进一步严格依法办案确保办理死刑案件质量的意见》，该意见第 11 条规定，讯问犯罪嫌疑人，在文字记录的同时，可以根据需要进行录音录像。之后，随着录音录像的不断发展，2012 年我国刑事诉讼法第二次大修时，讯问录音录像作为一项重要制度被纳入到立法层面。

从制度演进的轨迹看，当时引入讯问录音录像主要是围绕侦查、公诉，尤其是职务犯罪侦查和指控犯罪工作而言的，其初衷首先是从打击犯罪的角度，以创设录音录像来增强讯问笔录，特别是有罪供述笔录的可信性，防止犯罪嫌疑人、被告人翻供，提高控诉效果。这可以从 2005 年讯问录音录像开始推行后，检察机关召开的各项重要会议中发现，如 2005 年 5 月 25 日最高人民检察院党组副书记、副检察长邱学强在全国检察机关第三次公诉工作会议上讲话指出，“检察机关要依法履行指控犯罪职能，全力维护社会稳定……对检察机关立案侦查的职务犯罪案件和重大疑难复杂的刑事、经济犯罪案件，公诉环节讯

① 2002 年 9 月 2 日，广东省深圳市人民检察院检察委员会通过了四项新的内部监督制度，除了办案督导督察制度、办案预警制度和内部聘请兼职纪检监察员制度外，审讯全过程录音录像制度就位列其中。参见徐选礼、周俊：《深圳：办案又有四道监督关》，载《检察日报》2002 年 9 月 4 日。经过两年的努力，2002 年底浙江省检察机关也已经基本做到了对首次讯问进行同步录音录像。参见岳耀勇：《我们这样突破职务犯罪案——浙江检察机关的七条经验值得借鉴》，载《检察日报》2002 年 12 月 9 日。2005 年上半年，四川省公检法开始全面执行《关于规范刑事证据工作若干意见》，该意见规定讯问重大案件的犯罪嫌疑人应当录音录像。参见刘裕国：《四川规范刑事证据工作讯问重大案件的犯罪嫌疑人应全程录音录像》，载《人民日报》2005 年 4 月 15 日。2005 年下半年，江苏省人民检察院针对地区差异和实际情况开始分地区、分阶段施行讯问中全程录音录像。苏南地区从 7 月 1 日开始，要全部实现对犯罪嫌疑人讯问全过程录音录像；苏北地区从 7 月 1 日开始，要实现对犯罪嫌疑人第一次讯问和综合性讯问的录音录像，10 月 1 日后全部实现对犯罪嫌疑人讯问全过程录音录像。参见李明耀：《江苏：从四方面细究反贪办案环节》，载《检察日报》2005 年 7 月 3 日，第 001 版。

② 2005 年以来，由中国政法大学与北京、河南、甘肃三地公安机关合作，正式启动“三项侦查讯问试验项目”。该项目规定犯罪嫌疑人在接受公安机关第一次讯问时，可以要求律师在场，或者对讯问全程进行录音、录像。这是高校学者推动讯问全程录音录像的一个重要举措。相关内容可参见樊崇义、顾永忠主编：《侦查讯问程序改革实证研究——侦查讯问中律师在场、录音、录像制度试验》，中国人民公安大学出版社 2007 年版。

问犯罪嫌疑人，要逐步实行全程录音、录像，有效地固定关键证据，防止被告人翻供。”[①] 之后，在2006年召开的全国检察机关推行讯问职务犯罪嫌疑人全程同步录音录像工作现场会上，时任最高人民检察院副检察长的王振川也指出，讯问录音录像有几个好处：“有利于固定关键证据；有利于防止犯罪嫌疑人翻供和诬告办案干警；有利于通过再现审讯过程，从中研究寻找新的案件突破口；有利于总结经验教训，通过实战案例加强对干警的培训。”[②] 当时的司法办案中，检察机关也确实是将防止翻供作为讯问录音录像首要目的加以贯彻。据统计，2006年3月至2007年11月，全国各级检察机关共在法庭上出示讯问同步录音录像资料4802次，绝大部分犯罪嫌疑人在法庭上的翻供理由都被依法认定不成立。[③] 在上述的讲话和相关报道中，录音录像所要固定的关键证据是讯问中犯罪嫌疑人的有罪供述，目的是在庭审中，当公诉人宣读被告人有罪供述的讯问笔录，被告人对笔录表示质疑或反驳时，当庭播放讯问录音录像可以有效强化讯问笔录的公信力，防止翻供对讯问笔录证据地位的动摇，具体的功能主要集中在两个方面：

第一，当被告人于庭审中抗辩其在侦查讯问时遭到了刑讯逼供等非法取证行为，笔录中所记载的有罪自白并非其自愿供述时，当庭播放录音录像可以证明侦查讯问程序的合法性，保证讯问笔录的证据能力，防止被告人推翻讯问笔录中所记载的所有认罪供述。

第二，审判中，被告人并未对讯问取证的合法性提出异议，但争执于审判前所做的讯问笔录并未如实记载其供述，如讯问笔录对供述内容的记载有遗漏或有出入（如张冠李戴、是非混淆）时，当庭播放录音录像可以建立对讯问笔录内容记载的可信性，担保笔录的证明力，防止被告人推翻笔录中所记载的部分关键内容。

然而，随着诸如佘祥林、赵作海、浙江张氏叔侄等一系列冤假错案的曝光，对于侦查阶段，特别是对于侦查讯问行为的诟病日渐增多，无论是理论界的学者还是实务部门的同志都认为，封闭式的讯问环境极易导致刑讯逼供等非法讯问手段的滋生，进而产生虚假口供、不实自白，诱发冤案。为了遏制冤案的发生，必须规范侦查行为，形塑合法的侦查讯问活动。这其中一项有利的举

---

① 袁正兵、马远琼：《邱学强副检察长在全国检察机关第三次公诉工作会议上指出：坚持用检察工作主题统揽全部公诉工作》，载《检察日报》2005年5月27日。

② 何伟：《检察机关分三步推行讯问职务犯罪全程录音录像》，载《人民日报》2006年1月18日，第010版。

③ 丁海东：《促进规范文明执法“逼”出侦查新水平——实行全程同步录音录像取得四大成效》，载《检察日报》2010年2月23日，第3版。

措就是导入讯问录音录像制度，打破密室讯问，让整个讯问活动受到镜头下的监控。为此，讯问录音录像制度的另一重功效开始被重视，那就是“把检察机关讯问职务犯罪嫌疑人的整个过程真实客观地记录下来，有效地促使办案人员自觉依法办案、规范执法，消除各种违法违规现象。”[①] 最终，录音录像中以镜头下的监控遏制刑讯逼供等不法取供的功能被提到了更为显著的位置。最高人民检察院曹建明检察长在2012年十一届全国人大五次会议作《最高人民检察院工作报告》时就明确指出，“2012年，检察机关要严格执行办案纪律，落实和完善讯问职务犯罪嫌疑人全程同步录音录像等制度。”同年，该制度也被新修改的刑事诉讼法所吸纳，在2012年3月9日全国人大常委会在提交全国人大审议的“关于《中华人民共和国刑事诉讼法修正案（草案)》的说明”中就指出“为从制度上防止刑讯逼供行为的发生，修正案草案增加规定了……讯问过程的录音录像制度。”

从讯问录音录像制度的历史谱系发展看，该制度的创设目的或立法本意是围绕侦查讯问这一核心，集中于规范讯问程序的合法性，保障讯问笔录的公信力（证据能力和证明力)。这两个目的决定了当前立法者对讯问录音录像的基本诉讼功能和证据学属性的预期。前者体现了讯问录音录像在诉讼活动中的功能定位——规范侦查行为；后者则体现了其在证据学中的法律属性——证明讯问程序的合法性，增强讯问笔录的可信性，有学者称为辅助性材料或补助证据[②]或过程证据。[③] 不容否认，从证据学的基本理论出发，讯问录音录像是可以作为口供的载体或固定方式来直接证明案件的实体事实的，但从制度的演进以及立法将该项制度引入刑事诉讼法典的预期看，其直接作为口供证明案情的功能立法并未给予过多的发挥空间。

2. 立法“抑制”讯问录音录像口供功能的发挥之原因分析

讯问录音录像可以“声、形、画”一体地全面记录讯问过程中犯罪嫌疑人的供述和辩解，以此为口供载体可以较为全面地证明案件的实体事实。但从前文的分析可以发现，立法者显然没有对录音录像这一立体、多元性的优势过

---

① 田雨：《检察机关讯问3月1日起全程同步录音》，载《新华每日电讯》2006年1月18日，第001版。

② 在理论界对于证据可以划分为实质证据和补助证据。实质证据是证明主要事实及间接事实的证据。补正证据是证明补助事实（有关实质证据的可信性的事实）的证据。补助事实是推定事实证据的可信性的事实。例如犯罪目击证言（这是直接证据，也是实质证据）的可信性，证明目击者的视力（这是补助事实）的诊断书（这是补助证据），等等。按照此分类，讯问笔录是实质证据，而讯问录音录像则是补助证据。相关内容参见［日］田口守一：《刑事诉讼法》，张凌、于秀峰译，法律出版社2010年版，第268页。

③ 陈瑞华：《论刑事诉讼中的过程证据》，载《法商研究》2015年第1期。

于青睐，这其中的缘由除了录音录像制度演进中其传统功能的延续和承继外，笔者分析还可以归因于以下两个方面：

（1）讯问录音录像是一种昂贵的证据

就讯问活动而言，犯罪嫌疑人在侦查讯问伊始往往基于畏罪、抗拒的心理，指东言西、顾左右而言他，故意岔开话题，答非所问，导致大量与案件无关的言语信息充斥到讯问中。从证据的基本属性出发，证据除了要有客观性与合法性外，还必须具有关联性，即证据材料必须与案件事实有着内在的、稳定的和必然的联系。这种关联可以是直接的或者是间接的，可以是偶然的也可以是必然的，可以是肯定的也可以是否定的，关联的方式很多，但必然是现实存在的、客观的，最终关联性的一方都指向了案件事实。因此，不具有与案件事实关联的材料，或者表面看似关联但实质的关联是虚假的材料都不能证明案件事实，都不是证据。如我国《刑事诉讼法》第118条第1款规定，“犯罪嫌疑人对侦查人员的提问，应当如实回答。但是对与本案无关的问题，有拒绝回答的权利”。讯问笔录记载着犯罪嫌疑人、被告人的供述和辩解，其记录的应当是与案件事实有关的内容。如果侦查人员向犯罪嫌疑人提出的问题与案件无关，意味着与案件事实没有关联，犯罪嫌疑人可以不予回答，该段讯问过程中的对话也不是证据，无须记入笔录。同样，对于犯罪嫌疑人自主陈述的与案件无关的内容，当然也不是证据，讯问笔录也不须记入。然而，根据刑事诉讼法的规定，讯问录音录像一旦录制必须全程、同步、不间断地进行。那么，讯问过程中就必然会录制一些甚至大量的①与案件无关的垃圾信息或与案件事实无关的内容，这其中可能与案件事实有关联的真正口供并不多，但是由于录音录像的全程、同步和不间断性，若是作为口供证据来使用的话，为了保证录制的完整性，必须全部统一制作，保存、移送和播放展示，这不仅需要较多的人力、物力和财力来支撑，且口供审查者还要对录音录像全部观听，耗时费力，

① 在侦查讯问中，讯问一开始就如实供认罪行的犯罪嫌疑人是少数，顽抗到底、死不认罪的也不是多数，而多数犯罪嫌疑人都是有一个由拒供到供认的转化过程。讯问伊始犯罪嫌疑人拒供的方式多采用试探摸底、伪装无辜、编造伪供等软抗的手法，随着讯问由浅入深，其拒供的方式多采用狡辩、抵赖、顶撞等硬抗的形式，这些方式所陈述的大量内容多与案件事实无关。参见胡关禄主编：《侦查讯问学》（修订本），中国人民公安大学出版社2001年版，第88—89页。

并不符合诉讼经济、证据取得经济的原理。[①]

按照《刑事诉讼法》第 120 条和第 121 条的规定，讯问过程中所形成的口供言词既可以以依法制作的讯问笔录或书面供词为载体，还可以将讯问录音录像作为口供的固定方式，可选择的口供证据外化形式颇多。既然以讯问录音录像来呈现口供的各项成本较高，那么当前选择笔录作为口供的基本载体或固定方式就是比较妥当的。毕竟，笔录是一种概要性的记载，只要制作规范，记载内容符合被讯问者的表达真意，是可以较为准确且概要性地反映犯罪嫌疑人之口供陈述的，且移送起来较为方便，审查也并不耗时，更为重要的是，当前大部分犯罪案件都是认罪案件，以单一性的笔录来固定口供诉讼效果并不差。另外，目前我国公安等侦查机关已经对于笔录的制作较为熟悉。在刑事诉讼法相关的司法解释或操作规范[②]中都规定，犯罪案件在讯问过程中，讯问笔录都应当制作并交犯罪嫌疑人核对、补充、改正以及签名、盖章等，相应的操作规范已日臻成熟。在目前司法资源办案紧张的情况下，过分强调讯问录音录像口供证据的功能是一种较为奢侈的做法，并不合时宜。[③] 其实《美国联邦证据规则》（Federal Rules of Evidence）第 403 条就有对相似问题的处理规定，"证据虽有关联性，但其基本证明价值明显不及其所含之不当偏颇效果，有混淆争点或误导陪审团之危险，或经认系不当延迟、耗费时间或不必要之重复举证时，均得排除之。"

① 实践中，有侦查部门的同志抱怨，根据最高人民检察院在职务犯罪侦查中制定的录音录像的操作规范——《人民检察院讯问职务犯罪嫌疑人实行全程同步录音录像技术工作流程（试行）》第 9 条的规定，录制结束后应立即制作录音录像资料，讯问人员和犯罪嫌疑人确认后当场对原件装入公安侦查机关或人民检察院讯问全程同步录音录像密封袋中，由录制人员、讯问人员、被讯问人三方封签，由被讯问人在封口处骑缝捺指印。如果嫌疑人在摁指印前提出要对录音录像进行核对确认，以排除该录音录像存在剪辑、技术处理等情形，比照对讯问笔录制作的处理，这应当是允许的，但这实际相当于又重复录制了一遍，耗费的时间和资源可想而知。

② 新修订的《刑事诉讼法》第 120 条规定："讯问笔录应当交犯罪嫌疑人核对，对于没有阅读能力的，应当向他宣读。如果记载有遗漏或者差错，犯罪嫌疑人可以提出补充或者改正。犯罪嫌疑人承认笔录没有错误后，应当签名或者盖章。侦查人员也应当在笔录上签名。犯罪嫌疑人请求自行书写供述的，应当准许。必要的时候，侦查人员也可以要犯罪嫌疑人亲笔书写供词。"2012 年发布的《人民检察院刑事诉讼规则（试行）》第 199 条规定："讯问犯罪嫌疑人，应当制作讯问笔录……"而 2012 年公安部的《公安机关办理刑事案件程序规定》第 200 条也规定："侦查人员应当将问话和犯罪嫌疑人的供述或者辩解如实地记录清楚。制作讯问笔录应当使用能够长期保持字迹的材料。"2012 年最高人民法院《关于适用〈中华人民共和国刑事诉讼法〉的解释》第 81、82 条和第 83 条中对于口供内容的审查和相关的排除规则也基本是围绕讯问笔录的制作来考量口供是否要排除的。

③ 其实这里还有一个问题值得思考，那就是全程录播整个讯问过程，是否会对侦查的手段和方法和盘托出，违反侦查不公开的基本原则，导致侦查泄密呢？

（2）实践中讯问录音录像选择性录制的困扰

从新修订的刑事诉讼法的相关立法说明以及权威解读来看，立法者都未明确录音录像直接证明案件实体事实的证据效力，其主要的忧虑或许还是对于案件客观真实如何发现的分歧。换句话说，对于讯问笔录与讯问录音录像到底何者的证明效果更强这一问题存在争议。从当前的办案实践来看，讯问时同步录音录像的质量并不高，录制、移送也存在不规范现象。如有的录音录像音质、画质较差，图像模糊，声音不清晰；有的录制时间与笔录时间不同步；有的讯问中将嫌疑人带出讯问室或讯问人员随意出入讯问室。更为困扰实践的是选择性录音录像的情况较为突出。有些办案机关侦查中非正式的“询问”起着重要作用，往往在录音录像前存在事前的“沟通协商”和“复述彩排”，最终导致录音录像只对整个讯问过程中的有罪供述进行了选择性的摘录。如此一来，在证明案件事实上，对于选择性录制的录音录像比没有录音录像的讯问笔录证明效果可能更为糟糕。因为，当侦讯人员、公诉机关移交了经过裁剪的录音录像材料作为口供来证明案情，其结果可能是，非但没有以更为立体的效果全面展示讯问过程的全貌，反而以片段性的画面音像强化了法官对于被告人有罪供述的心证。因此，在没有全面、有力的举措遏制选择性录音录像等变相违背立法精神的录制行为前，录音录像的证明效力很难说比讯问笔录要好多少，赋予其口供的证据功能并要求随案移送显然也不应成为当然的选择。

3. 讯问录音录像功能发挥的未来展望

综合前文，笔者认为，讯问录音录像作为一项制度其本身复合有多重功能。但就每项功能的发挥而言，立法在制度创设时是有主次之需、轻重之分的，相应的诉讼程序也会紧跟这一立法初衷作出配套性设置。但是立法对录音录像当前功能的定位并不是一成不变的，录音录像既有功能的发挥并不会对其未来的发展方向带来恒久的“惯性”影响。我们注意到在世界其他国家和地区已经考虑在适当的时候将录音录像单独作为证据引入到法庭审判中。如澳大利亚的新南威尔士州制定的《讯问录音录像使用说明》中就指出：“录音录像的目的是为了向独立的法庭证明：讯问程序是公正的。除非出现了重大的司法科技原因，或者应被告人之要求，检察官会将主录音录像带提交法庭作为证据。”[①] 而且，一些国家和地区对于前文中所提到的有关录音录像的一些缺点或不足也作出了相应的改进机制。如针对录音录像内容的繁杂性，其他国家或

---

① NSW Police（1992），“ERISP Instructions and Guidelines Manual”. Sydney：NSW Police，p. 28. 转引自［澳］戴维·狄克逊：《“讯问程序之窗？”——澳大利亚新南威尔士的警察讯问录音录像》，朱奎彬译，载《中山大学法律评论》（第9卷）2011年第2辑。

地区发明了录音录像的委外转译机制，即在对讯问时的声音和画面录制后由专门人员在就其中的与案件事实有关联的内容进行文字概要转入（英译为summary），方便庭审法官查阅。[①] 另外，针对录音录像录制不规范的情况，有些国家或地区还从证据排除法则入手，以“证据排除反制讯问行为”。如1985年，美国的阿拉斯加州（Alaska）最高法院判决：根据该州宪法的止当程序条款要求，警方在可能的情况下，应对所有的羁押审讯进行录音录像，否则所获得的供述在法庭上不得采纳为证据。[②] 我国台湾地区规定，若发现讯问录音录像效果不清、未全程录音录像等问题，此时讯问笔录证据能力的认定可依据台湾“刑事诉讼法”第158条之4的规定采“权衡排除法则”。[③] 我国大陆对此问题在相关的部门规定或意见中也做了一些尝试，如2013年底，最高人民法院《防范冤假错案意见》第8条第2款就规定，未依法对讯问进行全程录音录像取得的供述，以及不能排除以非法方法取得的供述，应当排除。

基于上述原因，笔者认为当从技术上消除了讯问录音录像的可能缺陷后，未来讯问录音录像的功能必然会得到全面发挥，其作为口供载体直接证明案件实体事实也并无不可。当然，值得玩味的是，如果未来所有的讯问录音录像都能够规范操作的话，即“完全做到讯问的录音录像由讯问室内的监控自动进行，由第三方即时予以保存以实现真正意义上的录问分离，自进入讯问室至离开讯问室全程进行录制，且每一次讯问都应当进行录制。”那么此时，录音录像是否会完全替代讯问笔录呢？对此，笔者并不认同，反而认为录音录像还会更加促进讯问笔录本身的案件证明效果。因为此时，讯问录音录像的诉讼功能——倒逼侦查规范讯问的作用也被同时强化了。试想，当侦查人员的全程讯问都已经置于镜头监控下，其有任何刑讯逼供等不法行为以及不规范的讯问活动都会暴露无遗，不规范的笔录制作习惯也会不留死角地被察觉到，此时谁还情愿因为一个案件的不规范讯问而承担减薪、降职乃至丢掉工作的风险。在这一大环境下，讯问活动、笔录的制作都会更为规范，笔录所反映讯问内容的精确性、概要性的优点也会更为充分的发挥。此时，讯问笔录作为口供载体来证明案件事实的证据效力其实并未减损，其被讯问录音录像替代的可能性并不大。

4. 小结

通过对前文的分析，笔者认为就当下而言，缘于讯问录音录像自身的使用

---

① 陈文琪：《侦查中录音录像与侦查笔录可信性之关系》，载台湾地区《检察新论》2010年第7期。

② Stephan v. State, 711 P. 2d 1156, 1159 (Alaska 1985).

③ 台湾“刑事诉讼法”第158条之4的规定，“除法律另有规定外，实施刑事诉讼程序之公务员因违背法定程序取得之证据，其有无证据能力之认定，应审酌人权保障及公共利益之均衡维护”。

现状、司法成本、人员素质等多重因素的考虑，有关讯问录音录像的功能仍主要集中于两个方面：规范讯问程序的合法性和保障讯问笔录的公信力。前者旨在以镜头下的监控，记录整个讯问过程，揭露非法的讯问行径，以排除规则反制非法取供，形塑合法的讯问行为，提高侦查活动的科学化与法制化；后者则是通过讯问录音录像来证明讯问活动的合法性、规范性，有效保障讯问笔录的公信力，防止犯罪嫌疑人、被告人翻供。[①] 就目前来看，该制度在很多地域都还处于立法层面上的试水阶段，不宜让其承载过多的功能，如果将讯问录音录像单独定位为口供的一种形式，在案件中直接替代讯问笔录，无论是从既有的司法资源、办案实践的技术准备都为时过早。即使在世界上的其他国家，如在韩国，录音录像除具有规范侦查行为的功能之外，其对犯罪事实的证明方面几乎没有证明力。实践中，只是作为一种唤起犯罪嫌疑人记忆的补充手段，也不能直接作为有罪证据予以使用。[②] 在厘清了讯问录音录像的功能定位和证据学价值后，相关的一些诉讼活动衔接、配套制度设置也应有准确认识。

其一，讯问录音录像当前还未直接定位为口供证据，其主要还是用来证明讯问活动的辅助性材料，其证据学上的基本功能定位决定了该类材料并不是都要随案移送，当然，侦查机关或检察机关认为移送有必要的，可自行裁量（如为了强化讯问笔录的公信力等）。但是，当辩护方对讯问活动的合法性产生了质疑，并提出了相关线索或材料后，非法证据排除程序被启动；或法院对侦查讯问的合法性产生了疑问，根据案件需要要求在案件审判中调取讯问录音录像材料的，此时录音录像材料所证明的是讯问程序的合法性，基于自身功能的发挥，讯问录音录像被播放使用是理所当然的。

其二，对于讯问中形成的录音录像材料，辩护律师并不必然有权查阅、摘抄和复制此类材料。这是因为，能够证明案件自身事实的言词材料目前立法中是以讯问笔录或书面供词的形式出现的，这方面的证明材料已经存在且在案件材料中都可查阅、摘抄和复制。只有在特定情况下，录音录像材料被明确定义为口供材料被随案移送至法院[③]或基于对取供合法性或内容记录有疑问时，经

---

① 对此功能的诠释，人大法工委编撰的立法解释丛书做了相似的归纳，指出“讯问录音录像制度的建立，进一步规范了侦查讯问工作，有利于保证讯问活动依法进行，保障犯罪嫌疑人的合法权利；也有利于固定和保存证据，防止被告人在庭审时翻供……”参见郎胜主编：《中华人民共和国刑事诉讼法修改与适用》，新华出版社 2012 年版，第 244 页。

② 高嘉蓬：《准确理解录音录像的法律属性》，载《检察日报》2014 年 3 月 23 日，第 3 版。

③ 2013 年 9 月 22 日，最高人民法院在答复广东省高级人民法院《关于辩护律师能否复制侦查机关讯问录像问题的批复》中指出，“侦查机关对被告人的讯问录音录像已经作为证据材料向人民法院移送并已在庭审中播放，不属于依法不能公开的材料，在辩护律师提出要求复制有关录音录像的情况下，应当准许。”

辩护律师向法院申请、法院依法调取，此时辩护律师才可以行使相应的阅卷权。同时，对于录音录像材料中涉及的一些侦查秘密，如犯罪嫌疑人、被告人检举、揭发其他人违法犯罪的线索等情况，辩护律师应当予以严格保密。

（二）权利与义务纠葛下讯问录音录像的运用

［案例10］ 同步录音录像案

在某职务犯罪案件的侦查讯问中，犯罪嫌疑人A经过侦查讯问人员的政治教育、利弊分析、证据出示，内心开始有所松动。A提出要求关闭讯问时的同步录音录像，私下与侦查人员“谈谈”。此时，两名侦查讯问人员意识到，犯罪嫌疑人A的心理防线开始有所动摇，其在寻求私下的利益对价以换取交代犯罪事实后的从轻发落。犯罪嫌疑人的口供面临突破的有利战机，如果继续在录音录像下讯问可能会阻碍犯罪嫌疑人供述的内心驱动，讯问将陷入僵局。此时，侦查人员面临着“难办案件”，其能否结束或暂停讯问，同时关闭同步录音录像，私下“交流”？①

对于案例10的分析，如果仅仅从法条主义出发，可以得出如下结论：新修订的《刑事诉讼法》第121条前半段内容规定“侦查人员在讯问犯罪嫌疑人的时候，可以对讯问过程进行录音或者录像……”依文义解释，对于普通的刑事案件，讯问中是否同步录音录像是侦查人员自行裁量的结果，裁量时可以考虑诸如录音录像的设备条件、侦查成本以及被讯问人的要求等诸多因素，然后再作出综合判断。虽然被讯问人的利益诉求是侦查人员考虑的一个重要因素，但并不是决定因素，即使侦查人员最终作出讯问时录音录像的决定，也并未违背法律的规定。而从《刑事诉讼法》第121条后半段内容看，“……对于可能判处无期徒刑、死刑的案件或者其他重大犯罪案件，应当对讯问过程进行录音或者录像。”② 此处“应当”的规定排除了侦查人员自由裁量的可能，只要涉及上述特殊案件，一律录音录像。综上而言，侦查讯问中是否录音录像取决于侦查人员的裁量或法律的强制规定，被讯问之犯罪嫌疑人无权选择，只能被动接受。此处，法条主义的简单推论似乎已经解决了所谓的“难办案件”。但是，如果严格按照法律的规定操作，我们会发现此案中被讯问人自白的任意性可能会受到影响乃至“强制”，如实供述的积极性将会受到打击，不利于案件事实的查明。一项本来是保障自白任意性的制度此时反而抑制了自白任意性

① 此案例并非真实案例，但是笔者在调研中有同志指出，实践中侦查人员有时会以犯罪嫌疑人上厕所或押送出入看守所的路上，在犯罪嫌疑人不反对的情况下，与其私下交谈。

② 《人民检察院刑事诉讼规则（试行）》第201条还规定，“人民检察院立案侦查职务犯罪案件，在每次讯问犯罪嫌疑人的时候，应当对讯问过程实行全程录音、录像，并在讯问笔录中注明”。

的实现，这是否与创设录音录像制度的目的发生了背离？[①]

之所以有上述案例中所呈现的二律悖反，笔者认为其内在矛盾可以归结为：讯问录音录像到底是被讯问人自由处分的权利还是侦查机关必须遵守的义务。详言之，讯问时录音录像如果是被讯问人自由处分的权利，根据权利处分原则，被讯问人可以自行放弃这项权利，侦查人员和法律无权干涉。而在讯问中应当录音录像却没有施行时，犯罪嫌疑人可以以程序性权利被侵害为由提出抗辩，并要求排除未录音录像下的供述。但是，如果讯问录音录像是侦查机关必须履行的义务，那么在一些应当录音录像的案件中，侦查机关就需严格恪守法律规范，不以被讯问人的意志为转移。那么到底录音录像是被讯问人的"权利"还是侦查机关的"义务"呢？分析这个问题，将触及讯问录音录像更深层次的价值选择。由于权利与义务的相对性，自然其背后的理论分析也会触碰到不同的二元价值观。

1. 讯问录音录像的"权利观"——被讯问人防御权的具体实践

若将讯问录音录像视为被讯问人的权利，那么这一权利可以定位为是犯罪嫌疑人对抗不法侦查行为防御权的体现。在世界上不少国家，侦查人员常常是整个侦查进程的主导者和推动者，他们执着于追求实体真实和诉讼效率，刑事诉讼的侦查程序体现出一定的行政治罪色彩。特别是在13世纪欧洲大陆盛行纠问式诉讼，侦查尊崇"治罪至上"，极度漠视人权。"纠问式诉讼所要做的正是要竭力防止由于过分尊重个人权利而不能确保对犯罪人进行追究的情形发生，况且一个坏人不值得受到给予一个公民的全部保障。"[②] 然而，随着人权观念的勃兴，人权保障的理念开始在侦查活动中得以实现，侦查权的行使开始受到严格的司法审查和比例原则的控制。但是，由于侦查本身的行政权属性和审问制倾向，加之侦查活动的主动性和积极性，在强烈的犯罪追诉观念下，部分侦查人员仍然可能违规越权，一些不计代价、不问是非、不择手段的取证手段或调查方法被滥用，侦查相对人——犯罪嫌疑人的合法权益仍然面临着被侵害的风险。因此，在以分权制衡、制度约束的同时，必须赋予犯罪嫌疑人一定的防御权对抗侦查，实现"以权利制约权力"。[③] 创设防御权是从基本权利

---

① 也许有人会说，在侦查人员可以自由裁量的情况下，其肯定会同意被讯问人的请求，但是这仅仅是一种假设，而且在法律强行规定，对于诸如无期、死刑案件时，侦查人员是没有裁量权的，而这些案件又往往是有特别重大影响的案件，如果因为录音录像而阻滞了被讯问人说出实情，仍然是违背了录音录像制度创设的初衷。

② ［法］卡斯东·斯特法尼等：《法国刑事诉讼法精义》，罗结珍译，中国政法大学出版社1998年版，第76页。

③ 郭道晖：《试论权利与权力的对立统一》，载《法学研究》1990年第4期。

（如人的自由权、健康权或隐私权等）出发，所衍生出的赋予个人所具备的排除国家公权力侵害的权能。如基于《宪法》的规定，公民有住宅不受侵犯的权利、财产不受侵犯的权利、通讯自由不受侵犯的权利，违法侵入住宅、违法搜查和扣押以及秘密监听就侵犯了公民的合法权利，公民有权予以防御。由于侦查权对犯罪嫌疑人权益侵犯的可能性高，且侵犯权益中所涵摄的诸如人身权、财产权以及隐私权等基本权利的内容非常广泛，因此，赋予侦查阶段犯罪嫌疑人防御权实有必要。诚如台湾学者蔡墩铭所言："防御权不限于刑事被告人有之，即尚未被起诉之犯罪嫌疑人亦应具有此项权利，盖多数犯罪嫌疑人终不免被起诉，为使其准备被起诉之防御，实有提前赋予其防御权之必要，例如许其于被起诉之前选任律师为其防御是。"[①] 日本学者田口守一也认为："犯罪嫌疑人作为侦查对象，处于被怀疑犯下罪行的脆弱立场，加之人身被押，很难陈述自己的观点，也很难收集有利于自己的证据。因此，有必要承认犯罪嫌疑人防御权利。"[②] 如前文所言，由于侦查讯问中的封闭空间容易滋生刑讯逼供等非法刑求的发生，引入录音录像制度实际上就赋予了犯罪嫌疑人对抗非法刑求的武器，其一旦要求行使讯问中录音录像权，不仅可以起到事前的预防性威慑，还可以达到事后的有效救济——排除非法供述、追究相关人员法律责任。故此，讯问录音录像制度的设立可以看作是犯罪嫌疑人防御权的体现。

2. 讯问录音录像的"义务观"——规范侦查取供活动

如果将目光集中于侦查活动，将录音录像视为围绕侦查人员的取证行为而设置的规范性制度，那么法律中要求的在某些案件讯问时录音录像就是侦查机关所要担负的强制性义务。如前所述，由于侦查权的强大，其不仅拥有传唤、询问和现场勘查等普通的任意性调查手段，还拥有拘留、逮捕以及搜查、扣押等强制性措施。随着犯罪的组织化、秘密性增强，监听、诱惑侦查以及控制下交付等技术侦查或秘密侦查手段也被赋予了侦查机关。在如此丰富的技术武库中，一些强制性侦查措施或技术性侦查手段极易侵犯侦查相对方的合法权益，必须予以有效的监督和制约。除了赋予犯罪嫌疑人、辩护人的动态监督外，一种制度性的规范也必须建立，如强制侦查手段的法定主义、强制侦查启动前的司法审查原则等的创设。

除了建立上述规则和制度，一些新的技术方法引入刑事司法领域也在不断规范着侦查取证行为，录音录像制度就是其一。"受讯者关在与世隔绝的侦讯室里，只身面对庞大的国家追诉机器，在此密室，强弱极为悬殊，过程至为秘

① 樊崇义：《刑事诉讼法实施问题与对策研究》，中国人民大学出版社2001年版，第335—336页。

② ［日］田口守一：《刑事诉讼法》，刘迪等译，法律出版社2000年版，第86页。

匿，滥权的诱惑也就格外巨大（打你又如何？教唆伪证又怎样？反正也没人知道）。侦讯室内的录音（影），正如同不在场的公众之眼，全程监督并阻吓侦讯者的不正讯问”。[①] 可见，如果以侦查人员可能的滥权讯问为中心，创设讯问录音录像就是为了规范侦查人员的取证行为，防止其可能的违法滥权，至于被讯问对象在录音录像下的感受则被搁置一旁，其同意也罢，拒绝也好，只能被动接受，别无选择。在以规范侦查取供合法性的目标下，讯问录音录像是侦查机关必须恪守的强制性义务。

3. 二元观的价值抉择

很多时候权利与义务往往是内在统一的，侦查机关在讯问中严格履行录音录像义务时，本身也是对被讯问人权利的保障。但是在某些特殊案件中，权利与义务可能发生分离并相互冲突，上述案例就体现了这一现实问题，因此，有必要在二元价值观中找到最为重要者，权衡取舍。对于讯问录音录像在我国到底是被讯问人的权利，还是侦查机关应当遵守的义务，一些学者曾作出了抉择。如有人从录音录像的属性出发，指出录音录像是为了规制权力、保障人权而创设的制度，但是这一制度并不必然就属于刑事被追诉者的权利。例如“刑事诉讼中公检法三机关分工负责的制度，就是一种简单的分权与制衡机制，其目的也是为了保障刑事被追诉人的权利不受恣意侵犯，但是，它并没有表现为或上升为犯罪嫌疑人、被告人的权利，三机关分别行使职权时也并不需要征求犯罪嫌疑人的意见，犯罪嫌疑人、被告人也不能选择由其中的一个机关来完成刑事诉讼的全部过程”。[②] 笔者对此看法深表赞同，也认为在我国当下情况下，讯问录音录像仍应当视为是侦查机关的严格义务，但同时认为之所以没有将录音录像视为被讯问人的权利，还有一个重要原因则在于我国的刑事诉讼结构和司法现状。质言之，讯问录音录像是作为权利还是义务的纠葛深深地牵连着一国的诉讼制度和法律实施现状。

在以提倡程序正义、人权保障的美国等英美法系国家，其诉讼结构所体现的是审判中心主义，审判对于侦查行为的启动，如搜查、逮捕等强制性侦查措施都是以令状的形式进行许可，同时以证据排除规则和程序无效原则等方式来反制审前行为，审判对于侦查活动有很强的制控能力，侦查中心主义在美国几无存在的空间。另外，美国在人权保障的理念下辩护制度也极为发达，辩护律

① 尤伯祥：《为了逃离侏罗纪，所以公开播放侦讯光碟》，载财团法人民间司法改革基金会，网址：http//www. jrf. org. tw/newjrf/RTE/myform_ detail2. asp? id = 2335，2009 年 9 月 14 日访问。转引自陈文琪：《侦查中录音录影与侦查笔录可信性之关系》，载《检察新论》2010 年 1 月总第 7 期。

② 易延友、田昌喜：《同步录音录像问题研究》，载《人民检察》2012 年第 2 期。

师有很高的地位，犯罪嫌疑人、被告人作为诉讼主体有很强的为“权利而斗争”的意识。因此，在很长一段时间内，美国的很多州对于犯罪嫌疑人讯问时是否录音录像并未作强制性规定，直到2006年，也只有阿拉斯加、明尼苏达、伊利诺伊和缅因四个州在立法上明确要求讯问犯罪嫌疑人时同步录音录像。[①] 其中缘由，在于美国更多的是以犯罪嫌疑人权益的最大化为终极目标，强调犯罪嫌疑人的自由抉择，当他们认为在讯问中由于侦查机关没有录音录像导致自身权益遭受非法损害时，在完善的辩护制度下，被告人、辩护律师会积极地向法官提出排除口供的申请，而法院在利用排除规则阻吓侦查违法取证的能力上也已经积累了足够的权威。反之，如果犯罪嫌疑人认为录音录像会压制其内心自由，不同意录音录像，法院也并不会主动查究讯问机关的履职责任，排除相关的口供证据，因为此时犯罪嫌疑人的权利并未受到侵害。“概证据是否排除的意旨，主要系在担保被告的权利不受过度的侵犯，倘若被告并不以权利侵犯为意，自无所谓权利侵犯问题发生。”[②] 遵循这一意旨，日本2006年开始试点的同步录音录像制度时就指出，“在犯罪嫌疑人拒绝实施录音（影）者，则不实施录音（影）。”[③]

而在我国，由于侦查中心主义是刑事诉讼制度的典型特点，法院裁决以检察官移送的侦查案卷为审判基础，侦查成为诉讼程序的实质性阶段和审查证据的场所，其对后续的起诉和审判有着很强的影响乃至决定作用，而与侦查相对应的辩护制度则发展较为迟滞，犯罪嫌疑人、被告人的辩护权较为孱弱。整个诉讼活动都围绕侦查而展开，侦查的超职权主义决定了其打击犯罪的执着与狂热，为了惩治犯罪，在封闭的空间下侦查人员极有可能会以威胁、引诱、欺骗乃至刑讯的方式强制犯罪嫌疑人对讯问录音录像权利的放弃，而一旦被迫弃权，弱小的辩护制度又无法在后续诉讼中有效跟进，去保障这一被动弃权获得充分救济，因此在我国不单独明确规定犯罪嫌疑人有权拒绝实施录音录像，在现阶段并未带来实践操作上的困扰。虽然审判中心主义的理念已经开始在党和国家的重要文件中出现，相应的诉讼结构也开始有所调整，但其仍处于起步和改革试点阶段，成熟的诉讼结构还未成形，侦查中心主义仍然积重难返。我国的辩护制度目前也是处于成长阶段，犯罪嫌疑人、被告人以及辩护律师的配套性权利保障并不到位。在这一大环境下，笔者也认为还是应当将讯问时录音录像作为侦查机关必须恪守的义务规则，犯罪嫌疑人仍需承担强制录音录像下的

① 陈永生：《论侦查讯问录音录像制度的保障机制》，载《当代法学》2009年第4期。
② 柯耀程：《法定“证据排除”的意涵与适用》，载《检察新论》2011年总第10期。
③ 陈文琪：《侦查中录音录影与侦查笔录可信性之关系》，载《检察新论》2010年1月总第7期。

忍受义务，因此在上述案例中犯罪嫌疑人目前还无从选择“放弃”录音录像，侦查机关在讯问中施行录音录像也无须征得犯罪嫌疑人的同意。当然，随着司法理念、诉讼结构以及辩护制度的调整和完善，将来同步录音录像还是可以考虑由犯罪嫌疑人自由选择。

而针对上文提出的“难办案件”，如何能够妥适的解决需要再做思考。在不破坏上述录音录像制度的前提下，如何还能引导犯罪嫌疑人积极、自愿地去供述。笔者提供以下思路：

第一，严格遵守同步录音录像制度，向犯罪嫌疑人强调，讯问中的录像仅仅是证明整个取证过程的合法性、规范性，是制约侦查人员自身办案行为的监督机制。侦查机关对犯罪嫌疑人在镜头下的陈述会保密封存、妥善保管，不会直接作为指控犯罪嫌疑人有罪事实的证据。通过此种解释，可以首先打消犯罪嫌疑人镜头下“私聊”的顾虑。另外，对犯罪嫌疑人进行相应的心理辅导、技术支持。聘请心理专家，通过心理安抚，帮助犯罪嫌疑人进一步突破心理障碍，同时辅之以技术支持，如设置隐秘探头，不让犯罪嫌疑人看到录音录像设备，侦查人员在讯问过程中也不要主动提及录音录像设备的相关内容。当然这里有一个问题需要说明的是，知情权和是否同意使用录音录像的决断权是两个不同的权利，由于犯罪嫌疑人可以主张调取录音录像来证明自己遭受刑讯等非法取供的事实，从而维护自己的合法权益。赋予犯罪嫌疑人享有录音录像的知情权并无异议，因此录音录像开始前，侦查人员仍然要履行应尽的告知义务。但是，为了安抚犯罪嫌疑人的紧张心理，这一告知义务履行后，侦查人员在整个讯问中可以不再提及。

第二，关闭录音录像设备。一般而言，关闭录音录像设备意味着对规则的违反。但是在特别重大案件中，当上述第一种措施方法仍然无法突破讯问僵局时，通过关闭录音录像设备换取犯罪嫌疑人的交代，以此突破其心理防线，是不同价值间最后权衡后的最优选择，但此时应严格恪守四项操作规程：其一，录音录像关闭首先是犯罪嫌疑人的自主抉择，需要签署书面同意书；其二，在征得犯罪嫌疑人的同意后，关闭录音录像还要经过严格的批准手续，必须征得公安机关负责人或检察长的同意，必要的话还可以考虑向上一级公安机关或检察机关备案；其三，关闭录音录像后犯罪嫌疑人的陈述不得作为指控犯罪的证据使用，这样可以通过“证据排除反制非法取供”；其四，在关闭录音录像，犯罪嫌疑人交代了重大或主要犯罪事实后，侦查人员其实已开始掌握讯问中的主动权，此时应当适时建议被讯问人恢复讯问录音录像，尽快取得和固定证据。

（三）依法录音录像与讯问笔录不一致时的处理

随着录音录像制度在刑事讯问活动中的推广普及，录音录像与讯问笔录不一致的情形开始出现。在笔者调研过程中曾经碰到一些办案机关提供的讯问录音录像仅有一个多小时，笔录则长达几十页，这显然不符合常理。[①] 那么当讯问录音录像与讯问笔录不一致时应当如何处理？

从前文分析的有关讯问录音录像与讯问笔录的关系看，讯问笔录是固定口供的常见形式，而录音录像在证据属性上的当前定位是辅助性材料，为补助证据，主要用来证明讯问过程的合法性。这一点在我国台湾地区“检察及司法警察机关使用录音录影及录制之资料保管注意要点”第 2 点规定中也有相同认识，“检察及司法警察机关配置录音、录影之设备及储存录音、录影内容之材料，做为实施讯问或询问时辅助记录。”所以，法院在审查被告人口供时仍然以讯问笔录为主。但是，录音录像本身有担保讯问笔录公信力的功能，其作为补助证据决定着实质证据——讯问笔录的可信性。倘若补助证据与讯问笔录不符，即意味着无法通过补助证据推定实质证据的可信性，讯问笔录将面临被排除的风险。我国台湾地区“刑事诉讼法”第 100 条之 1 第 2 项就规定：“笔录内所载之被告陈述与录音或录像之内容不符者，除有前项但书情形外，其不符之部分，不得作为证据。”[②] 借鉴我国台湾地区的做法，我国 2012 年《人民检察院刑事诉讼规则（试行）》第 311 条也规定：“经审查讯问犯罪嫌疑人录音、录像……发现讯问笔录与讯问犯罪嫌疑人录音、录像内容有重大实质性差异的，或者侦查机关不能补正或者作出合理解释的，该讯问笔录不能作为批准逮捕或者决定逮捕的依据。”据此规定，讯问录音录像与笔录有重大实质性不一致的，讯问笔录不能作为逮捕证据。在审查起诉、审判过程中，若遇到讯问笔录与录音录像重大实质不一致的情形时，也应作相同处理。行文至此，似乎问题已经得到了解决，然而法律语言的多义性和司法办案中众多的不确定性因

---

① 如 2011 年网络上曝出的安徽省霍邱县出现的“神奇笔录”，该笔录是安徽省霍邱县人民检察院于 2011 年 1 月 20 日制作的一份讯问笔录，讯问人员为反贪局干警，被讯问人为该县石店镇派出所所长陈某，时间为当日 10 时至 10 时 45 分。之所以称为“神奇笔录”，是因为 48 页的讯问笔录，最少在 24000 字以上，居然能在 45 分钟内完成，平均每分钟打字 533 字以上。相关报道曾指出国内速录最快的高手每分钟不过 520 字，一般人用电脑打字每分钟在 100 以上即属难得。更何况，这份笔录是在讯问人不断发问、不断出示证据、犯罪嫌疑人看完证据才回答的场景下完成的，显然这不符合常理。按照当时最高人民检察院制定的《人民检察院讯问职务犯罪嫌疑人实行全程同步录音录像的规定（试行）》，在职务犯罪案件中应当同步录音录像，那么在此案中即可能出现 45 分钟的录音录像资料对应 48 页讯问笔录的情况，按照常理推断，两者内容显然无法相符。

② 本条中所指“但书情形”，即“有急迫情况且经记明笔录者”，具体指有紧迫情况的发生而没有录音、录像的情形。

素仍然决定了侦查讯问中一些实践性问题亟待破解，为此结合上述法条和初步的分析结论，对以下问题做进一步澄清：

1. 何谓讯问笔录与录音录像有“重大实质性不一致”

司法实践中，讯问活动自身的运作规律决定了讯问笔录不可能逐字逐句地全部记录。首先，不同的犯罪嫌疑人会因案、因时、因情作出不同语速的陈述。有的犯罪嫌疑人基于抗拒心理会像“挤牙膏”一样在漫长的讯问周期内一点点吐出犯罪经过；而有的犯罪嫌疑人则基于悔罪心理在短时间内会“竹筒倒豆子”似的将大量犯罪事实全部交代。因此，讯问笔录的记录速度也就时快时慢，在一些案件中侦查人员有充裕的时间记录犯罪嫌疑人的所有供述和辩解，而有的案件中囿于速记能力和工具的限制，记录人员可能为了赶上犯罪嫌疑人的快言快语，记录言简意赅。所以，讯问笔录不可能达到与受讯者陈述完全同步，笔录在措辞和语句顺序上会有所调整，重点归纳、择要记录。其次，犯罪嫌疑人在侦查讯问伊始往往基于畏罪、抗拒的心理，对于侦查人员的提问故意回避，而去牵扯陈述一些与案件无关的内容，混淆视听，对于这些内容侦查人员也基本不会记录。这也导致不少案件中讯问笔录与录音录像资料所反映的内容无法呼应。因此应当明确，实践中笔录与录音录像内容的不一致不应直接导致讯问笔录的不符部分不能作为证据，不一致的情形应严格限定为“重大实质性”的不一致。诚如我国台湾学者所言，“此处的‘不符’系采‘实质不符说’，笔录所记载之陈述内容，与经勘验之录音录影内容比对结果，笔录虽较为简略，然若纯属制作笔录之公务员，整理讯（询）答内容之择要记载，与陈述者之陈述意思并无任何违背时，要无所谓‘不符’之可言。”[①]由此，必须对“重大实质性”的不一致做进一步分析：

（1）重大实质性不一致的内容指向

所谓重大实质性的讯问笔录内容应当是围绕案件中可能影响定罪量刑的实体性事实。具体的内容包括：①被指控何罪、指控的犯罪是否存在；②被指控的犯罪是否为犯罪嫌疑人、被告人所实施；③犯罪嫌疑人、被告人有无刑事责任能力，有无过错，实施犯罪的动机、目的；④犯罪嫌疑人、被告人、被害人的身份；⑤实施犯罪的时间、地点、手段、后果以及案件起因等；⑥与定罪量刑有关的其他事实。

（2）重大实质性不一致的程度指向

讯问笔录与讯问录音录像所反映的内容不必一字不差，而是要求实质上的

① 张淳淙：《侦查中录音录影与笔录可信性之关系——回音与回应》，载《检察新论》2010 年 1 月总第 7 期。

不一致，这是一种程度上的识别。如何把握还要结合具体案件，在此仅做一个概要性的总结：

①“有或无”的不一致。如讯问笔录中记载犯罪嫌疑人有坦诚犯行的言语，但查验录音录像，该段时间内犯罪嫌疑人沉默不语，并未承认任何犯罪，此即可认定为笔录与录音录像有重大实质性的不一致。

②“是或否”的不一致。如讯问笔录中记载犯罪嫌疑人承认了某一受贿事实，但查验当时的录音录像，犯罪嫌疑人矢口否认受贿的事实，并提出了辩解的理由，并未对指控作出任何认可。此处亦可认定讯问笔录与录音录像有重大实质性的不一致。

③“多或少”的不一致。讯问笔录中犯罪嫌疑人承认接受了两笔各5万元，共计10万元的行贿款，但播放录音录像发现犯罪嫌疑人只承认受贿了一笔款项，其余受贿指控均未认可。此处也可认定讯问笔录与录音录像有重大实质性的不一致。

④除此之外，还有讯问笔录本身的要件性记录与录音录像反映内容不一致的情形，如笔录上记载的讯问时间为两个小时，而录音录像所播放的时间则为一个小时四十分钟；或者两者记录的讯问起点和讯问终点不一致。

上述不一致的列举仅仅是较为普遍现状的总结，还有很多并未归纳，但其核心仍然是围绕案件的实体事实认定展开的，即不一致的情形必须影响到了案件定罪量刑的实体处理，那么此时的不一致应认定为是重大实质性的不一致。

2. 当不一致的笔录内容被排除后，如何认定该部分案件事实

有学者认为“在笔录与录音录像存在实质性不一致时，在排除不一致之笔录内容后，如果录音录像程序完全合法，则讯问录音录像应当具有完全的证据能力……可以将其作为证明案件事实的实质性证据使用。”[①] 对此，笔者不敢苟同，这是因为，立法上目前还是将录音录像主要定位为讯问笔录的补助证据而使用，当讯问笔录中不相符的部分被排除后，其补助的对象已经消灭，此时录音录像“顺位递进”“由次代主”，直接取代讯问笔录并不符合其当初设定的功能定位。当然，不容否认的是讯问录音录像本身也是口供的载体和固定方式，其也可以直接证明案件事实，但是笔者认为此时还可以有另外一种思路。

按照法庭对于讯问笔录审查判断的流程，一般的步骤是公诉人向法庭出示并宣读讯问笔录，辩护方对笔录中部分内容的可信性质证，若对笔录中部分或

① 马静华、纵博：《讯问录音录像：功能定位与司法适用——以刑事诉讼制度改革为背景》，载《西南民族大学学报（人文社会科学版）》2014年第10期。

全部内容存有争议，法官可以播放录音录像来判断该笔录所载被告之陈述能否作为证据，此即讯问录音录像担保讯问笔录公信力的功能得以发挥。经过播放录音录像，若发现其所反映的情况与讯问笔录记载内容存在重大实质性不一致，不一致的笔录部分自然不得作为证据使用。接下来的法庭程序应当是由出庭被告对不予认定的笔录内容当庭作出陈述，这既符合直接言词原则，同时也是由“案卷笔录中心主义”向“审判中心主义”过渡的具体实践。同时，法庭仍然要对被告人当庭所做的该部分陈述进行认真审查，由公诉人对被告人的当庭供述对质诘问，法官结合证据以及其他全案情况进行认定。这其中的审查方法之一，是结合讯问录音录像这类证据加以综合印证。但需要注意的是，此时被告人的当庭陈述是实质证据，讯问录音录像仍然是围绕该实质证据的补助证据。按照对补助证据的进一步划分，其“包括可信性弱的弹劾证据、可信性强的补强证据、可信性较弱但经过再次强化的回复证据，等等。”[①] 讯问录音录像作为被告人当庭陈述的弹劾证据是此时对其证据学属性较为准确的定位，如此认定也就排除了其作为实质证据直接证明案情的法律地位。其实，国外对于作为补助证据之一的弹劾证据能否作为实质证据使用也早已有了否定性的结论，“当证据仅仅为弹劾证人[②]的可信性而可采纳时，这种有限的可采性有三个重要后果……其次，证据提出者在结审辩词中不能凭借弹劾证据对争议事实作实质证明。”“因为与案件构成要件有关的证据性事实，它们可能会影响到陪审团[③]对证人（以及传闻陈述人）作为可信赖的知识来源的评估……而与使证据具有实质相关性的推理链条相比，对证据的弹劾性使用不可避免地要求其推理链条显得更为迂回。”[④]

3. 讯问录音录像与讯问笔录一致仍应当认真审查

一般而言，当讯问录音录像与讯问笔录的内容存在实质性的一致，讯问笔录的公信力、可靠性即被担保，被告人翻供的情形被有效阻止，讯问笔录被法官作为证据使用的可能性很高。实践中的不少案例都支持了上述判断。

［案例 11］ 讯问录音录像与讯问笔录不一致案

2006 年江西省新余市国有资产管理局原局长钟某受贿、挪用公款、玩忽职守一案中，法院开庭时，钟某推翻了原来供词。“我过去的供述是被检察院的办案人员诱供，被他们刑讯逼供……”此时，公诉人向法庭申请播放有关

① ［日］田口守一：《刑事诉讼法》，张凌、于秀峰译，法律出版社 2010 年版，第 268 页。

② 英美法系的证人证言包括被告人的口供。——编者注

③ 案件的裁判者。——编者注

④ ［美］罗纳德·J. 艾伦等：《证据法：文本、问题和案例》，张保生等译，高等教育出版社 2006 年版，第 389、390 页。

录音录像资料。人们看到，画面上办案人员的讯问语气平和，钟某对其帮助黄某承揽工程以及收受黄某13万元的事实交代得详细清楚，整个过程中钟某神态自然。而且，办案人员在录音录像中还特意问钟某有无受到刑讯逼供、诱供、指供，钟某清楚地向办案人员回答“没有”。这一录音录像资料有力地向法庭证实了钟某收受他人13万元贿赂事实的存在。①

在案例11中，由于讯问笔录与讯问录音录像内容的一致，法院认可了讯问笔录中钟某的供述，进而认定了钟某所供述的犯罪事实。法庭通过比对录音录像播放的内容与讯问笔录是否一致，进而认定讯问笔录可靠性的审查方式是值得肯定的。然而，由于案件情况的千差万别，仅仅以核对讯问录音录像播放的内容作为笔录是否可靠的查证手段并不绝对保险，特别是在犯罪嫌疑人当庭翻供的情况下，法庭要格外重视，理由如下：

（1）录音录像可能被重新编辑、刻录。实践办案中，曾存在对于讯问录音录像资料进行删减、编辑、重新刻录等方式人为实现录音录像与讯问笔录表面一致的案件。

（2）存在先写后录的规避手段。实践中，可能存在部分讯问笔录先写后录，即先行制作笔录，后以刑讯、威胁、引诱、欺骗、疲劳审讯等不法手段压制被讯问人的意志自由，再命被讯问人照此笔录朗读或背诵，同时录音录像，以达到笔录与录音录像一致的目的。

（3）理解能力上的误解或曲解。由于语言的多义性和语句本身的歧义，加之受讯问人自身的理解能力和讯问室内潜在的情境压力，实践中还可能存在被讯问人误解或曲解了被讯问人问话的真实含义，作出了与客观情况不相符的陈述。然而，此时无论从讯问笔录还是录音录像上看都存在一致性。

讯问笔录与讯问录音录像上的表面一致还可能有其他多种原因，此时如果不加细致地审查，一概将讯问笔录作为证据使用将可能铸成错案。因此，若被告人在法庭上翻供，法庭除了要调取、播放、查验录音录像外，还应当就录音录像本身录制的合法规范性、是否存在先写后录以及被讯问人误解等情形结合其他证据和案件事实综合判断，不可仅因讯问笔录与录音录像一致就盲目采信笔录以及笔录所反映的案件事实。

---

① 周文英、刘鸿斌、范珍平：《新余：同步录音录像让翻供翻不了》，载《检察日报》2006年12月23日。

第二编

检察机关排除非法证据的程序实施性规则

第八章　规范视角下检察机关的排除程序

作为舶来之品，非法证据规则主要解决的是证据能力（或者证据资格）问题。由于不同法系、不同国家自身的历史、文化以及价值观念的差异，在解决“问题证据”上英美法系和大陆法系等形成了各具特色的证据能力处理规则。2012 年我国刑事诉讼法的修改更多地吸收了英美法系非法证据排除规则的合理内核，同时结合本土性法律资源和已有的法律智识，形成了中国特色的非法证据排除制度。其中，最具代表性的就是对于非法证据的排除构建了一种多阶段、递进式的非法证据排除体系。相较而言，无论是英美法系还是大陆法系，其对非法证据的排除都限定为审判阶段的法官。而我国新修订的《刑事诉讼法》第 54 条第 2 款规定，“在侦查、审查起诉、审判时发现有应当排除的证据的，应当依法予以排除，不得作为起诉意见、起诉决定和判决的依据。”透过该条规定可以发现，在我国不仅法官在审判阶段有排除非法证据的职责，审前程序中的侦查人员与检察人员在侦查和检察环节也都有排除非法证据的义务和权力。具体到检察环节，依照 2010 年“两高三部”《排除非法证据规定》，审查逮捕和审查起诉两个环节检察机关都有排除非法证据的职责，虽然 2012 年的刑事诉讼法没有明确审查逮捕环节对非法证据的排除，但是最高人民检察院制定于 2013 年 1 月 1 日颁布施行的《人民检察院刑事诉讼规则（试行）》（以下简称《高检规则》）第 65 条规定了检察机关在审查逮捕环节有排除非法证据的职责。① 司法实践中，检察机关排除非法证据的职责主要涵盖于审查逮捕和审查起诉环节。②

---

① 《人民检察院刑事诉讼规则（试行）》第 65 条第 1 款规定：“对采用刑讯逼供等非法方法收集的犯罪嫌疑人供述和采用暴力、威胁等非法方法收集的证人证言、被害人陈述，应当依法排除，不得作为报请逮捕、批准或者决定逮捕、移送审查起诉以及提起公诉的依据。”

② 需要说明的是，检察机关对于贪污贿赂以及渎职侵权等职务犯罪案件也有刑事侦查权，因此从法律规定上，检察机关在自侦阶段同样有排除非法证据的职责。但诚如前文所言侦查阶段的证据排除十分苦难，且实践中笔者并没有收集到相关的案例。故本章所指的检察机关对于非法证据的排除程序主要集中于审查逮捕和审查起诉环节。

一、审查逮捕环节非法证据的排除程序

检察机关审查逮捕环节排除非法证据的程序性内容主要包括非法证据排除程序的启动、非法证据排除的裁决方式、非法证据排除的证明责任、不服非法证据排除裁决的救济等。但在此问题阐释之前有必要从理论上再申明检察机关于审查逮捕环节排除非法证据的正当性。

（一）检察机关审查逮捕环节排除非法证据的必要性与合理性

按照《刑事诉讼法》第 54 条第 2 款的规定，检察机关在审查起诉阶段负有排除非法证据之职责应无异议，但是在审查批准逮捕阶段检察机关能否排除非法证据，刑事诉讼法未置可否。

1. 新旧条文下的质疑

有学者将《排除非法证据规定》第 3 条“人民检察院在审查批准逮捕、审查起诉中，对于非法言词证据应当依法予以排除，不能作为批准逮捕、提起公诉的根据”与《刑事诉讼法》第 54 条第 2 款的规定相比较，认为刑事诉讼法限缩了检察机关排除非法证据的诉讼时段。因为，从《排除非法证据规定》看，检察机关在审查起诉和批准逮捕过程中都负有排除非法证据之职责，但刑事诉讼法只明确了检察机关在审查起诉过程中负有排除非法证据的职责，并未规定在批准逮捕过程中检察机关负有排除非法证据的义务。而之所以如此规定，可能的解释就是“考虑到新刑事诉讼法对侦查机关也课以了非法证据排除职责，再要求检察机关在批准逮捕时也负有非法证据排除职责，有职责重叠的现象，不利于促使侦查机关积极行使排除职责。”① 另外，根据法律位阶以及新法优于旧法的原理，也应当采纳修订后的刑事诉讼法的观点，即在批捕过程中检察机关不再对非法证据有排除权，侦查终结前证据是否涉嫌非法以及是否需要排除的决定权专属侦查机关。然而，上述学理解释随后即被新出台的《高检规则》所否定，其明确指出检察机关在审查批捕阶段仍然具有排除非法证据的职权。在此，《高检规则》的解释是否出于立法原意，还是对法律的过度解读，需要在规范意义上做进一步的解析或“解释上的解释”。

2. 规范分析下的逮捕阶段的证据排除

对于上述问题的深入探讨有必要将其置于更为宏大的体制架构以及整个诉讼流程中。

---

① 樊崇义、吴光升：《审前非法证据排除程序：文本解读与制度展望》，载《中国刑事法杂志》2012 年第 11 期。

首先，我国司法制度与西方国家相比有很大差异，从我国《宪法》、新修订的《刑事诉讼法》以及《人民法院组织法》来看，都只是规定审判由法院负责，法院是国家的审判机关。在分工负责的现行司法体制下，法院很难对审前诉讼活动特别是侦查活动进行审查和制约。而我国宪法架构下检察机关是国家的法律监督机关，依照法律规定对刑事诉讼实行法律监督。“为了保证刑事诉讼法的准确实施，规范办案机关特别是侦查机关的权力行使，尊重和保障人权，切实加强检察机关对刑事诉讼活动的法律监督，既是制度的必然选择，又是顺理成章的考虑。”[①] 正是基于对权力的控制和规范，在侦查诉讼中对强制性最高的逮捕措施，我国通过报请与审批相分离的权力技术设计，赋予检察机关逮捕的批准决定权，使检察机关介入侦查逮捕环节。进一步而言，赋予检察机关在审查批捕环节非法证据排除的职责就可以对侦查活动起到具体的威慑作用，既能“倒逼”公安机关从侦查环节提高办案质量，又能从另一个方面保障犯罪嫌疑人的合法权益。而且，对逮捕环节检察机关客观公正角色的重塑也具有重要的推进效果。可见，检察机关在逮捕环节介入侦查程序是法律的明确规定，并未对侦查权的专门行使产生冲击。

同时，在侦查环节，检察机关对于批捕中的非法证据排除与侦查机关在侦查阶段对非法证据的排除并不会出现职责重叠的现象。侦查阶段，检察机关介入批捕环节的审查，无论是一般性逮捕还是径行逮捕，[②] 都必须要审查批捕的案件是否具备证据要件，即“有证据证明有犯罪事实”，按照《高检规则》第139条的相关司法解释，有证据证明有犯罪事实包括三个方面的内容，“有证据证明有犯罪事实是指同时具备下列情形：（一）有证据证明发生了犯罪事实；（二）有证据证明该犯罪事实是犯罪嫌疑人实施的；（三）证明犯罪嫌疑人实施犯罪行为的证据已经查证属实的。”从该司法解释出发，如果审查批捕过程中没有证据证明有犯罪事实发生，或证明犯罪事实发生的证据属于非法证据，检察机关当然不能将此作为认定有犯罪事实并作出逮捕的依据，而应当径行舍弃，排除出证据体系，这是检察机关审查批捕环节的必经步骤，也是保证逮捕羁押正确适用所应尽的职责。检察机关在逮捕环节对侦查证据的筛选主要是为逮捕的证据要件服务，而侦查机关围绕证据的主要工作在于办案部门对证

---

① 卞建林：《贯彻落实刑诉法情况总体向好》，载《检察日报》2013年10月29日，第3版。

② 根据刑事诉讼法的规定，所谓一般性逮捕必须具备证据要件、刑罚要件以及人身危险性要件，即刑事诉讼法第79条“对有证据证明有犯罪事实，可能判处徒刑以上刑罚的犯罪嫌疑人、被告人，采取取保候审尚不足以防止发生下列社会危险性的，应当予以逮捕。”而径行逮捕则不限于上述三个要件，是指“对有证据证明有犯罪事实，可能判处十年有期徒刑以上刑罚的，或者有证据证明有犯罪事实，可能判处徒刑以上刑罚，曾经故意犯罪或者身份不明的，应当予以逮捕。”

据的发现和收集，以及法制部门为了将证据作为起诉意见的重要组成部分而对证据的审查、判断和取舍。两相比较，检察机关主要是为了能否逮捕的程序性争点而做的证据判断和取舍，而侦查机关则是以犯罪事实的构建为目标，对合法证据保留、非法证据排除。两机关的职责目的一个是为了保证逮捕的正确适用，另一个是为了确保案件能顺利移送审查起诉，职责并未有重叠和交叉。

综上而言，检察机关在审查批准逮捕程序中仍然有排除非法证据的权力和义务。而法条之所以如此规定，从字面意思去推导，这其实是从我国大的诉讼阶段来进行划分的，宣示侦查机关、检察机关和审判机关都负有排除非法证据的义务。而审查批捕由于是诉讼进程中侦查阶段的一个环节，单独列出与整个法条中所列举的“侦查、审查起诉、审判”并不在一个层次，所以并未明确说明，这属于立法技术上的问题。而且从立法原意来看，既然我国法律明确规定了侦查机关、检察机关和审判机关都负有排除非法证据的义务，那么当其在法律规定下可以接触到证据，并同时拥有对证据取舍裁断的权力和职责时，当然可以行使排除非法证据的权力。2017 年“两高三部”最新出台的《严格排除非法证据规定》第 17 条第 3 款也再次指出，“人民检察院对审查认定的非法证据，应当予以排除，不得作为批准或者决定逮捕、提起公诉的根据。被排除的非法证据应当随案移送，并写明为依法排除的非法证据。”可见，最新的司法解释已经印证了上述论断，即检察机关在审查逮捕环节仍然负有排除非法证据的职责。同时，按照上述论断的逻辑推演，对于检察院退回公安机关补充侦查的案件，侦查机关也当然可以对新发现的非法证据进行排除，对瑕疵证据进行补正或作出合理解释；对于从法院退回检察机关补充侦查的案件，检察机关对新发现的非法证据和瑕疵证据也可作同样处理。

（二）非法证据排除的启动

对于审查逮捕环节检察机关如何启动非法证据排除程序，刑事诉讼法并未有明确的规定。从《高检规则》和《严格排除非法证据规定》来看，该程序的启动主要来自两个方面：一个是依职权启动；另一个是依申请启动。

第一个是依照职权启动，是指检察机关在审查逮捕过程中发现涉案证据可能为非法证据，主动启动非法证据排除程序，对证据的合法性进行调查核实。至于发现涉嫌非法证据的渠道，根据《高检规则》第 70 条规定，“可以讯问犯罪嫌疑人；询问办案人员；询问在场人员及证人；听取辩护律师意见；调取讯问笔录、讯问录音、录像；调取、查询犯罪嫌疑人出入看守所的身体检查记录及相关材料；进行伤情、病情检查或者鉴定；其他调查核实方式。”检察机关通过阅卷、与当事人会面等方式可以了解、调查核实在侦查过程中的取证情况是否涉嫌违法。如果发现有非法证据存在的可能，便可以启动非法证据的排除程序，此为检察机关依职权启动。

第二个是依申请启动，是指检察机关根据犯罪嫌疑人及其辩护律师等人的申请被动地启动非法证据排除程序。在世界上的不少国家，审前程序，特别是侦查阶段其诉讼构造呈现的是一种“追求实体真实和诉讼效率”的设计理念，侦查进程中的封闭性、不公开性、单向度追诉犯罪的职权主义办案模式降低了当事人提出证据非法动议的可能性，但是仍不能排除犯罪嫌疑人等启动审查批捕阶段非法证据排除程序的可能。对此，我国《刑事诉讼法》第55条已有规定。2017年的《严格排除非法证据规定》第17条第1款也指出，“审查逮捕、审查起诉期间，犯罪嫌疑人及其辩护人申请排除非法证据，并提供相关线索或者材料的，人民检察院应当调查核实。调查结论应当书面告知犯罪嫌疑人及其辩护人。”《高检规则》第68条第2款更是明确规定：“当事人及其辩护人、诉讼代理人报案、控告、举报侦查人员采用刑讯逼供等非法方法收集证据并提供涉嫌非法取证的人员、时间、地点、方式和内容等材料或者线索的，人民检察院应当受理并进行审查，对于根据现有材料无法证明证据收集合法性的，应当报经检察长批准，及时进行调查核实。”根据经典刑事诉讼法教科书的解释，由于报案、控告和举报的主体不同，审查逮捕环节申请启动非法证据排除动议的主体不仅包括遭受非法取证侵害的“被害人”——犯罪嫌疑人，还包括犯罪嫌疑人以外的其他知晓案件情况的人，如犯罪嫌疑人聘请或被指派的辩护律师或其他辩护人等。随着辩护权在刑事诉讼法中的进一步强化，犯罪嫌疑人自被侦查机关第一次讯问或者采取强制措施之日起，就有权委托辩护律师。根据《刑事诉讼法》第36条、第37条的规定，辩护律师在侦查和审查起诉阶段可以与犯罪嫌疑人会见和通信。辩护律师通过与犯罪嫌疑人的沟通和交流，有了了解犯罪嫌疑人有无遭受刑讯逼供、有关证据是否涉嫌非法取得的管道。同时，《刑事诉讼法》第86条第2款规定，人民检察院在审查批准逮捕环节，可以听取辩护律师的意见；对于辩护律师提出要求的，检察院应当听取辩护律师的意见。上述规定表明，不仅是犯罪嫌疑人，作为犯罪嫌疑人的辩护律师也有机会将自行获知的涉嫌以非法手段取得的证据情形向检察机关提出排除申请。

（三）证据合法性的审查方式

审查逮捕环节的非法证据排除程序一旦启动，检察机关将采取何种方式进行调查认定，涉及证据的合法或非法由谁来承担证明责任，这些问题刑事诉讼法以及相关司法解释并未作出明确具体的规定，只能结合理论研究的成果做规范性的解释。就调查认定方式而言，理想的模式当然是听证，对此不少学者曾撰文指出听证可以最大程度地保障犯罪嫌疑人的参与权、申辩权等一系列的程序性权利，提高审查逮捕的公开透明，强化逮捕的司法属性，彰显程序公正和权益保障的司法价值。① 但也有学者对此提出质疑，认为受司法资源有限性和诉讼经济原则的制约，听证式审查在审查逮捕环节适用并不现实。② 笔者认为，在目前的立法框架下，相对合理的审查方式为书面调查，即一旦启动非法证据的排除程序，检察机关可以通过进一步的书面阅卷、讯问犯罪嫌疑人、询问办案人员、询问在场人员及证人、听取辩护律师意见、调取讯问笔录及讯问录音录像、调取及查询犯罪嫌疑人出入看守所的身体检查记录及相关材料、进行伤情病情检查或者鉴定等其他调查核实方式来查明涉嫌的非法证据。而对一些影响较大或者案情较为重大复杂的案件可以适当考虑听证模式，将非法证据的排除程序纳入听证模式之中。

（四）证明责任的负担

关于举证责任的分配，按照《刑事诉讼法》第 56 条第 2 款规定，“当事人及其辩护人、诉讼代理人有权申请人民法院对以非法方法收集的证据依法予以排除。申请排除以非法方法收集的证据的，应当提供相关线索或者材料。”《严格排除非法证据规定》第 17 条第 1 款对此予以重述。《高检规则》第 68 条则在重述刑事诉讼法规定的同时对于线索和材料还做了进一步的明确，指出“当事人及其辩护人、诉讼代理人报案、控告、举报侦查人员采用刑讯逼供等非法方法收集证据并提供涉嫌非法取证的人员、时间、地点、方式和内容等材料或者线索的，人民检察院应当受理并进行审查，对于根据现有材料无法证明证据收集合法性的，应当报经检察长批准，及时进行调查核实。”根据法律和解释的规定，对于依申请启动非法证据排除程序的，以犯罪嫌疑人为代表的辩护方和其他当事人、诉讼代理人就自己提出的证据系非法取得的主张负有“应当提供”相关线索或证据的责任，即如果申请方主张证据系非法证据，就必须提供相应的材料或者线索，并达到一定的证明标准，随后检察机关进行职权调查核实，这实际上是遵循“谁主张，谁举证”原则的证明逻辑。而在检察机关自行启动的排除程序中，则免去了申请方提供线索和材料的责任，直接进入非法证据的调查核实程序。随后的调查核实程序中则涉及非法证据证明责任分配的核心问题，即接下来的证明环节，是由犯罪嫌疑人为代表的辩护方举证证明证据收集的非法性，还是由侦查机关举证证明证据收集的合法性？尽管

① 参见刘林呐：《对审查逮捕听证制度的几点思考》，载《晋中学院学报》2007 年第 2 期；夏阳、钱学敏：《建立听证式逮捕必要性审查机制》，载《人民检察》2009 年第 15 期。

② 郭松：《中国刑事诉讼运行机制实证研究（四）：审查逮捕制度实证研究》，法律出版社 2011 年版，第 43—88 页。

学者们的论证角度不同，但结论趋于一致。在证明取证手段合法性的责任负担上，申请方即辩护方只承担疑点（争点）形成的证明责任，只要辩护方能够完成该项责任，那么控方就应当对证据的合法性承担证明责任排除疑点。之所以认为应当赋予侦查机关更多的证明责任，也是从证据“就近”原则考虑的。从侦查活动规律来看，公安等侦查机关认定犯罪嫌疑人应当逮捕，就要证明犯罪嫌疑人已经符合了逮捕的条件，这其中就包括要证明犯罪嫌疑人符合逮捕条件的证据取得具有合法性，由于侦查环节涉嫌犯罪，符合逮捕条件的证据悉数是由公安等侦查机关收集，侦查阶段的犯罪嫌疑人受到强大的国家机关的追诉，人身自由往往受到限制甚至剥夺，欠缺证据收集的条件和机会，由侦查机关来承担证明责任较为便利，也能够实现，故而由侦查机关来证明取证的合法性也就顺理成章。对此，《刑事诉讼法》第 171 条作了相应规定：检察机关审查案件时，认为可能存在刑事诉讼法第 54 条规定的以非法方法收集证据情形的，可以要求公安机关对证据收集的合法性作出说明。根据该条规定，在检察机关非法证据排除程序中，如果是公安机关移送起诉的案件，对证据合法性的证明责任应当在于公安机关，而不是犯罪嫌疑人及其辩护律师。

二、审查起诉环节非法证据的排除程序

相较于审查逮捕环节而言，审查起诉环节检察机关排除非法证据的职责在刑事诉讼法上有明确规定。就该阶段非法证据排除的启动程序、证明责任的分担以及排除非法证据的范围，审查起诉与审查逮捕环节在规范性分析上并无二致。为了避免重复，审查起诉环节非法证据的排除程序着重就非法证据的审查方式、非法证据排除后的法律效力和相关救济程序作出法理性的分析。

（一）非法证据的审查方式

检察机关在审查起诉期间审查证据合法性的方式与审查逮捕环节基本相同，主要有调查核实、要求侦查机关作出合法性说明、讯问犯罪嫌疑人、听取辩护律师意见等。但不同的是，检察机关审查起诉阶段的期间较长，根据《刑事诉讼法》第 169 条规定，人民检察院对于公安机关移送起诉的案件，应当在一个月以内作出决定，重大、复杂的案件，可以延长半个月。同时，在审查起诉期间检察机关还可以退回补充侦查，每次退补后，期间又会重新计算，最长的办案期间可以达到六个半月，较之逮捕环节仅仅七天的办案期限，审查起诉环节检察机关对于非法证据的调查核实完全可以“精耕细作”。因此，对于非法证据的审查方式检察机关的审查起诉部门可以因时而异，除了常见的书面调查方式外，还可以考虑采取一种有侦查人员、犯罪嫌疑人及其辩护人参加

的听证程序，对存在质疑的证据的合法性进行判断和决定。①

以听证方式审查证据合法性，对于保证准确作出非法证据排除的决定，不失为一种理想方式。然而，受司法资源有限和诉讼经济原则的制约，听证程序的适用范围不可能在审查起诉环节全面展开，而是要有所限制。我们认为听证程序的适用应当从三个方面考虑：非法证据的排除程序是依申请启动的；证据的合法性审查较为复杂；控辩双方都同意采用听证程序。之所以从以上三个方面考虑，是因为对于依职权启动的非法证据排除程序，检察机关对于证据的非法性常常已经产生了先验认识。由检察机关通过书面审查，再结合侦查机关作出的合法性说明以及讯问犯罪嫌疑人、询问相关人员等调查核实方式，即可作出是否排除的决定，如此做法虽然没有采用听证程序，但是对于司法资源的节俭和当事人权利的保护都是双赢的。对于依申请启动的非法证据排除程序，如果犯罪嫌疑人、辩护人等提供了比较确实的证据，而侦查人员经要求后仍然不能说明合法性的，就可直接决定是否排除相关证据；如果犯罪嫌疑人、辩护人等只提供了相关线索，检察机关要求侦查人员作出合法性说明，并与相关人员询问调查后，仍然就证据是否合法存有疑问的，此时的审查则较为复杂和棘手，在侦辩双方都同意的情况下，检察机关即应当主持一个有侦查人员、犯罪嫌疑人及其辩护人参与的听证程序，通过质证与辩论方式决定是否排除合法性有争议的证据。

（二）非法证据排除后的法律后果

在英美法系国家，非法证据一旦被排除，就被直接阻隔于法庭之外，不被庭审法官所接触知悉。而我国此次新修订的《刑事诉讼法》第 54 条第 2 款规定，审查起诉环节发现有应当排除的证据的，应当依法予以排除，不得作为起诉决定的依据。那么我国在审查起诉环节非法证据的排除是否也如西方国家那样，将非法证据排除于承办案件检察官的认知范围之外呢？答案是否定的，原因主要是缘于审查起诉环节自身的运作规律。根据《刑事诉讼法》第 168 条的规定，在决定是否提起公诉前，人民检察院都必须要审查案件，查明的内容中最重要的就是犯罪事实、情节是否清楚，证据是否确实、充分等。可见，检察机关在决定某一证据非法并予以排除前，由于审查案件的需要已经部分或者全部接触了所要排除的证据，基于审查证据和决意排除证据的主体同一，所以审查起诉环节对于非法证据的排除所引起的程序性法律后果是检察官在决定是否提起公诉时不得引用已排除的证据作为裁量的依据。

① 卞建林：《检察机关与非法证据排除》，载《人民检察》2011 年第 12 期。

承上而言，由于审查起诉环节的运作规律，承办检察官通过审查案件已经了解到某一证据所包含的案件信息，该证据已经在检察官的脑海中形成印记，要求他把该证据完全排除在起诉决定的依据之外并不现实，被排除的证据很可能先入为主地影响到承办检察官对案件事实的最终认识，这种潜在的影响常常是危险的。如果影响足够大，甚至会限制非法证据排除规则的功能发挥，降低程序性制裁的效力。因此，有必要对检察官这种可能的预断予以内在的限制。具体的路径包括两个方面：

第一，书面材料的提示性强化。《高检规则》第 71 条第 2 款规定，"办案人员在审查逮捕、审查起诉中经调查核实依法排除非法证据的，应当在调查报告中予以说明。"《严格排除非法证据规定》第 17 条第 1 款，"审查逮捕、审查起诉期间，犯罪嫌疑人及其辩护人申请排除非法证据，并提供相关线索或者材料的，人民检察院应当调查核实。调查结论应当书面告知犯罪嫌疑人及其辩护人。"无论是调查报告的说明还是调查结论的书面告知（主要是证据因非法被排除的告知）都可以在一定程度上强化检察官对证据非法性的认识，并时刻警醒其在决定起诉时要尽可能地降低该非法证据的潜在影响。笔者认为，为了更大程度地将此影响降到最低，检察官在决定起诉时，还应当在起诉书中以说理的形式详细说明起诉的心证逻辑，通过外化的说理可以最大限度地降低检察官在决定起诉时对非法证据的心证依赖。

第二，无论是《严格排除非法证据规定》第 17 条第 3 款还是《高检规则》第 71 条第 2 款都规定，被排除的非法证据应当随案移送，并写明为依法排除的非法证据。其目的是一方面便于处于下一环节的办案人员能够较为全面地了解案件情况，另一方面可以避免办案人员利用职务之便，假借非法证据排除之名随意截留证据。[①] 但是，其危害也是巨大的，因为此种方式可能无法阻隔非法证据对庭审活动的负面渗透，导致非法证据对后续的终局审判者产生"第二次"不当影响，由此可能带来的裁判偏见不容小视。因此，我们认为该条规定可考虑予以一定程度的修改，其中的思路是，对于检察机关排除的非法证据以清单的形式单独入卷，不再随案移送，确有必要时，经法庭决定，可以向检察机关调取。

（三）非法证据排除后的救济程序

审查起诉环节证据一旦被认定非法，检察机关将不再使用该证据作为决定起诉的依据。由此产生的问题是，是否该非法证据从此就不再进入审判法官的

---

① 孙谦主编：《〈人民检察院刑事诉讼规则（试行）〉理解与适用》，中国检察出版社 2012 年版，第 66 页。

视野呢？申言之，对于被排除的证据，不利益方是否有申请救济的权利呢？笔者认为，设定非法证据排除后的救济程序是必要的。基于诉讼认识论的基本原理，任何裁决者的认识能力囿于时间、物力和人力的牵制都是有限的。检察环节认定的非法证据可能会在下一个认识阶段，随着认识能力的提高和案件调查的深入，对该证据的合法性有新的认识。先前的非法证据可能会被认定为瑕疵证据，而瑕疵证据可能转变为合法证据，先前的合法证据还有可能直接被认定为非法证据，因此，赋予被排除非法证据的不利益方一定的救济权利，设定对排除的非法证据一定的“唤醒”程序是很有必要的。

1. 对侦查方有利证据被排除后的救济

对于经过审查后，侦查机关无法证明合法性的争议证据，刑事诉讼法明确规定该证据不得作为起诉决定的依据。对此决定，侦查机关不服的，可要求向检察机关申请复议一次，如果意见不被接受，可以向上一级检察机关提请复核。对此，2017 年出台的《严格排除非法证据规定》第 18 条第 2 款规定，“对于人民检察院排除有关证据导致对涉嫌的重要犯罪事实未予认定，从而作出不批准逮捕、不起诉决定，或者对涉嫌的部分重要犯罪事实决定不起诉的，公安机关、国家安全机关可要求复议、提请复核。”

2. 辩方提出的排除动议被驳回的救济

对于经侦查机关证明属于合法证据的，检察机关应当作出驳回申请的决定，并将决定与理由通知犯罪嫌疑人及其辩护人。对于驳回申请的决定，由于犯罪嫌疑人及其辩护人还可在审判阶段进行救济，故可不再赋予其向上一级人民检察院申请复议的权利。

3. 对辩方有利证据被排除后的救济

一般而言，排除的非法证据都是对侦查方有利的证据，该类证据的排除也常常意味着辩护方的阶段性胜利。然而，司法实践中也难免会有一些办案机关为了提高胜诉率利用职务之便，假借非法证据排除之名随意隐匿、克减对辩方有利的证据。如果允许审前程序中检察机关对于所谓的“非法证据”一排了之，反而可能导致对辩方不利的局面，案例 12 所反映的案情即体现了这种情形。

[案例 12] 单某某案[①]

2014 年 8 月 27 日至 9 月 2 日，山东省临沂市河东区法院开庭审理被告人单某某涉嫌受贿罪，贪污罪，包庇、纵容黑社会性质组织罪案。庭审过程中，

① 王去愚：《青岛打黑公安局长受审当庭称被黑老大保护伞报复》，载凤凰网 http：//news. ifeng. com/a/20140903/41846270_ 0. shtml。

辩护人多次向法庭申请，要求调取单某某和部分证人的同步录音录像、单某某和证人的全部口供、证言。同时调取公诉人所称的"检察院已经作出非法证据排除的决定"和被排除的证据目录以及排除的理由。

公诉人称，根据《中华人民共和国刑事诉讼法》第54条第2款规定，在侦查时发现有应当排除的证据应当予以排除，不得作为起诉意见、起诉决定和判决的依据，侦查阶段也是可以进行排除的，未入卷部分和单某某供述在侦查阶段已予以排除，因此没有必要移送。

公诉人说，辩护人要求提交相关的调查报告或者检察长的决定，这些不属于案件的诉讼文书或者法律材料，而是属于检察院内部的法律文书，因此也没有必要向法庭提供。

对同步录音录像问题，公诉人认为，根据最高人民检察院的一份法规，讯问犯罪嫌疑人的录音录像不是诉讼文书和证据材料，因此本案有关询问单某某的同步录音录像不作为证据材料移送，这里的同步录音录像，本案也未作为证据提供，所以也不作为证据材料移送。

辩护人认为公诉人隐匿了对己不利的证据。"公诉人不向法庭提交的这些证据，恰恰是对我的当事人有利的证据。"他同时声称，质证阶段不能有效发问，因为没有看完卷宗，部分辩护权被剥夺。辩护人申请法庭对本案作延期审理。

被告人单某某依据《刑事诉讼法》第108条，对公诉人"故意隐匿证据"当庭提出控告。

值得注意的是，公诉人向法庭提交的口供等书证主要集中于2013年后。其中，单某某的57份讯问笔录中的54份从2013年6月3日开始，2012年的3份笔录与涉案内容无关。其他证人的口供同样集中在2013年之后，仅3宗受贿指控笔录在2012年，分别是2012年5月16日、5月19日和8月10日。

辩护人说，检方既然称2012年的口供已经在侦查阶段作为非法证据排除了，等于承认自己在长达一年多的时间里非法羁押被告人，"实施典型的押人索证"。

由于案例来源于网络，辩护方对于检方的异议并不一定完全属实，但不容否认，司法实践中很有可能存在侦查机关、检察机关以非法证据排除的名义任意截留对辩方有利的证据。对于此种隐匿的证据如何应对，前文谈到的最高人民检察院《高检规则》第71条第2款规定，被排除的非法证据应当随案移送。但是，笔者认为移送虽然解决了控诉机关截留证据的不法企图，但是如果非法证据与合法证据一样无差别地悉数展示给裁判者，同时会产生另外的负面效果，即给事实裁决者带来偏见性的影响。对此，还是应当考虑在移送时仅移送非法证据目录，以确认该非法证据被排除的这一事实。辩护方可以通过阅卷了解到该非法证据的存在，再通过与犯罪嫌疑人或被告人核实证据后，认为该非法证据的错误排除将导致辩方的不利益，可以依照《刑事诉讼法》第39条的规定申请人民法院调取，法官经过审查认为可能存在错误排除的情形可以调取该证据，并最终在庭审上认定该证据是否非法。当然，需要再进一步深究的是，如果法官最终认定该证据确属非法证据，要予以排除的，由于该证据已然为法官所接触知悉，对法官断案产生的负面影响还是会或多或少地存在。所以，为了进一步降低非法证据对法官心证的影响，一方面，法律应当规定，对于调取非法证据的申请权应仅赋予辩护方，禁止法官自行调取非法证据，这样可以控制法官主动去接触非法证据；同时，辩护方主动申请调取非法证据也预示着其内心知晓一旦调取非法证据会对法官心证产生可能的负面影响，故辩护方的提请，也肯定是其内心在各项利益之间权衡的最优抉择，对其本身的权益伤害已经降到了最低。另一方面，应积极推行以判决书说理的方式着重对证据部分进行阐释，以最大限度地稀释非法证据对裁判者案件事实的最终认定。

三、庭前会议中检察机关对非法证据的排除程序

新修订的《刑事诉讼法》第182条第2款规定，“在开庭以前，审判人员可以召集公诉人、当事人和辩护人、诉讼代理人，对回避、出庭证人名单、非法证据排除等与审判相关的问题，了解情况，听取意见。”该条款的创设标志着我国庭前会议制度的建立。庭前的程序性问题审查将更为集中，有关庭审的争点得到整理，更有利于加快庭审效率、节约庭审资源。

按照刑事诉讼法的规定，非法证据排除问题也在庭前会议审查内容之列。这意味着控辩双方在法官的主持下针对证据的合法与非法问题有了第一次的直面交锋。一方面，这彰显了非法证据审查这一程序性问题在庭前解决的思路；另一方面，也给予了检察机关检视自己证据体系是否合法规范、完整牢固的一次机会。遵循刑事诉讼法的立法精神，《高法解释》第99条对庭前会议中非法证据的程序性问题做了进一步规定：“开庭审理前，当事人及其辩护人、诉讼代理人申请排除非法证据，人民法院经审查，对证据收集的合法性有疑问的，应当依照刑事诉讼法第一百八十二条第二款的规定召开庭前会议，就非法证据排除等问题了解情况，听取意见。人民检察院可以通过出示有关证据材料等方式，对证据收集的合法性加以说明。”新出台的《严格排除非法证据规定》第25条第1款也指出，“被告人及其辩护人在开庭审理前申请排除非法证据，按照法律规定提供相关线索或者材料的，人民法院应当召开庭前会议。人民检察院应当通过出示有关证据材料等方式，有针对性地对证据收集的合法性作出说明。人民法院可以核实情况，听取意见。”依据上述司法解释的规

定，笔者将就庭前会议中控辩双方对于非法证据问题的意见交换以及最终针对非法证据的处理方式做出归纳。

（一）非法证据排除问题在庭前会议中的启动

按照《刑事诉讼法》《高法解释》以及《严格排除非法证据规定》的规定，非法证据排除问题是庭前会议中控、辩、审三方讨论的重要内容之一。因证据涉嫌非法而召开庭前会议是依申请启动的，案件诉讼中的当事人、辩护人以及诉讼代理人都是申请启动的主体。需要注意的是，检察机关可否因证据非法提请召开庭前会议？对此，法律和司法解释已经做了明确限定，否定了检察机关因证据非法提请庭前会议的权力。原因是非法证据排除作为程序性制裁的一种方式，“根据程序性裁判的一般理论，程序性裁判所要解决的核心问题是侦查、公诉和审判行为的合法性问题，”[①] 排除规则的创设也主要是用于规范公权力机关的取证行为，形塑合法的证据收集活动。因此，检察机关不能质疑公民个体所提交的证据的合法性，并继而申请排除，当然也不能因辩方取得证据非法而申请召开庭前会议。既然检察机关不能因非法证据申请启动庭前会议，那么紧接着的问题便是，法院可否依职权召开庭前会议审查非法证据呢？按照《高法解释》第183条的规定，“案件具有下列情形之一的，审判人员可以召开庭前会议：（一）当事人及其辩护人、诉讼代理人申请排除非法证据的；（二）证据材料较多、案情重大复杂的；（三）社会影响重大的；（四）需要召开庭前会议的其他情形。召开庭前会议，根据案件情况，可以通知被告人参加。”依据该规定，审判人员可以召开庭前会议的裁量权也是缘于当事人等诉讼参与人的申请，这与庭审中法院可以依职权启动非法证据排除不同。主要原因是由于庭前会议本身的功能定位，设置庭前会议的主要目的在于就案件的程序性争议问题集中听取意见，以确定庭审重点，保证庭审集中，提高庭审效率。就非法证据而言，其程序性争议主要缘于取证非法而给当事人等诉讼参与人一方带来的不利益损失，由此激发遭受利益损失的一方要求启动程序性制裁，排除非法证据。而作为消极被动、不告不理的法院在接受此排除申请之前，还未对证据进行实质性接触与了解，对于非法证据排除这一制裁程序的自我启动更是无从提起。故而，因证据非法需要排除而启动庭前会议的程序，还是从权益可能遭受损失的一方来发起是更为合理与妥当的。

另外，对于当事人等因非法证据申请召开庭前会议是否也需要提供相关线索或材料？对此笔者认为从防范私权滥用，避免程序性制裁程序的随意发动而

① 陈瑞华：《程序性裁判理论》，中国法制出版社2010年版，第408页。

言，因非法证据召开庭前会议也需要经过法院的审查才能启动。至于审查的内容当然也需要有“表面材料”，如应当提供相关线索或材料。如果当事人等提出的相关线索或者材料符合法律规定，能够使法官对证据收集的合法性产生疑问，庭前会议应当召开。

（二）庭前会议中控辩双方就非法证据问题交换意见的程序

按照《高法解释》）第99条的规定，庭前会议一旦开启，审判人员会就涉嫌申请排除的非法证据了解情况，听取意见。我们认为这其中的主要内容涉及当事人一方（如被告人认为自己的某一次供述涉嫌是刑讯逼供取得，应当排除）首先提出明确的排除对象，同时还要提供相应的辅助性材料、线索。对于当事人等诉讼参与人对某一证据的合法性提出的异议和排除的申请，按照《高法解释》和《严格排除非法证据规定》的规定，检察机关可以通过出示有关证据材料等方式，对证据收集的合法性加以说明。具体如通过出示、宣读被告人的讯问笔录、被告人同监人员的证言、入所体检表和办案情况说明等，有针对性地播放讯问过程的录音录像，提请人民法院通知有关侦查人员或者其他人员到场说明情况等方式，对证据收集的合法性加以证明。当然，在控辩双方围绕非法证据交换意见的过程中，法官也可以进行必要的询问，以更加全面和准确地了解某一个或某些涉嫌非法证据的具体情况。

（三）庭前会议中对于非法证据的处理

按照庭前会议的定位，庭前会议既不对案件的实体问题作出处理也不对案件的程序性问题作出决定，因此在庭前会议中在控辩双方对于涉嫌的非法证据提出双方的观点后，法官仅仅是对该问题了解情况和听取意见，对于涉嫌非法证据何去何从并不作出排除或者不排除的决定。但是，这并不妨碍控辩双方自身对于涉嫌的问题证据合法抑或非法的认可。例如，在下面的案例13张某受贿案①中，就出现了辩护方对其申请排除的“非法证据”最终合法性地位的认同。

[案例13] 张某受贿案

被告人张某曾先后任徐州某国企餐饮中心副主任、商贸中心主任。2005年至2011年间，张某利用负责酒店经营管理以及主管商贸中心财务、人事等全面工作的职务便利，多次收受原材料供应商、工程承包方送与的财物，折合人民币6万元。在这起案件中，根据辩护人的申请，法院决定召开庭前会议。

① 唐颖、王成艳、陈嘉：《庭前会议：不图形式不走过场》，载《检察日报》2012年7月25日，第9版。

在解决了回避和管辖问题后，庭前会议主要围绕非法证据排除问题了解情况、听取意见。

辩护人陈某某提出，被告人称在3月4日晚上的讯问过程中存在刑讯逼供情形。在征得审判人员同意后，检察人员迅速出示了被告人在当天晚上接受讯问时的笔录原件，并播放了相关同步录音录像。辩护人认真审查了相关证据，向审判人员表示不存在刑讯逼供的情形，该供述具有法律效力。

按照《高检规则》第437条的规定，有六种情况下的事实在法庭审理中不必提出证据进行证明，这其中就包括——在法庭审理中不存在异议的程序事实。而证据是否非法以及应否排除显然是程序性事实所要解决的问题，如果辩方对侦查机关取得的、检察机关指控犯罪时移交的证据其合法性没有异议，该证据取得是否合法的事实性问题一般也就不再加以证明，法官也不会就其合法性在庭审中再重复性地细致审查。如此一来，庭前会议中控辩双方其实可以就申请排除的非法证据在意见交换、辩论交锋后达成某种“默契”。对于辩方提出的涉嫌非法证据经过检察机关证明其合法性后没有疑问的，辩方可以撤回“排非”申请，在庭审中不再就此证据合法与否提出异议。而对于经过庭前会议发现的较为明显的非法证据，检察机关也可以基于自身排除非法证据的职责主动排除。目前实践中比较常见的做法是，庭前会议后检察机关自行撤回争议证据，[①] 不在庭审中出示、宣读该证据，这其实意味着检察机关将非法证据排除的决定时段向后延伸到了开庭前。对于上述实践做法和有关司法解释的零星规定，2017年出台的《严格排除非法证据规定》第25条第2款和第3款做了系统性梳理，明确规定，庭前会议后“人民检察院可以决定撤回有关证据，撤回的证据，没有新的理由，不得在庭审中出示。被告人及其辩护人可以撤回排除非法证据的申请。撤回申请后，没有新的线索或者材料，不得再次对有关证据提出排除申请。”

---

① 孙长永、王彪：《审判阶段非法证据排除问题实证考察》，载《现代法学》2014年第1期。

第九章　实证视角下审查逮捕环节检察机关的排非程序

非法证据排除规则包含着实体构成性规则与程序实施性规则两大部分。[①] 前者规定非法证据的含义、种类和范围等内容，而后者则包括非法证据排除程序的启动、举证责任、证明标准、裁决方式和不服非法证据排除裁决的救济等。[②] 2012 年 3 月 14 日，第十一届全国人民代表大会第五次会议对《刑事诉讼法》进行修改时，在 2010 年“两高三部”联合发布的《排除非法证据规定》基础上对非法证据排除制度的实体性内容与程序性内容都进行了修改与扩容，规定了审前程序中侦查人员与检察人员在侦查和审查起诉过程中的证据排除职责。2017 年“两高三部”联合出台的《严格排除非法证据规定》对此又做了进一步的细化和完善。关于审前程序中非法证据的排除问题，不少学者已撰文做了相当程度的解读。[③] 本部分将采用实证调研的方法，探讨在侦查机关与检察机关权力交织的批捕环节，检察机关排除非法证据的具体运行状况、暴露的相关问题以及基于问题现状的理论分析，并在此基础上提供几种理念、机制改良的思路。

一、审查批捕环节非法证据排除的实证面向和概要分析

理论是实践的先导，通过对审查批捕环节非法证据排除程序的文本解读，可以从理论源头和法律规范的视角出发去理解立法者引入证据排除制度的初衷和行动逻辑。那么实践中这一制度化的程序设计的运行状况如何，是否如立法者所期许的那样，在司法实践中一成不变地按照既定轨道运行呢？这需要实证

---

① 陈瑞华：《非法证据排除规则的中国模式》，载《中国法学》2010 年第 6 期。

② 樊崇义、吴光升：《审前非法证据排除程序：文本解读与制度展望》，载《中国刑事法杂志》2012 年第 11 期。

③ 相关论文可参见胡忠惠：《检察机关审查排除非法证据问题探讨》，载《北方法学》2013 年第 2 期；卢乐云：《检察机关排除非法证据机制建设》，载《国家检察官学院学报》2013 年第 2 期；马静华、刘相玲：《从制裁到预防：审查起诉阶段非法证据排除规则适用机制研究》，载《江苏行政学院学报》2012 年第 4 期等。

调研和数据整理进行印证。

（一）实证调研的数据结果

虽然刑事诉讼法没有明确检察机关在审查逮捕阶段能否排除非法证据，但是受制于检察机关内部检察一体的运行机制和科层制管理的影响，2013 年高检院颁布的《高检规则》对于各级检察机关的司法办案不仅具有法律上的同等效力，也更具实践指导价值。因此，在 2013 年 1 月 1 日《高检规则》开始试行起，检察机关的侦查监督部门已经开始紧锣密鼓地在审查逮捕环节履行非法证据排除的职能，相关的调研数据也由此产生。

由于在我国绝大部分刑事案件的审查批捕都是在基层检察机关完成①，笔者对 S 省 C 市 20 个区县的基层检察机关进行了调研，获得了刑事诉讼法实施一年以来（2013 年 1 月 1 日至 2013 年 10 月末）检察机关在审查逮捕阶段非法证据排除情况的一些数据②。遵守学术研究的规范，笔者对每个检察机关的调研情况进行了编辑处理，并用表格的形式（见表 1、表 2）将各基层检察院审查逮捕阶段排除非法证据的相关数据直观呈现。

表 1 C 市所辖市、区、县检察院审查逮捕环节批捕以及非法证据排除数据统计

基层检察院	公安报捕数（件/人）	批捕数（件/人）	不批捕数（件/人）	非法证据排除数（件）
CH 区③	650/885	442/545	207/339	2
CZ 区	250/345	217/289	33/56	2
DY 县	182/256	159/212	15/34	0
DJY 市	370/493	347/456	23/37	1
GX 区	304/403	203/265	97/134	0
JN 区	1346/1902	1115/1499	231/403	3

① 根据新《刑事诉讼法》以及《高检规则》的规定批捕案件的级别管辖并未有明确规定。根据笔者调研了解的情况，北京地区可能判处死刑、无期的案件批捕是在分院（北京一分检、二分检和三分检），而在其他诸如山东、河南、青海等大部分的省份，案件的批捕即使是可能判处死刑的案件很多也集中在基层院。因此，基层检察院批捕案件的范围其实是非常广泛的，对基层院批捕环节非法证据排除的调研考察也较为客观和全面。

② 需要说明的是，统计的报捕案件没有包括未成年人检察科的案件，原因是，有些区、县还没有完全独立的未成年人检察科室，而有些单位刚刚建立，数据还没有完全与侦查监督科相分离。故笔者只选取了侦查监督科统计的相关数据。

③ 由于调研过程中检察机关案件的审查批捕工作一直在进行，有些案件公安机关虽然申请了报捕，但是最后处理结果有的还在审查商讨，所以在一些地方的调研数据会出现“批捕案件数 + 不批捕案件数≠公安报捕数”的情况。这在 CH 区、WJ 区等检察院出现，但属于正常现象，特此说明。

续表

基层检察院	公安报捕数（件/人）	批捕数（件/人）	不批捕数（件/人）	非法证据排除数（件）
JT 县	190/254	162/220	28/34	0
JJ 区	634/919	544/734	90/185	1
LQY 区	230/不清楚	209/不清楚	21/不清楚	1
PZ 市	209/282	198/259	11/23	2
P 县	352/463	317/418	32/42	1
PJ 县	55/73	47/62	8/11	0
QBJ 区	153/202	136/175	17/27	0
QY 区	617/871	485/601	132/270	1
QL 市	282/427	271/402	11/25	0
SL 县	719/964	不清楚/800	不清楚/164	0
WJ 区	324/513	275/429	56/97	1
WH 区	800/1184	566/783	234/401	1
XD 区	343	266	77	3
XJ 县	193/260	155/200	38/60	20

表 2　C 市所辖市、区、县检察院审查逮捕环节批捕以及非法证据排除情况

基层检察院	非法证据排除数（件）	批捕案件中排除的非法证据（件）	不批捕案件中排除的非法证据（件/人）	非法证据排除的类型
CH 区	2	1	1	犯罪嫌疑人供述、书证
CZ 区	2	1	1	扣押、冻结款物决定和鉴定意见
DY 县	0	0	0	
DJY 市	1	0	1	物证、书证
GX 区	0	0	0	
JN 区	3	1	2	证人证言、鉴定意见
JT 县	0	0	0	

续表

基层检察院	非法证据排除数（件）	批捕案件中排除的非法证据（件）	不批捕案件中排除的非法证据（件/人）	非法证据排除的类型
JJ 区	1	1	0	书证
LQY 区	1	0	1	称量笔录、扣押物品清单
PZ 市	2	2	0	现场检测报告书、具有赌博功能的电子游戏设施设备认定书
P 县	1	1	0	勘验检查笔录
PJ 县	0	0	0	
QBJ 区	0	0	0	
QY 区	1	不清楚	不清楚	犯罪嫌疑人供述
QL 市	0	0	0	
SL 县	0	0	0	
WJ 区	1	0	1	犯罪嫌疑人供述
WH 区	1	1	0	讯问笔录、询问笔录
XD 区	3	3	0	犯罪嫌疑人供述
XJ 县	20	20	0	犯罪嫌疑人供述、证人证言、辨认笔录等

（二）审查逮捕中非法证据的排除已初具效果

通过对上述数据的收集和整理，笔者发现 2012 年刑事诉讼法修订实施以来，检察机关在审查逮捕环节积极履行对非法证据的排除职责，并主动将该项工作推向深入，效果已初步彰显，主要表现在如下几个方面：

1. 检察机关在审查逮捕环节非常重视对非法证据的审查与核实，实施近一年来几乎被调研的每个检察院都有在审查逮捕环节排除非法证据的实例，一些检察机关虽然没有直接排除非法证据的情形，但在审查逮捕中都能主动地发现瑕疵证据，并无一例外地要求公安机关进行补正或作出合理解释。甚至，有的地方检察院为了激发检察人员对非法证据的排除动力还规定了审查逮捕环节对非法证据排除的考核绩效。可以说，审查逮捕环节，检察机关传统的一元化的羁押审查职能已经开始扩展为羁押审查和非法证据排除的二元职能。

2. 审查逮捕环节检察机关排除非法证据的种类多元化。如前所述，根据2012年施行的《高检规则》，在审查逮捕环节非法证据的排除范围既包括言词证据，还包括实物证据。实践中的审查逮捕环节，检察机关基本遵循了对涉捕证据的全面审查，在所列的调研表格中出现的排除证据的种类中既有犯罪嫌疑人供述、证人证言、鉴定意见等言词性证据，还有物证、书证和勘验、检查笔录等实物类证据。[①] 在笔者调研的非法证据排除案件中除了视听资料、电子数据没有被看到外，其他证据都有涉及，这体现了检察机关对证据审查、排除的细致与全面。

3. 非法证据的排除对于逮捕决定产生了一定的影响，强化了检察机关对侦查活动的监督效果。通过对数据的整理分析，笔者发现由于非法证据的排除，导致一些报请逮捕的案件由于证据要件的不足——“不能证明犯罪嫌疑人实施犯罪行为的”，检察机关最终作出了不批准逮捕的决定。如在笔者调研的C市下辖的DJY市发生的一起案件中，“侦查人员在该市彼岸酒吧门口发现犯罪嫌疑人陈某，当场从其身上搜出一袋晶体状可疑物，随后，在其驾驶的一辆别克汽车上查获两袋晶体状可疑物，现场称量三袋共计16.41克。犯罪嫌疑人陈某供述三袋可疑物均系其所有，但侦查人员并未制作搜查笔录、扣押清单等笔录类材料，对三袋可疑物也没有分别称量，称量时也未除去包装袋的重量，且公安机关在将扣押的可疑物送交CD市公安局物证鉴定所鉴定时，只送检了一袋可疑物，对另两袋可疑物没有送检。送检的一袋可疑物检验出甲基苯丙胺成分，但重量仅为5克多，达不到《刑法》第348条规定的非法持有毒品罪的追诉标准。由于另外两袋毒品的取证过程违反法定程序，本身的来源无法查明，客观真实性无法保障，已无法再行补检，因此认定未送检的另外两袋可疑物系毒品的证据属于非法证据，DJY市检察机关予以排除，并最终以事实不清、证据不足不予批准逮捕犯罪嫌疑人陈某。”类似的处理结果媒体也有报道，如“郑州市高新区检察院在审查逮捕张某与王某涉嫌贩卖毒品一案中，两名犯罪嫌疑人在分别接受侦查监督检察官提审时，均称其没有触犯法律。检察机关要求公安机关对证据收集的合法性进行说明，并要求提供讯问时的同步录音录像资料。但公安机关未能作出合理解释，也没有出示同步录音录像等相关资料。检察机关以此案嫌疑人有罪供述系非法证据而予以排除后，作出不予

---

① 对于此类被检察机关“排除”的证据是否就是《刑事诉讼法》第54条规定的非法证据，笔者将在后文第十章作出论证和反思。在此，仅按照当下检察机关的认识进行论述。

批准逮捕的决定。”[①] 上述案例不仅体现了检察机关审查逮捕环节职能的扩展，而且非法证据的排除导致不批准逮捕的联动效应也大大震慑了侦查机关的侦查活动，对其取证行为的规范性给予了积极的影响和引导，也从另一个侧面一定程度上强化了检察机关在侦查阶段对公安机关取证行为的监督和制约。

（三）数据和调研背后所暴露出的相关问题

数据和调研结果一方面体现了检察机关积极践行审查逮捕环节非法证据排除的职责，但背后也同样反映了一些问题亟待重视和解决。

1. 审查逮捕阶段非法证据排除的比例仍然较低

就笔者调研的统计数据看，检察机关在审查逮捕环节虽然有非法证据排除的案例，但数量极少，大部分基层院排除的数量都只有一例，有的基层院甚至一例都没有。唯一一个排除数量较多的基层院为 20 例左右，但遗憾的是这 20 例非法证据的排除并未对案件的走向产生关键性影响，案件最终都被作出批准逮捕的决定。由此来看，刑事诉讼法实施一年来审查逮捕环节非法证据排除的数量以及其所发挥的能量还非常有限，这其中的缘由既有检察机关对新制度的引入需要适应的时间，也有深层次的其他原因，后文将专门分析。

2. 非法证据的审查与排除依赖于书面调查

通过数据整理和实地访谈，笔者发现规范分析中所谈及的非法证据的审查模式之一——听证式的审查逮捕模式在被调研的检察机关中都没有实施，原因主要是限于经费的紧张和办案时间的掣肘等。这恰恰印证了前文中笔者考虑的权利运行对成本、资源的依赖。即使在对权利保护最为重视的美国，一些学者也指出：“如果权利具有成本，那么，权利的强制执行对于纳税人在节约金钱方面的利益而言就将总是敏感的。当可用的资源枯竭的时候，权利就将常规性地被缩减……总之，权利是相对的而不是绝对的。注意成本是简单的另一条与更为繁忙的人们经常到达的那些路线并行的道路，这条道路通向一种对包括宪法权利在内的所有权利的适当性质的更好理解。它应该是对更为类似的那些方法的一种有用的补充，因为传统的无视成本的权利理论已经再次加强了对权利的社会功能或者社会目的的一种广泛的误解。”[②] 笔者访谈时，某地侦查监督部门的检察官就指出，“听证式的审查逮捕模式目前仅仅可以考虑零星化的

① 邓红阳、赵红旗、宋宁：《郑州检察机关力推非法证据排除规则 23 名嫌疑人因“非法证据排除”未被批捕》，载《法制日报》2013 年 10 月 8 日。

② Stephen Holmes and Cass R. Sunstein. The Cost of Rights, Why Liberty Depends on Taxes (M). W. W. Norton& Company, 2000, pp. 97 - 98. 转引自姚建宗：《权利思维的另一面——读〈权利的成本〉》，载《法制与社会发展》2005 年第 6 期。

‘试点’，大面积的铺开必须考虑成本的支出才具有可操作性，而且书面调查式的审查逮捕模式在实践中的效果也并不比听证模式逊色。”

另外，实践中检察机关一旦依职权启动非法证据排除程序，说明其已在心证上很大程度地认定存在非法取证现象，加之有些犯罪嫌疑人、辩护律师并没有提出申请，听证程序在实际运作上也不可能形成实质的对抗。

3. 非法证据的排除范围掌握不清

虽然修订后的刑事诉讼法以及相关的司法解释对于非法证据做了一定范围的框定，但是由于司法实践本身的复杂多样，很多争议证据常常处于合法与非法的边缘，以致审查逮捕的检察人员常常难以把握。例如，传唤、拘传24小时内未提供犯罪嫌疑人饮食或必要的休息时间，对于可能判处无期徒刑的案件没有录音录像，或者录音录像没有全程同步，讯问笔录是否具有证据效力。引诱、欺骗、疲劳审讯以及轻微的刑讯逼供是瑕疵证据、非法证据还是合法证据；刑讯逼供后重复自白的有罪供述其证据资格如何认定等。对于上述“问题证据”是直接排除还是可补正、解释，调研的实务部门常常没有统一的认识，有的认定过于主观随意，有的则是无所适从。

4. “瑕疵证据”的补正或解释更多的是形式上的装饰

调研中还发现：检察机关审查逮捕部门退回公安机关的“瑕疵证据”最终被补正或解释而不予排除的比例极高，几乎所有的瑕疵证据退补后都被认定为合法证据，立法上“可补正的排除”似乎已经演化为“可补正的不排除”。例如讯问笔录、勘验笔录或扣押清单上只有一名侦查人员或勘验人员的签名，按照刑事诉讼法及相关司法解释的规定，该情形属于可补正的证据，但实践中公安机关往往直接补上签名就原封不动地交回，解释的理由无非是制作笔录时的疏忽，至于讯问中是否确实是两名侦查人员（或侦查技术人员）在场，如果辩护方没有提出异议，检察机关基本不会去进一步的调查核实。类似的问题还出现在勘验、检查或辨认笔录上没有见证人的签名，这些笔录在被退回补签后都成了认定逮捕的合法证据。

实践中，侦查工作案多人少的现实困境以及侦查人员程序意识、证据意识的淡薄，不规范的讯问取供或其他违法、违规取证在所难免，笔者在此做一个大胆的猜测，即被退回补正的笔录类材料中有一些笔录很有可能本身即是虚假的补签，例如一个侦查人员讯问犯罪嫌疑人，而最后补正的询问笔录上署两个侦查人员的签名，此种补正或解释其实仅仅具有形式上的“装饰作用”，实质上并没有达到补正或解释的实质意义，而检察机关对此种行为认可的“背书”，无疑有庇护侦查人员不规范或违法取证之嫌。

二、实证表象背后的深层次分析——实践对理论的有限吸纳和“反对”

审查逮捕阶段排除非法证据的立法规定虽然已在检察机关的实践办案中推行，但就实证调研的情况和统计数据来看，排除的非法证据数量少，证据排除对批捕决定、非法取证的影响甚微，“瑕疵证据”的补正或解释也基本流于形式，非法证据排除在审查逮捕阶段的实施并不乐观。“程序创新的命运在很大程度上并不取决于那些喜欢欣赏规则之完备性的法律人。改革的成败主要取决于新规则和某一特定国家的司法管理模式所根植于其中的文化和制度背景的兼容性。”① 从更深层次来分析调研结果所呈现的纷杂表象，其隐密的本质笔者认为源于三个方面：检察机关“控诉文化”的惯性影响；证据排除规则与既存逮捕制度难以有效兼容；检警之间特殊的“利益纠葛”与“合作关系”。

（一）检察机关“控诉文化”的惯性影响

无论是刑事诉讼法的推行，还是近年来法治宣传的普及，包括检察机关在内的公安司法机关“重实体、轻程序”，“重打击、轻保障”的理念逐渐被修正。然而由于司法实践的惯性，检察机关长期受到“控诉文化”的熏陶渐染，片面追诉犯罪的倾向积重难返、根深蒂固。所谓“控诉文化”是指以发挥检察职能为目的，着重打击犯罪、维护社会安全和秩序稳定的追诉文化。② 这种文化将“抑制犯罪作为刑事诉讼最重要的功能，将刑事诉讼视为社会自由的积极保护者，而为了完成这一崇高的使命，他强调犯罪处理的效率，”③ 侧重对犯罪形成强大的追诉攻势，但对于权益保障和程序的正当性关注不足。有学者就指出在美国，“我们总认为检察官是对正义最有兴趣的，司法部的墙上有句格言宣称：当正义实现时，就是对政府的褒奖。但在真实的世界中，许多检察官对这句话持保留的态度，他们相信当官方受到褒奖的时候，才是正义实现的时候……在这样的案例中，检察官并没有追求正义，他们和想要被释放的被告一样，只追求一件事情，就是打赢官司。”④ 可见，即使在强调程序正义、将权利保障奉为圭臬的英美法系，检察官也常常化身“热情的诉讼斗士”，不

---

① ［美］米尔伊安·R. 达玛什卡：《司法和国家权力的多重面孔——比较视野中的法律程序》，郑戈译，中国政法大学出版社 2000 年版，序言。

② 施业家、罗林：《论我国检察文化的建设与完善》，载《江汉大学学报（社会科学版）》2013 年第 4 期。

③ ［美］哈伯特·L. 帕克：《刑事制裁的界限》，梁根林等译，法律出版社 2008 年版，第 160 页。

④ ［美］亚伦·德萧维奇：《最好的辩护》，李贞莹、郭静美译，南海出版公司 2002 年版，第 7—8 页。

遗余力地争取胜诉。[①] 而在我国检察机关也常常受到控诉文化的困扰，无法抽身其中客观冷静地回归法律守护人、法律监督者的角色。在控诉文化的感染下，检察机关自上而下更执着于打击犯罪的成绩，急功近利于胜诉率的指标性结果。而这一文化影响投射到审查逮捕环节则表现为各级检察机关每年向人大作工作汇报时的批捕人数。[②] 由于报告中的批捕人数反映着检察机关“依法惩治犯罪，维护社会和谐稳定”的重要使命，是控诉文化集中体现的重要因子，因此，批捕常常被异化为检察机关履行打击犯罪职能的一部分，逮捕蜕变为打击刑事犯罪的重要手段。不少地方长期存在的严卡“不捕率”、尽量限控不捕人数的局面也就不足为奇。由此所衍生的文化传承便是检察机关审查逮捕环节对非法证据的处理方式，正如著名刑辩律师、哈佛大学教授亚伦·德萧维奇所言，“虽然检察官立誓维护法律，但是他们仍然常常用违法取得的证据将被告定罪。”[③]

在控诉文化的影响下，批捕人数是检察机关履行惩治犯罪职能的重要考核指标，因此，审查逮捕环节中面对“问题证据”，检察机关的处理思路不仅仅是从证据规则本身出发，而是会反复斟酌启动排除程序对逮捕质量的影响，以及对打击犯罪功能可能的减损。如果不是关键性证据，对最后的批捕决定没有根本性的动摇，检察机关可以考虑排除或是主动与侦查机关协商，要求其自行撤回。然而，一旦某个证据为批捕所必需，检察机关此时不仅会就证据本身的取证过程与合法性进行调查核实，而且会综合考量全案中存在的其他证据，即使所审查的证据存在问题，如果在案的其他证据能够印证其真实性，最终作出批捕的决定有彰显实质正义的结果，那么，过程对结果的“生成”意义就容许被忽视，过程可以退化成流程。这就可以理解为什么检察机关在审查逮捕环节排除的非法证据不多，有的基层院甚至一例也没有，而有的案件中即使排除了一个或多个非法证据，检察机关最终仍能作出批捕的决定。上述理论的逻辑推演对于检察机关处理某些有争议性的“非法证据”也同样具有解释力，这主要涉及前文提到的重复性自白。侦查中，公安机关为了固定证据、查明案件的细节、恢复案件全貌，常常会反复讯问犯罪嫌疑人，取得多次口供，对于其中采用刑讯逼供或其他方式取得的有罪供述，检察机关往往只排除该份口供，至于侦查阶段中的其他口供，或是审查逮捕环节犯罪嫌疑人作的有罪供述，检

---

① 龙宗智：《中国法语境中的检察官客观义务》，载《法学研究》2009 年第 4 期。

② 万毅：《逮捕并非“打击刑事犯罪”的手段——检察机关不宜向人大汇报批捕人数》，载《法学》2009 年第 2 期。

③ ［美］亚伦·德萧维奇：《最好的辩护》，李贞莹、郭静美译，南海出版公司 2002 年版，第 7 页。

察机关并未一排到底，而是考量重复自白的真实可靠性以及对批捕实质结论的影响。例如，XJ县检察院在审查公安机关提请批准逮捕犯罪嫌疑人石某某涉嫌盗窃一案时发现，公安机关于2013年3月10日凌晨1时许将犯罪嫌疑人送至看守所羁押后，于2013年3月11日10时将犯罪嫌疑人提解出所指认现场后，又在派出所对犯罪嫌疑人讯问取供，违反了《刑事诉讼法》第116条“犯罪嫌疑人被送交看守所羁押以后，侦查人员对其进行讯问，应当在看守所内进行”的规定，属于违法取证，检察院最终排除了该份口供。但是，对于犯罪嫌疑人回看守所后所做的另外两份口供，检察机关则并未排除。理由是，“犯罪嫌疑人石某某所做供述前后并无矛盾，讯问过程没有刑讯逼供等非法取证情形存在，且供述内容与其他证据相互印证，真实可靠”。

（二）非法证据排除制度与既存逮捕制度难以有效兼容

作为舶来品，证据排除规则引入我国必然要有适合生存、滋养的土壤，缺乏相关配套机制的有序衔接，或是新旧制度的安排互不兼容都可能阻碍规则的生长和发展，甚至规则或制度还可能反过来打破既有司法体系的正常运转，引发新的风险，导致内在的机理不谐。就当前来看，批捕环节既有的相关制度已与证据排除规则产生了不同的冲突，这也是调研中暴露出一系列问题的根源之一。

1. 批捕阶段检察职能的拓展与批捕期间紧张的冲突

如前所述，审查逮捕环节，检察机关传统的一元化的羁押审查职能扩展为羁押审查和非法证据排除的二元职能。职能的增加必然导致工作量的负荷，如果没有相应物质、人力和时间的有效跟进和配套支撑，职能履行的质量便无法保证，工作重心的偏废就在所难免。

根据《刑事诉讼法》第89条第3款的规定，“人民检察院应当自接到公安机关提请批准逮捕书后的七日以内，作出批准逮捕或者不批准逮捕的决定。”一般而言，对于公安机关报捕的案件检察机关不仅要查阅案卷，在法定情况下还应当讯问犯罪嫌疑人、[①] 询问证人、被害人等诉讼参与人以及听取辩护律师的意见[②]。而随着非法证据排除制度引入我国，一系列的排除规则、程序性制裁理论也纷纷融入我国的刑事诉讼程序中，较之以往我国检察机关在审

---

① 《高检规则》第305条第1款规定：“侦查监督部门办理审查逮捕案件，可以讯问犯罪嫌疑人；有下列情形之一的，应当讯问犯罪嫌疑人：（一）对是否符合逮捕条件有疑问的；（二）犯罪嫌疑人要求向检察人员当面陈述的；（三）侦查活动可能有重大违法行为的；（四）案情重大疑难复杂的；（五）犯罪嫌疑人系未成年人的；（六）犯罪嫌疑人是盲、聋、哑人或者是尚未完全丧失辨认或者控制自己行为能力的精神病人的。”

② 《高检规则》第490条第1款规定：“在审查逮捕、审查起诉中，人民检察院应当讯问未成年犯罪嫌疑人，听取辩护人的意见，并制作笔录附卷。”

查逮捕环节对“问题证据”简单、粗糙的处理方式，如今在审查逮捕阶段如果发现“问题证据”，首先要判断证据类型，是合法证据、瑕疵证据，还是非法证据；其次就是对瑕疵证据退回公安机关进行补正或解释；对涉嫌的“非法证据”进行调查与核实，要求公安机关承担其取证合法的举证责任。在刑事案件量激增，案件越发复杂的情况下，[①] 检察机关在审查逮捕中不仅要完成是否批准逮捕、决定羁押的工作，还要对发现的可能涉嫌非法证据的情形履行一系列的调查核实以及必要排除的工作。这些工作除了要有公安机关的积极配合，必要的规模化培训，一个笔者反复质疑，被访谈者也一再提出的：上述制度创设的美好期许、先进理念的引入、精细化的程序设计能否在短短七天的审查逮捕环节完全“消化”。访谈中，就有检察人员提出对于一些复杂的共同犯罪案件，仅阅卷就要耗上几天时间，再加上证据材料的录入、提审以及后续发现涉嫌的非法证据再去深入调查，时间上确实有困难。笔者也曾提出过两个问题：第一，如果在审查逮捕环节的最后一两天，辩护律师对某一证据提出重要意见，而此时批捕时限已经非常紧张，如何解决？第二，进一步引申下去，即使经过最快速的审查，发现该证据为瑕疵证据，需要公安机关补正或作出合理解释，此时退回公安机关进行补正，时间上是否来得及？受访的检察人员中有些认为现实中不会或没有碰到过这种情况，而有些检察人员则表示如果出现这类情况可以“附条件逮捕”[②]，然后通过后续的其他检察职能，如羁押必要性审查或审查起诉环节的非法证据排除程序予以解决。由此可以推断，批捕时限的紧张确实是挤压审查逮捕环节证据排除规则“伸展”的重要原因。如果简单地扩大时限，必然会遭致倡导人权保障特别是犯罪嫌疑人权益维护的学者的猛烈抨击，所以，短期内七天的逮捕审查时限并不会调整，而此环节非法证据排除的质量自然也是参差不齐、差强人意。如果这一冲突长期存在、无法弥合，某些学者所谈到的在审查逮捕环节搞听证式的审查模式的确就有些异想天开了。

2. 排除程序启动方式的设计缺乏相关机制的联动

从法律文本的规范性分析出发，审查逮捕环节既有检察机关依职权发现非法证据的途径，还有根据犯罪嫌疑人及其辩护律师等人的申请启动排除程序的

---

① 对于共同犯罪的复杂案件，一些被访谈的检察人员坦言，仅仅看卷的时间就至少需要两天的时间，再加上部门负责人和分管副检察长的批示和讨论，时间上较为紧张。

② 附条件逮捕是指人民检察院对于证据尚未达到“确实充分”的程度但所证明的事实已经基本构成犯罪、认为经过进一步侦查能够取得定罪所必需的充足证据、确有逮捕必要的重大案件的犯罪嫌疑人，应当予以批准（含决定）逮捕，但应当建议并跟踪督促侦查机关继续侦查取证，如在侦查羁押期限届满前仍不能取得定罪所必需的充足证据，则予撤销逮捕的一项制度。参见朱孝清：《论附条件逮捕》，载《中国刑事法杂志》2010 年第 9 期。

渠道。然而，在调研中笔者发现依申请启动非法证据排除的情形凤毛麟角，主要源于两个方面：

一方面，不少犯罪嫌疑人多为侦查机关的初次造访者，对侦查取证和相关法律极为陌生，对繁冗的司法程序常会惊惶恐惧，对自己享有何种权益以及权益遭受侵害后通过何种渠道进行救济也往往不知所措、无所适从，加之侦查机关本身也缺乏积极的权利告知动机，不注重对犯罪嫌疑人的"诉讼关照义务"①，以致一些犯罪嫌疑人或是不知道自己有提出排除非法证据的权利，或是不知道何为非法证据，又或是忌惮于侦查机关的威吓，在审查逮捕环节不敢提出非法证据排除的动议。

而另一个方面，作为犯罪嫌疑人的法律顾问——辩护律师，其对犯罪嫌疑人排除非法证据的帮助以及自身在证据排除上所发挥的能量也非常有限。究其原因，是侦查阶段辩护律师的权利有限，所能获得的案件信息非常稀缺。首先，在侦查阶段辩护律师没有阅卷权，所以其自然无法从案件中了解相关的诉讼文书或证据材料。其次，修订后的刑事诉讼法规定，除危害国家安全犯罪、恐怖活动犯罪、特别重大贿赂犯罪三类案件，目前辩护律师持"三证"（律师执业证书、律师事务所证明和委托书或者法律援助公函）已可以同犯罪嫌疑人会见，了解涉嫌罪名和犯罪嫌疑人自身的情况。辩护律师如果能了解到有关侦查机关非法取证的情形也主要集中在与犯罪嫌疑人会见这一环节，获得的信息内容也基本上是围绕"自白"等非法刑讯的情形。然而，依据刑事诉讼法，即使了解到可能涉嫌刑讯逼供的情节，辩护律师因为欠缺调查取证权的支持，很难对涉嫌刑讯逼供的情形进一步调查核实。而且随着审讯技术的"提升"，殴打、捆绑、体罚类纯粹肉刑的"硬刑讯"已经很少，取而代之的是威胁、引诱或欺骗等心理强制的"软刑讯"，但这种审讯是否属于法律规定的刑讯逼供"等"的范畴，目前众说纷纭、莫衷一是，这也阻碍了辩护律师对该类"争议证据"提出排除动议的信心。质言之，侦查阶段阅卷权、调查取证权配套机制的缺失极大地压制了辩护律师获取其委托人遭受非法取证的线索或信息，而对于除刑讯逼供外的其他可能涉嫌非法取证的"软刑讯"，辩护律师又无法给犯罪嫌疑人提供确定的法律意见，结果辩护律师在批捕阶段对犯罪嫌疑人提出排除非法证据的动议帮助极为有限。另外，在调研中笔者还发现一个值得注意的问题，按照刑事诉讼法的规定，审查逮捕阶段，检察机关可以听取辩护律师的意见，如果辩护律师提出要求的还应当听取。表面上看，这给辩护律师提供了申请排除非法证据的机会，但现行制度并未明确侦查机关告知辩护律

① 陈永生：《论客观与诉讼关照义务原则》，载《国家检察官学院学报》2005年第4期。

师案件进展的法律义务，律师不知道刑事案件的进展情况，就无法主动向检察机关提交材料，发表意见；“另一方面，侦查机关在收到委托律师函后，经常不归入卷宗，导致检察机关在审查逮捕环节即使想联系律师，也不能通过审查卷宗确定犯罪嫌疑人是否聘请了律师，只能通过讯问犯罪嫌疑人获取相关情况，这往往贻误了检察机关听取律师意见的时机。”[①] 上述一系列配套机制的缺位降低了辩护律师介入审查批捕阶段的概率，也压制了其提出非法证据排除动议的热情和动力。

（三）实践中检警之间过于偏重配合的工作关系也影响了非法证据排除制度的正常运行

按照宪法的规定，检察机关和公安机关之间是分工负责、互相配合、互相制约的关系。然而，由于检警之间在实际办案中相互牵扯的利益关系，或者办案中相互有求于对方，因此两者在诉讼中所呈现的办案模式更倾向于平等主体间的互相配合。例如，对于公安机关的不立案监督，检察机关常常人为限定立案监督的数量，监督的方式也相当灵活地以口头监督替代书面的《纠正违法通知书》。[②] 而在具体的侦查过程中，侦查机关为了办案常常需要以捕代侦、押人取供，这种有求于检察机关的“配合”，也常常需要检察机关在可捕可不捕的案件上给予侦查机关一定的倾斜或照顾。检警之间配合多于制约的情形也影响到了审查逮捕环节非法证据排除制度的运行。例如，对于笔者前文中所谈到的“瑕疵证据”，只要公安侦查机关进行一定的说明补正，检察机关几乎是照单全收，甚至在退回补正的“瑕疵证据”理由书上还会告知侦查机关具体的补正方式、方法。对于侦查机关取得的但被检察机关排除的证据，检察办案人员也常常会事前沟通，排除后还往往会主动提示侦查机关重新取证，协助其落实逮捕措施。例如，调研中笔者就发现C市JN区检察院在审查逮捕过程中，其侦查监督部门对一份伤情鉴定意见审查后予以排除，但随后又通过发送《C市J区人民检察院纠正违法通知书》（见表3）的方式告知公安机关在法定期限内重新委托相关机构进行伤情鉴定。最终，公安机关在提交了程序合法的伤情鉴定意见，侦监部门对犯罪嫌疑人批准逮捕。可见，在这一案例中非法证据排除制度在运行中并没有排除非法证据，没有实现该程序设计的初衷。

---

① 张军、陈运红：《审查逮捕听取律师意见工作实证分析——以A市检察机关为考察样本》，载《中国刑事法杂志》2012年第10期。

② 谢小剑：《制约模式与配合模式：立案监督的模式转换》，载《犯罪研究》2006年第5期。

表 3　《C 市 J 区人民检察院纠正违法通知书》

C 市 J 区人民检察院 **纠正违法通知书** CJ 检纠违［××××］××号 C 市公安局 J 区分局： 本院 2013 年 4 月 18 日接到你局成公（J）提捕字［××××］×××号提请批捕犯罪嫌疑人任某某涉嫌故意伤害罪案的文书及案卷材料、证据后，承办人审阅了案卷。经审查，本院发现本案被害人以个人名义委托相关鉴定机构对其伤情进行鉴定，鉴定意见为轻伤，办案单位据此立案侦查后未再以司法机关名义对被害人伤情进行法医鉴定，并将被害人个人委托得到的法医鉴定作为证据报捕。违反了《中华人民共和国刑事诉讼法》第一百四十四条“为了查明案情，需要解决案件中某些专门性问题的时候，应当指派、聘请有专门知识的人进行鉴定”和《C 省司法鉴定管理条例》第十四条第二款“公诉案件的鉴定和由司法鉴定专家委员会进行的复核鉴定，应由有关司法机关直接委托”的规定。 根据《中华人民共和国刑事诉讼法》第八条、第九十八条的规定，特通知你局予以纠正，并请在收到本通知书后十五日内将纠正情况书面回复本院。 ××××年×月×××日 （院印）

三、实践对理论的反哺：基于实证调研和理论分析的改良进路

任何一种新的法律制度的引入或创设如果要在既有的司法土地上实现软着陆，必须对该国的法治土壤有着充分的调研和了解。审查逮捕环节非法证据排除规则的推行在实践中碰到的问题以及笔者所尝试的解释进路，都说明了在承认理论对实践有着重要的引导作用的同时，既存的司法实践也会对植入的新理论产生排异反应或反作用力。改革者如果能从实践中积极地发掘问题，探索潜在根源和改良进路，就能实现实践对理论的反哺和完善，两者在共生互动中就会达到最佳的契合点。

（一）理念的更新：引入“权利文化”平衡“控诉文化”

“控诉文化”作为检察文化的重要内涵，必不可少。然而，单纯的“控诉文化”将会使检察官同侦查人员一样对犯罪有着同仇敌忾般的天生痛恨感，单向度地只会从控诉角度去考虑问题并操作法律，以致他们很难从追诉犯罪中跳脱出来，客观冷静地审视侦查取证，最终他们对违法取证纠错的主观能动性被降低了。因此，应当倡导检察文化的多元化以及内在的平衡制约。一方面，我们不放弃和排斥检察机关“控诉文化”的生成和发展，但另一方面，我们也应当用多元的检察文化去平衡“控诉文化”中不问是非、不计代价、不择手段追诉犯罪的极端倾向。因此，笔者建议在检察文化中引入“权利文化”。所谓“权利文化”是以个人权利为本位的文化，其意在构筑国家公权力与公民权利之间的关系，强调国家权力要为公民权利而存在……不是宪法赋予个人权利和自由，而是个人权利产生宪法。[①] 作为检察机关运行的主要法律环境——刑事诉讼法，其被称为“小宪法”、宪法的“测振仪”，对于个人权利的尊重和保障理所应当，而且新修订的刑事诉讼法也将“尊重和保障人权”直接写入了立法。因此，在检察文化中引入“权利文化”顺其自然，也十分必要。

在“权利文化”的感召下，检察机关批准逮捕的目的不再是一味地打击犯罪，而是监督侦查、保障人权。作为国家的法律监督机关——检察机关对于侦查活动负有不可推卸的监督制约义务，赋予检察机关批准逮捕决定权，就是希望通过“中国化的司法审查”来遏制侦查机关滥用强制措施去肆意践踏犯罪嫌疑人的合法权益，通过程序性控制避免个人权利被不成比例地侵扰。在“权利文化”的引导下，逮捕乃是一项旨在保障诉讼程序顺利进行的程序性措施，而非是指控犯罪的追诉性手段，检察机关应当积极向人大汇报不批准逮捕的人数，以达到强化法律监督、诉讼监督，维护司法公正，全面贯彻宽严相济刑事政策的目的。也正是在此理论逻辑的延伸下，检察机关在批捕环节，对待“问题证据”，应当恪守维护司法的廉洁公正、阻吓违法取证和权利保障的非法证据排除理论，[②] 对于认定的非法证据应当坚决排除，绝不姑息，而对于反复自白等非法证据，也必须从犯罪嫌疑人等诉讼个体的权利本位出发，对在刑

① 徐显明：《权利文化和义务文化》，载《新疆师范大学学报（哲学社会科学版）》2004 年第 1 期。

② 董坤：《我国检察机关排除非法证据主体地位之理论证成》，载《上海交通大学学报（哲学社会科学版）》2013 年第 6 期。

讯逼供以及其延续的负面影响下所获得的重复自白尽其排除。①

（二）做好配套机制的创立、修订和内在衔接

1. 加大培训和人力资源补充，灵活运用退补制度

从法的安定性和自由保障的角度考虑，检察机关审查批捕的时限短期内并不会调整，如何协调检察机关审查逮捕环节职能的拓展与批捕期间有限的冲突。笔者认为，目前可以通过在岗培训提高办案人员对证据规则的理解和操作能力，特别是通过典型案例的说明强化案例指导的实践效果。从长远来看，检察机关可以通过增补人力以及整合业务部门的精干力量，增强各业务部门人员间的灵活流动来缓解新制度所带来的诸多问题。

对于实践中确实由于关键性证据存在争议，短期内无法调查核实作出准确认定的情况，或是关键性证据为“瑕疵证据”，短期内无法完成补正或合理解释的，笔者认为应当做好审查批捕职能与非法证据排除职能的分离。由于批捕与否的关键性证据真伪不明，检察机关应当作出有利于被告人的抉择，决定不批准逮捕。但是对于关键性证据的调查检察机关仍然可以继续推进。根据我国刑事诉讼法的规定，对于不批准逮捕的，人民检察院说明理由后还可以通知公安机关补充侦查，这就为“瑕疵证据”的补正以及某些重要事实的再行取证提供了法律规范上的支持，另外，我国的报请批准逮捕并没有次数的限制，如果通过补充侦查，瑕疵证据被补正，被排除的关键性证据被其他新发现、收集的证据所替代补位，那么检察机关仍然可以再次履行批准逮捕的职能。

2. 理顺依申请启动排除程序的渠道

依申请启动排除程序的渠道目前在实践中运行不畅的原因主要是律师对犯罪嫌疑人的帮助以及自身发挥的作用非常有限。因此，应当在现行体制内，通过一系列的机制创新与非法证据排除制度做好有序衔接，解放律师的手脚。

创设听取律师意见的协作配合机制。理顺检察机关侦查监督部门、公安机关侦查办案部门以及当地律协的工作配合关系，三部门可以通过会签工作细则的方式规定：侦查部门应当将收到的律师材料及时归入卷宗，审查逮捕环节的

① 对于重复性自白，有不少学者已经进行了研究，趋于一致的学说是“阻断效应”的引入，即认定的自白必须已经和之前的刑讯逼供等非法取证的辐射影响进行了有效的阻断和隔离，具体的操作如更换讯问人员、讯问前的说明以及时间跨度的拉大。参见龙宗智：《两个证据规定的规范与执行若干问题研究》，载《中国法学》2010 年第 6 期；万毅：《论“反复自白”的效力》，载《四川大学学报（哲学社会科学版）》2011 年第 5 期；谢小剑：《重复供述的排除规则研究》，载《法学论坛》2012 年第 1 期；闫召华：《重复供述排除问题研究》，载《现代法学》2013 年第 2 期；张颖：《重复自白的证据能力》，载《中国刑事法杂志》2012 年第 7 期。

承办检察官在收到案卷材料后[①]应当主动审查卷宗内是否有律师材料，如果没有应当通过与侦查部门的沟通或以讯问犯罪嫌疑人的方式了解情况，及时与已委托的律师取得联系，避免审查逮捕环节律师意见提交的延误。

另外，细则中还应当明确律师向检察机关提交意见的基本内容和具体操作程序。由于审查逮捕的时间有限，原则上应当要求律师在检察机关侦监部门收案后的三日内提交材料。至于听取的方式可灵活多样，辩护律师可以在电话中向承办检察官口头陈述意见，但意见仍应当记录在案。至于听取意见的内容，逮捕的证据方面的意见应当是辩护律师必须有所反馈的“必答项”，而检察机关应当有意提示或关注辩护律师在此方面的意见。对于辩护律师的意见，检察机关也应当建立必要的答复说理机制。以便在听取律师意见机制的创设下将非法证据排除制度的适用推向纵深。

（三）强化检察监督，从检警关系的“合作配合”迈向“监督制约”

审查逮捕环节，检察机关对侦查中的违法取证之所以过分迁就、配合大于制约，一个重要的原因就在于权力结构中检察机关的监督地位不高、权力有限；而在诉讼中，如果没有公安机关的支援，很多案件也无法开展。在既有的权力格局下，笔者认为应当从两个方面进行权宜之计的改良：

一是内部强化非法证据排除制度的推行，将审查逮捕环节非法证据排除作为绩效考核的指标设置与审查起诉环节的非法证据排除形成联动效应。[②] 如果某一证据在审查起诉环节被排除，但是在审查逮捕环节没有被发现，负责承办案件的检察官必须说明情况，否则将会被扣分。

二是从长远来看，笔者认为应当进一步强化检察机关在审前程序中的优势地位，强化检察监督的刚性，提升对审前诉讼的主导作用。对于公安机关侦查部门不予配合、消极履行职责等不作为、乱作为的情形，根据《刑事诉讼法》第 55 条的规定，检察机关应当用好调查核实、纠正违法以及追究犯罪的“三板斧”，以此形成法律监督的权威性。只有这样检察机关在批捕阶段发现非法取证后才敢于监督，对待非法证据才勇于排除，不会纠结于检警之间内在的合作配合而忌惮排除后的“蝴蝶效应”。

---

① 《刑事诉讼法》第 85 条规定：“公安机关要求逮捕犯罪嫌疑人的时候，应当写出提请批准逮捕书，连同案卷材料、证据，一并移送同级人民检察院审查批准。必要的时候，人民检察院可以派人参加公安机关对于重大案件的讨论。”

② 绩效考评制度与刑事程序法治化并非格格不入，它们完全可以有机统一。参见郭松：《组织理性、程序理性与刑事司法绩效考评制度》，载《政法论坛》2013 年第 4 期。

四、结语

伴随着刑事司法改革的纵深推进和刑事诉讼法的修改调整，非法证据排除规则已经从既往的理念介绍、立法呼吁演进为时下权力如何下放配置、程序如何无缝对接等技术性操作层面的探讨。一方面我们应当从非法证据排除的理论源点去深究立法者对制度的设计初衷和创设背景，不断地挖掘精英意识中潜在的理论智识，滋养既有的排除理论。另一方面，我们还应当秉承实践性话语的意识自觉，考虑制度的具体实施及其现实的保障问题。审查批捕环节的非法证据排除是有中国特色的证据排除规则，它生根于英美，但发展创新在中国。因此，该规则创立后的不断完善必须考虑我国既有的政治、经济与文化所能提供的支撑条件，罔顾国家的现实状况、社会的承受能力则难以取得良好的法律效果和社会效果，甚至可能带来诸如制度无效率、破坏法治秩序等一系列问题。实证调研表明，当前我国审查逮捕环节非法证据排除制度实施效果不彰、运行效率不高，这主要是缘于同该规则对接的内在机制、规范以及外生性的文化、法律环境的影响。然而，任何法律制度都不是完美和一成不变的，我们应当坚持法律制度只有在不断变革中才会渐趋合理的信念，同时，将实证中发现的问题用理论解释的进路探究本源，寻找解决之道并将其落实到现有的实践中去。唯有如此，审查批捕环节非法证据的排除制度才能发挥其最大的功效。

第十章　实证视角下审查起诉阶段检察机关的排非程序

根据2012年修订的刑事诉讼法和相关的司法解释，检察机关在审查逮捕环节和审查起诉阶段都有排除非法证据的责任和义务。但是由于逮捕和起诉所处的诉讼时段不同，相应的程序设计、机制建设也不尽一致，两者对于非法证据排除的情况也有着内在的差异。本部分内容将在比较两者排除非法证据异同性的同时，就审查起诉阶段检察机关排除非法证据的特殊情况进行外在描述和内在分析。

一、审查起诉与审查逮捕中排除非法证据的异同

（一）相同点

就实践来看，审查起诉与审查逮捕中检察机关排除非法证据的情况有以下几个相同点：

1. 都有排除非法证据的案例出现，且排除的种类也较为丰富。从权威的官方文件看，2013年最高人民检察院检察长曹建明在十二届全国人大常委会第十一次会议上所做的《关于人民检察院规范司法行为工作情况的报告》表示，侦查监督和公诉工作承担着批准逮捕、提起公诉以及对立案、侦查、刑事审判活动进行监督等重要职责。2013年以来，因排除非法证据决定不批捕750人、不起诉257人。[①] 2015年，最高人民检察院曹建明检察长做的《最高人民检察院工作报告》指出，2014年全年，全国检察机关对不构成犯罪和证据不足的，决定不批捕116553人、不起诉23269人，其中因排除非法证据不批捕406人、不起诉198人。[②] 其中，河北省顺平县检察院在审查办理王玉雷涉嫌

---

① 参见《关于人民检察院规范司法行为工作情况的报告》，载最高人民检察院官方网站，http：//www. spp. gov. cn/zdgz/201410/t20141029_ 82786. shtml，最后访问日期2017年10月10日。

② 参见曹建明：《最高人民检察院工作报告——2015年3月12日在第十二届全国人民代表大会第三次会议上》，载最高人民检察院官方网站，http：//www. spp. gov. cn/gzbg/201503/t20150324_ 93812. shtml，最后访问日期2017年10月10日。

故意杀人案时，针对多处疑点，坚决排除非法证据，还直接做出了不批捕决定。2016 年 2 月 26 日最高人民检察院举行“看得见的正义”高端网络访谈，最高人民检察院公诉厅副厅长张相军介绍，2015 年 1 月至 11 月，全国检察机关在公诉环节，因排除非法证据不起诉 115 件，提出证据补正或者解释要求 523 件 755 人。① 2017 年，最高人民检察院曹建明检察长做的《最高人民检察院工作报告》指出，2016 年全年，全国各地检察机关全面贯彻证据裁判规则，对不构成犯罪或证据不足的，不批准逮捕 132081 人、不起诉 26670 人，其中因排除非法证据不批准逮捕 560 人、不起诉 169 人。② 可见，非法证据的排除在审查逮捕和审查起诉中都有出现。而就笔者的调研来看，从 2010 年“两个证据规定”出台至 2013 年上半年期间，A 直辖市侦查监督部门和公诉部门办理非法证据排除案件共 17 件 20 人，排除非法证据 9 件 10 人，这其中既有审查逮捕环节排除非法证据的情形，也有审查起诉环节排除非法证据的情况，而且其中也有一起案件因为排除非法证据而直接作了不批捕的决定。同样的情况还发生在 H 省检察机关，2014 年 1 月至 6 月，H 省检察机关审查逮捕 12830 件 17322 人，审查起诉 15225 件 21371 人，共适用非法证据 14 件 22 人，其中审查逮捕阶段适用非法证据排除 8 件 13 人，审查起诉阶段适用非法证据排除 6 件 9 人。就排除非法证据的类型来看，种类也较为繁多，这其中既有实物证据的排除，如在某毒品犯罪案件中，抓获犯罪嫌疑人马某某、沈某某时，从沈某某处缴获毒品可疑物，经电子天平称重，净重 0.02 克，经鉴定检出海洛因成分，但该“海洛因毒品”既无提取笔录，也无计量记录，属于来源不清，故予以排除。还有言词证据，如前文提及的王玉雷案中，2014 年 3 月河北省保定市顺平县人民检察院侦查监督部门就因公安机关可能存在刑讯逼供和以连续传唤的形式变相拘禁嫌疑人等违法取证行为，排除了犯罪嫌疑人的口供，作出了不批捕的决定。③

2. 对于非法证据的认定范围都存在模糊性认识，导致排除的标准并不统一。就横向层面而言，非法证据排除是在侦查、逮捕、起诉以及审判阶段都可

① 参见《检察机关 2015 年前 11 个月排除非法证据不起诉案件 115 件》，载新华网，http：//news. xinhuanet. com/legal/2016 - 02/26/c _ 128755764. htmhttp：//www. spp. gov. cn/gzbg/201503/t20150324_ 93812. shtml，最后访问日期 2017 年 10 月 11 日。

② 参见曹建明：《最高人民检察院工作报告——2017 年 3 月 12 日在第十二届全国人民代表大会第五次会议上》，载最高人民检察院官方网站，http：//www. spp. gov. cn/gzbg/201703/t20170320 _ 185861. shtml，最后访问日期 2017 年 10 月 10 日。

③ 徐盈雁：《河北检察机关排除非法证据纠正一起冤案》，载《检察日报》2014 年 10 月 27 日，第 2 版。

能面临的问题。对于非法证据不仅在不同的诉讼环节和阶段存在不同认识，即使就纵向层面而言，同一个阶段不同的机关在非法证据的认定上也有较大差异。例如，在逮捕环节对于威胁、引诱和欺骗所获证据如何认定，重复性自白是否应予排除，这些问题的甄别同样存在于审查起诉环节。就是审查起诉环节的不同地域的检察机关对此也有不同认识。以重复自白而言，笔者调研的 A 直辖市 199 名检察官对该问题的反馈，认为“应当排除”的有 60 人，占 30%；认为“不应当排除”的 61 人，占 31%；认为“视情况，要看先前非法方法对后续取证活动的影响”的 78 人，占 39%。不同的认识必然影响到实际办案中个案的处理。在非法证据排除范围上的尺度不一、口径不同已经成为检察机关排除非法证据过程中的一个通病。

3. 对待“瑕疵证据”无论是审查逮捕环节还是审查起诉阶段，瑕疵证据在补正、解释后通过的多，被排除的基本为零。这在一定程度上体现了检察机关构筑证据体系过程中对证据质量的严格要求，但从侧面也反映了侦检机关配合的“内在默契”。

（二）不同点

就实践来看，检察机关在审查起诉阶段对于非法证据的排除较之审查逮捕环节具有以下不同：

1. 审查起诉环节对于非法证据的排除时间较为充裕。相较审查逮捕环节非法证据的排除仅有七天的时间，审查起诉环节一般情况下有一个月的办案期限。[①] 在案件量稳定的情况下，审查起诉中对于非法证据的发现、查证以及排除的认定相对而言时间较为充裕，不会出现审查逮捕环节对于非法证据查证不足、时间紧张的情况。一些地方侦查监督部门在审查逮捕时已经怀疑取证的不法，但由于时间不够，只好暂时作出逮捕决定，等到核实工作完毕之后，再建议公安机关变更强制措施并重新侦查的情况基本没有在审查起诉阶段出现。

2. 对于非法证据的审查由书面向言词性转化。由于审查逮捕时间的充裕，对于非法证据的调查方式也开始多样化，控辩双方以言词交换意见的方式开始增多。

二、审查起诉阶段非法证据排除的新问题

逮捕是侦查以及其他诉讼阶段中可能采用的一种强制措施，审查逮捕也仅

① 《刑事诉讼法》第 169 条第 1 款规定：“人民检察院对于公安机关移送起诉的案件，应当在一个月以内作出决定，重大、复杂的案件，可以延长半个月。”

仅是侦查阶段可能出现的诉讼环节。虽然犯罪嫌疑人被逮捕预示着将来定罪的高概率，但是捕后侦查机关仍然要继续收集犯罪证据，完善证据体系。另外，逮捕的潜在功能——“押人取供”的情形在实践中还多有出现。这些情况都表明随着诉讼的推进，证据是在不断扩容、筛选，日臻丰富的。故审查逮捕和审查起诉中所面临的证据材料、证据体系并不相同，两者可能都会面临非法证据、瑕疵证据的出现。但是参考前文谈及的检察机关在审查逮捕环节非法证据的排除，笔者发现在审查起诉环节以下两个较为重要的问题值得实践警惕。

（一）对于非法证据排除规则与其他证据排除规则的混用

调研中，笔者发现审查起诉期间检察人员常常将需要排除的证据都视为非法证据，启动相应的“排非程序”。由此，非法证据的认定出现泛化，非法证据排除扩张为所有的证据排除规则。比较常见的情形就是将前文提及的不可靠证据也视为非法证据，把我国特有的“不可靠证据排除规则”也纳入“非法证据排除规则”之中。例如上文提及的马某某、沈某某毒品案中，从沈某某处缴获毒品可疑物，经电子天平称重，净重 0.02 克，经鉴定检出海洛因成分，但该“海洛因毒品”既无提取笔录，也无计量记录，来源不清，故视为非法证据予以排除。但实际上，之所以最终排除该海洛因毒品，是依据《高法解释》第 73 条第 1 款规定，“在勘验、检查、搜查过程中提取、扣押的物证、书证，未附笔录或者清单，不能证明物证、书证来源的，不得作为定案的根据。”① 对于该类证据依据不可靠证据排除规则而直接绝对排除，其并非适用《刑事诉讼法》第 54 条第 1 款的规定，自然也不可能有补正或作合理解释的机会。

其实从《高法解释》第四章“证据”的条目设置就会发现，该章共有九节，第二节到第七节分别是物证、书证的审查与认定，证人证言、被害人陈述的审查与认定，被告人供述和辩解的审查与认定，鉴定意见的审查与认定，勘验、检查、辨认、侦查实验等笔录的审查与认定，视听资料、电子数据的审查与认定。除此以外，该章还专门在第八节规定了“非法证据排除”。可见，作为该章第二节中“物证、书证的审查与认定”中第 73 条的规定并不属于第八节中非法证据排除规则涉及的内容，由此可以推及，上述案例中不得作为定案

① 我国司法解释中该条的规定类似于英美法系国家解决证据可采性问题时适用的“鉴真规则”，即旨在解决举证一方于法庭上出示的实物证据与其在诉讼主张中所声称的实物证据之间是否具备同一性的证据规则，鉴真规则属于证据可采性或者等同于证据能力的范畴。参见孙锐：《实物证据庭审质证规则研究——以美国鉴真规则的借鉴为视角》，载《安徽大学学报（哲学社会科学版）》2016 年第 4 期。

根据的海洛因毒品也并非是因被认定为非法证据而被排除。①

套用前文笔者在第二章归纳的我国当下三种证据排除规则——非法证据排除规则、不可靠证据排除规则以及瑕疵证据排除规则。当下的检察实践中，应当严格限制非法证据的认定范围。毕竟三种排除规则的适用程序并不相同，只有非法证据排除规则才会启动排非程序，另外两类规则都是由法官在证据调查环节，在控辩质证的基础上对证据进行审查判断后的取舍，无须启动专门的排非程序，耗费有限的司法资源。同理，检察环节对于不可靠证据排除规则和瑕疵证据排除规则的适用也应由检察人员在兼听侦辩双方意见的基础上自行审查判断，无须动辄在审查起诉以及审查逮捕期间启动繁杂的“排非程序”。

综上，笔者认为，有必要重申一下非法证据排除规则中对非法证据范围的识别。随着2017年“两高三部”出台的《严格排除非法证据规定》施行，其第一部分“一般规定”中第1条至第7条的规定是非法证据最明确的范围边界。实践中，检察办案机关应当准确把握这些条款中对“非法证据”类型和范围的划定，严格将其与《高法解释》“证据”一章中第二节至第七节内各类证据审查与认定中“不可靠证据”“瑕疵证据”作出区分，避免非法证据认定的扩大化。

（二）瑕疵证据排除规则的使用陷入误区

如果说审查逮捕环节，检察机关审查的重心是非法证据的筛选；那么为了提高胜诉率，获得庭审主动权，在审查起诉环节的证据审查中，检察机关则应更多关注于瑕疵证据以及其补正或解释的效果，从而摆脱庭审中对于瑕疵证据证据资格的过多纠缠。然而，在调研中，对于瑕疵证据，笔者发现检察机关面临着诸多困扰。

1. 瑕疵证据的补正方式是否包括“重做”

所谓瑕疵证据，共识性的说法是“在法定证据要件上存在轻微违法情节（俗称‘瑕疵’或‘缺陷’）的证据。瑕疵证据属于证据能力待定的证据，其是否具有证据能力，取决于其瑕疵能否得到补正或合理解释：若能得到补正或合理解释，则该证据即具有证据能力，可继续在后续程序中使用；若无法予以补正或合理解释，该证据即不具有证据能力，不得在后续程序中继续使用。”可见，瑕疵证据最本质的特征就是其违法情节的轻微，这种轻微使得瑕疵证据具有法政策的可容忍性，如果能够通过补正或者解释，将这种违法情节补正，

① 同样的问题也发生在前文第九章“实证视角下审查逮捕环节检察机关的排非程序”中审查批捕环节的毒品犯罪案例中，其毒品被排除其实适用的是不可靠证据排除规则，并非是非法证据排除规则，道理上文已经阐释，此处不再赘述。

瑕疵证据可以得到治愈，最终作为合法证据来使用。一些学者就瑕疵证据的补正方法做了归纳，包括当事人同意、补强证据、补充证据。[①] 还有一些学者认为，“办案人员补正，是指办案人员对于存在程序瑕疵的证据进行必要的补充和纠正。具体说来，有两种方式：一是对证据笔录进行必要的修正，包括对笔录内容的增加、删除或者修改；二是重新实施特定的侦查行为，并重新制作笔录。”[②] 在此，一种特殊的补正方法被提出——重新收集、制作证据，即“重做”。实践中“重做”在一些检察机关办案中也被认为是补正的方式，但也有学者对此提出了异议。那么，瑕疵证据的补正方式中是否包括“重做”呢？笔者对此持否定态度，原因如下：

首先，文义解释上的难以自洽。从字面意思上来看，“补正”包括修改和更正两个方面，但无论哪一用词，都是在既有客观存在事物基础上的修补，有些学者将“补正”理解为是对瑕疵的“治愈”，而治愈也是对既有病体的一种修复。因此，补正的前提必须是有既存的“问题证据”之本体。而“重做”的字面意思首先是重新制作，相较于之前的“问题证据”，其更多的表示是一种“证据再造”。如此一来，原有的“问题证据”其实仍然存在，本身并没有得到修复或治愈，只是经过重新制作出现了另一份证据。此时，瑕疵证据和重新制作的证据究竟是一个证据（即补正过的证据）还是两个彼此不同的证据，不免让人心生狐疑。

其次，承认瑕疵证据的补正包括“重做”意味着瑕疵证据与非法证据的混同。按照新修订的刑事诉讼法和相关司法解释的规定，不少学者都将证据在证据资格上划分为合法证据、非法证据和瑕疵证据。对于非法证据，法律规定应予排除，不得作为定案的根据。而瑕疵证据本身并不同于非法证据，由于其取得手段或程序上的轻微违法，对于法益的侵害轻微，因此，瑕疵证据往往有补正或解释的机会，即经过补正或者合理解释后，最终仍然可以“转正”成为合法证据。然而，如果承认了瑕疵证据的补正包括“重做”，则意味着重新制作的证据已经替代了原有瑕疵证据，此时瑕疵证据的证据价值已经丧失。认为补正包括“重做”的学者也承认，“作为补正方式之一的重新调查取证，是指公诉人亲自或者责令侦查人员重新收集证据，如重新讯问被告人、重新询问证人、被害人或鉴定人、重新进行勘验、检查、搜查、扣押、提取、辨认等行为。通过重新调查取证，将有关证据再次以合法的方式收集起来，并重新提交法庭，要求法庭将其作为定案的根据。至于原来非法收集的证据，就可以弃之

① 万毅：《论瑕疵证据——以“两个〈证据规定〉”为分析对象》，载《法商研究》2011年第5期。

② 陈瑞华：《论瑕疵证据补正规则》，载《法学家》2012年第2期。

不用了。”① 如果照此理解，对于瑕疵证据的弃之不用本质上与证据排除已并无二致，这其实就是直接否定了瑕疵证据的证据资格，排除了其诉讼中的证据价值，另起炉灶，去收集新的证据。唯一不同的是，瑕疵证据对于新证据的收集起到了一定的线索指向作用，除此以外，别无他用，如此其与非法证据已混为一谈。

最后，瑕疵证据的补正若包括“重做”，不利于对违法取证行为的直接纠正。瑕疵证据不同于合法证据，其处于合法与非法的中间地带，本身并不稳定，只有通过补正或解释才能决定其最终命运。言下之意，瑕疵证据经过补正或合理解释可以转化为合法证据；但是若其经过补正或解释无法达到合法证据所要求的基本构成要件，最终仍然会转向非法证据，面临排除的境遇。可见，不仅是非法证据，瑕疵证据的创设也会对取证行为起到一定的规范和重塑效果，毕竟瑕疵证据的补正过程本身也是侦查机关对既往取证行为的重新审视和反省。然而，“重做”这种补正方式的出现，却使得瑕疵证据不必过多顾忌其本身的瑕疵以及产生瑕疵的不法行为，只要取证机关能够重新合法规范地“再来一次”，取得的证据就可能而且是非常可能成为合法证据。这其实难以给取证机关有回头看的总结和就事论事的反思机会，无法对不法取证起到良好的阻却效果。

综上而言，笔者认为瑕疵证据的补正方式中不能包括“重做”这一方法。如果瑕疵证据无法通过“重做”以外的方式予以补正或合理解释的话，该瑕疵证据最终应认定为非法证据，径直排除。如此，方能对取证机关起到一定的震慑作用和规训效果。当然，无论是瑕疵证据还是非法证据若最终被排除后，法律并不禁止取证机关在条件允许的情况下重新制作、收集证据。但需要明确两点，第一，此种重新制作、收集到的证据是一种新证据，与之前被排除的瑕疵或非法证据并没有内在的直接联系；第二，重新制作、收集到的证据仍然要受到证据排除规则（如重复自白规则）的完整检验，如果其证据资格存有问题，仍然有被排除的风险。

2. 瑕疵证据的分类与补正解释进路

在厘清了瑕疵证据补正方式的基本外延后，紧接着需要讨论的问题便是补正或解释的具体方法。由于取证手段、取证程序的多样化，伴随着不规范的取证行为，证据瑕疵产生的原因也是千差万别。当出现了一个瑕疵证据后，如何在短时间内找到最为有效的补正或解释进路是实践部门目前最为头疼的问题。笔者认为要解决好这一问题，需要从瑕疵证据本身入手，在做好分类的基础上

① 陈瑞华：《非法证据排除规则的中国模式》，载《中国法学》2010 年第 6 期。

充分理解证据瑕疵产生的深层次原因，如此才能准确掌握补正或解释的进路。

（1）瑕疵证据的分类——是实质上的违法还是形式上的违法

如前所述，瑕疵证据往往是取证程序轻微违法所导致的结果。然而，对于轻微违法的具体情形、实践样态如何，并没有一个明确的分类归纳。笔者认为按照侦查取证程序在客观上是否确实违法，可以将瑕疵证据分为形式违法的瑕疵证据和实质违法的瑕疵证据。

所谓形式上的违法，是指侦查人员在取证过程中并没有违反相应的取证程序，只是囿于工作中的疏忽大意，粗心马虎导致了证据收集、制作规程上的不规范，导致证据在形式要件上差错或不完整。常见的情形是在取证中，相关的记录材料上没有体现出侦查人员取证的真实情况，如笔录制作中的错记或漏记，导致证据审查者或者辩护方对于取证程序的合法性产生疑问，进而认为取证有轻微违法，所获证据为瑕疵证据。《高法解释》第 77 条就有此类情形的规定，如“询问笔录反映出在同一时段，同一询问人员询问不同证人的”，询问笔录为瑕疵证据。依照该规定，如果侦查询问过程中，同一询问人员确实是在同一时间段内只询问了一名证人，只是在笔录制作过程中错误地填写了日期或者时间，导致后续的笔录审查者认为一名询问人员在同一时间内询问了不同的证人，怀疑为瑕疵证据。对于此种情形，从本质上看侦查人员并未违法取证，所犯错误在于笔录制作中的疏忽大意、不够细致，此种错误并不是实质上的询问程序违法，其所违反的最多也就是《刑事诉讼法》第 120 条有关如实记明笔录的规定，仅仅影响到了笔录外在形式要件的合规范性，可以称作是表面上的形式违法。[①]

实质违法的瑕疵证据，是指所取得的证据首先从表面上观察已经属于形式上的不合法、不合规，通过进一步的调查还发现表面形式的不合法所反映的实质内容为确实存在客观上违法取证的情形，只是该违法情节较为轻微，对合法权益的侵害不大，属于瑕疵证据。质言之，法律明确规定了侦查人员的取证程序或手段，但是侦查人员直接违反了该规定，导致所获证据产生瑕疵。如《刑事诉讼法》第 122 条指出，“侦查人员询问证人，可以在现场进行，也可以到证人所在单位、住处或者证人提出的地点进行，在必要的时候，可以通知证人到人民检察院或者公安机关提供证言。”根据该规定，询问证人的地点有现场、证人所在单位、住处、证人提出的地点以及人民检察院或公安机关。只

① 当然对于“询问笔录反映出在同一时段，同一询问人员询问不同证人的”也可能存在实质违法，即询问证人时没有个别进行，而是集体询问，那么由此取得的证言即应当排除，不得作为定案的根据。

有在上述地点询问证人，才符合法定程序。实践中，如果侦查人员询问证人的地点不符合上述规定，如县公安局侦查人员指定的地点为该县某宾馆，则按照《高法解释》第77条规定，询问制作的笔录即为瑕疵证据。此处侦查人员确实违反了询问的程序，但由于情节轻微，并不属于绝对排除的非法证据，而是归为实质上违法产生的瑕疵证据。

（2）不同的补正或解释进路

对瑕疵证据的上述分类源于其产生方式的不同，补正或解释自然也有着不同的途径和标准。

对于形式违法的瑕疵证据而言，补正或解释的方向较为明确，只要能够证明表面瑕疵缘于疏忽大意，实际情况并非如此即可。例如，询问笔录记载错误产生的瑕疵证据，作为证明责任的负担方可以通过提供询问时的录音录像、提请通知有关侦查人员或者其他人员到场说明情况等方式来证明笔录所记载的情况并非询问的真实情境，侦查人员是严格按照法庭程序展开询问工作的。那么此时，形式违法的瑕疵证据即已得到补正或解释，可以作为合法证据使用。

而就实质违法的瑕疵证据而言，该类证据是在违法行为确实存在的前提下所产生的瑕疵，由于违法行为是对法定取证规范动作的明显违反，因此对违法行为已经无法弥补。而要治愈瑕疵，主要的补正或解释方向应当是证明该违法行为是轻微的，对法益的侵害还没有发生，即使发生了也是非常轻微的，对证据本身的真实性影响也不大，故证据仍然可以使用，没有排除的必要。以前述侦查人员询问证人没有在法定地点，所获询问笔录为瑕疵证据为例。该询问笔录之所以有瑕疵是因为侦查人员违反了询问证人的相关程序（法定地点的规定），客观上构成违法。而要治愈瑕疵，此时证明责任的负担方可以以证人事后追认的方式对瑕疵笔录进行补正。如证人表示虽然询问没有在法律规定的地点进行，但是整个询问过程侦查人员都没有暴力、威胁的行为存在，其作证证言都是自愿而为，是真实意思的表示，没有强迫因素的介入。证人事后还是认可在此询问地点接受的询问（此时可以认定是刑事诉讼法规定的证人提出的地点）。如此，该询问笔录即获有效补正转为合法证据。

3. 瑕疵证据的认定及补正、解释规程——从一则案例谈起

对于形式违法和实质违法瑕疵证据的区分可以帮助证明责任负担方有效地厘清补正或解释的方向和方法。需要说明的是，上述瑕疵证据的区分在实践中还应当认真甄别，有时外观上相同的瑕疵证据，可能有的是形式违法的瑕疵证据，有的是实质违法的瑕疵证据。如《高法解释》第77条和第82条都规定，如果讯问笔录或询问笔录没有记录告知被讯问人、证人相关权利和法律规定的，讯问笔录或询问笔录为瑕疵证据。此处的瑕疵证据有可能是形式违法产

生，如已经告知了相对人有关权利和法律规定，但是忘记在笔录中注明；也有可能是实质违法产生，如侦查人员在讯问或者询问前确实没有告知相对人有关权利和法律规定，也就没有写入笔录。对于上述两种情况，虽然笔录的外观表象是相同的，但是其补正或解释的方向及其方法却可能迥然不同。为此，如何能够有效甄别法律规范中所规定的瑕疵证据的类型，并做好相应的补正或解释工作呢？在此，笔者以调研中发现的一起案件为例，进一步探讨瑕疵证据的类型甄别。

[案例 14] 讯问笔录填写瑕疵案

在一受贿案中，犯罪嫌疑人 C 在侦查讯问后作出了一份有罪供述笔录。但是审查该笔录发现，笔录上有侦查人员 A 和 B 的签名，但明显看出 A 侦查员有代 B 侦查员签名的情况（笔迹雷同）。犯罪嫌疑人也提出当时只有 A 侦查员一人对其进行讯问，B 侦查员在讯问期间进来过两次，时间不长就离开了。经过调查发现该有罪供述的讯问笔录基本上是在只有 A 侦查人员讯问的情况下作出的。按照《高法解释》第 82 条第（一）项“讯问笔录填写的讯问时间、讯问人、记录人、法定代理人等有误或者存在矛盾的”的规定，讯问笔录有瑕疵，为瑕疵证据，对此如何处理，办案部门有了两种不同意见。

第一种观点认为，瑕疵补正不能，应予以排除。按照刑事诉讼法以及相关司法解释的规定，讯问时必须有两名或两名以上侦查人员在场，讯问笔录上反映的只有一名侦查人员讯问的情况经调查是客观事实，并不是笔误，而是属于讯问违法。那么，实际上侦查机关已经无法通过补正将只有一人讯问的客观事实改为两人，因此属于补正不能，瑕疵证据据此应当排除，不能作为定案的根据。

第二种观点认为，瑕疵可以补正。该观点认为，虽然侦查机关客观上的讯问程序已属违法，但是公诉部门通过观看侦查机关播放的讯问录音录像，可以确定整个讯问过程合法规范，犯罪嫌疑人也承认在单人讯问中没有刑讯逼供等非法手段的使用。因此，该份笔录是犯罪嫌疑人的自愿供述，自白的任意性已经得到了保障和确认，故瑕疵已经补正，瑕疵证据可以转为合法证据。

对于上述情形，笔者认为这其实就牵涉到瑕疵证据类型的准确认定，上述案件涉及的讯问笔录中侦查人员签名的问题反映到《高法解释》第 82 条第（一）项的规定，到底司法解释中对于此种情形的瑕疵是形式违法的瑕疵还是实质违法的瑕疵？如果是前者，那就意味着司法解释就认为讯问时必须有两个以上的讯问人员在场，若其中一个因为疏忽忘记签名而由他人代签，这种所谓的“笔误”是可以补正解释的，但如果讯问中实际上就只有一个讯问人员在讯问，则已经违反了司法解释对该种情形“形式瑕疵”的设定本意，属于补正或解释不能，第一种观点就是合适的。但是，如果此种情形可以解释为实质违法的瑕疵，那么第二种观点的处理就是妥当的。当然，如果法律对此处规定的瑕疵证据是形式违法与实质违法兼具的，那么第二种观点的处理方式也是正确的。那么上述的瑕疵证据究竟是哪一种类型呢？如何进行准确的判断？

表 4　瑕疵证据的具体情形和分布（《高法解释》第 61—94 条）

证据种类	瑕疵证据的情形
物证、书证	①勘验、检查、搜查、提取笔录或者扣押清单上没有侦查人员、物品持有人、见证人签名，或者对物品的名称、特征、数量、质量等注明不详的； ②物证的照片、录像、复制品，书证的副本、复制件未注明与原件核对无异，无复制时间，或者无被收集、调取人签名、盖章的； ③物证的照片、录像、复制品，书证的副本、复制件没有制作人关于制作过程和原物、原件存放地点的说明，或者说明中无签名的； ④有其他瑕疵的。 《高法解释》第 73 条
证人证言	①询问笔录没有填写询问人、记录人、法定代理人姓名以及询问的起止时间、地点的； ②询问地点不符合规定的； ③询问笔录没有记录告知证人有关作证的权利义务和法律责任的； ④询问笔录反映出在同一时段，同一询问人员询问不同证人的。 《高法解释》第 77 条
被告人供述和辩解	①讯问笔录填写的讯问时间、讯问人、记录人、法定代理人等有误或者存在矛盾的； ②讯问人没有签名的； ③首次讯问笔录没有记录告知被讯问人相关权利和法律规定的。 《高法解释》第 82 条

笔者认为要弄清楚该问题，必须从法律文本和立法本意出发，从法律文本中对于瑕疵证据的分类来看（见表 4），大部分瑕疵证据的规定都是形式违法的瑕疵证据，只有少部分是实质违法的瑕疵证据。而且，法律对于有些实质违法的证据还直接认定为非法证据予以排除。如对于“询问笔录反映出在同一时段，同一询问人员询问不同证人的”就可能存在实质违法的情形，即询问证人时没有个别进行，那么由此取得的证人证言按照《高法解释》第 76 条的规定即为不可靠证据，应当排除，不得作为定案的根据。可见，立法的目的更

多的是倾向于给予更多的形式违法的瑕疵证据以补正或解释的机会，限制实质违法瑕疵证据进入诉讼程序。在以“证据制约（取证）行为”的立法导向下，第一种观点应当更具合理性。然而，在我国犯罪浪潮汹涌，打击犯罪压力持续不减的现实境遇，过于严苛和一刀切的排除规则似乎并不利于侦查工作的渐进式改革和法制化进程。对此，参与立法的同志也提出了比较客观的看法，“是不是所有以非法方法收集的证据都应当予以排除……司法实践中一些地方曾经出现非法证据排除泛化的问题，只要侦查机关在取证过程中有违反刑事诉讼法规定的情形，比如违反刑事诉讼法第 116 条关于‘二人’讯问的规定，只有一个侦查人员进行讯问的，就予以排除。这种做法显然不符合刑事诉讼法规定的精神。”① 即使在英美和大陆法系国家，也是通过法律明确规定了直接排除的证据，而对于其他违反法定程序的证据则由法官裁量处之。如《英国 1984 年警察与刑事证据法》就规定，对于警察采用强迫或其他可能导致证据不可靠的方式所获取的被告人供述，法庭不得将其采纳为不利于被告人的证据。而对于被告人供述以外的证据，该法则采取了自由裁量的排除方式。在德国，联邦宪法法院所确立的“自主性证据使用禁止”规则，一般不要求法官对于所有侵犯宪法权利的侦查行为都采取自动排除的态度，而是给予法官在判定某一宪法权利是否受到侵犯以及应否排除该项证据方面拥有较大的自由裁量权。但对于那些违反刑事诉讼法的方式所获取的非法证据，法院则采取了强制排除的做法。② 在日本，排除非法证据的标准也是采用相对排除说，认为如果违反宪法就绝对排除证据，对于其他情况应当从司法的廉洁性和抑制违法侦查的观点权衡各种因素之后，才能决定是否排除。③

考虑中国的实际情况以及比较法的借鉴依据，笔者认为在不影响被告人供述真实性的情况下，只要法律没有明确将“问题证据”规定为是非法证据或不可靠证据的，都可考虑先以瑕疵证据对待，但是其补正或解释的方向和方式要予以严格设定。具体而言：

（1）当司法实践中发现侦查机关的取证活动有违反法定程序的情形，首先查明该情形下的证据是非法证据、不可靠证据还是瑕疵证据，如果是法律明确规定的非法证据、不可靠证据则直接排除，如果法律没有明确规定是非法证据、不可靠证据，则先统一认定为是瑕疵证据。

---

① 李寿伟：《非法证据排除制度的若干问题》，载《中国刑事法杂志》2014 年第 2 期。

② 陈瑞华：《非法证据排除规则的中国模式》，载《中国法学》2010 年第 6 期。

③ ［日］田口守一：《刑事诉讼法》（第五版），张凌、于秀峰译，中国政法大学出版社 2010 年版，第 292 页。

（2）进一步判明该瑕疵是形式瑕疵还是实质瑕疵，如果是形式瑕疵，其补正与解释的思路较为简单，秩序补正并简要解释当时的“无心之失”即可。但如果是实质瑕疵，其补正或解释的方向应严格推进。

（3）对于实质性瑕疵证据，先从法解释学的角度分析导致瑕疵的取证行为其所违反的法定程序在当初设定时的立法目的是什么？

（4）违反该法定程序的取证行为是否已经实质侵犯到了这一立法目的，如是否已经因为程序违反侵犯到了当事人的合法权益，[1] 或者影响了证据本身的可靠性？

（5）如果能够通过补正或解释的方式说明取证行为对程序的违反并未对当事人合法权益产生侵害（或即使有所侵害也较为轻微），对证据本身可靠性的影响也不大，则证据瑕疵被“治愈”，瑕疵证据转为合法证据。否则，属于瑕疵的补正或解释不能，瑕疵证据将被排除。

上述补救或者解释过程是一种递进式的思考进路，满足前一个步骤后一个步骤才会继续，如果其中有的步骤达不到要求，就可以直接终止下一步的继续推进。如发现瑕疵证据为形式性瑕疵证据，则后续的（3）（4）（5）则不再会涉及。反之，若判定为实质性瑕疵证据，则要继续进行后续进程的推进。按照这一思路上述案例中对于讯问笔录的证据处理方法如下：

首先，《刑事诉讼法》第 116 条规定：“讯问犯罪嫌疑人必须由人民检察院或者公安机关的侦查人员负责进行。讯问的时候，侦查人员不得少于二人。”经过调查本案中的讯问人员实质上只有一人讯问，讯问程序违法。根据刑事诉讼法和相关司法解释的规定，对于讯问过程中讯问人员不足两人而获得的讯问笔录，没有明确被认定为是非法证据或不可靠证据径行排除，故先统一划归为瑕疵证据，[2] 看能否予以补正或合理解释。

其次，进一步区分该瑕疵证据是形式违法的瑕疵证据，还是实质违法的瑕疵证据。在本案中，由于笔迹相同，笔录中明显可以看出有 A 侦查员代 B 侦查员签名的情况。经过调查核实，发现“B 侦查员在讯问期间进来过两次，时

---

① 之所以如此考量，“盖证据合法性瑕疵排除的意旨，主要系在担保被告的权利不受过度的侵犯，倘若被告并不以权利侵犯为意，自无所谓权利侵犯问题发生，从而对于具有证据合法性瑕疵的证据，在被告同意使用的条件下，自然得以为瑕疵之修复。”参见柯耀程：《法定“证据排除”的意涵与适用》，载《检察新论》2011 年总第 10 期。

② 对此，参与新《刑事诉讼法》立法的同志也认为，违反《刑事诉讼法》第 116 条关于“二人”讯问的规定，只有一个侦查人员进行讯问的，就予以排除，这种做法显然不符合刑事诉讼法规定的精神，有非法证据排除过于泛化的倾向。参见李寿伟：《非法证据排除制度的若干问题》，载《中国刑事法杂志》2014 年第 2 期。

间不长就离开了，该有罪供述的讯问笔录实质上就是在只有A侦查员讯问的情况下作出的，并非讯问笔录的记录有误”。因此，该讯问笔录为实质违法的瑕疵证据。

最后，对该讯问笔录的审查应当遵循实质违法的瑕疵证据之补正或解释方式，即探求“两人以上讯问”之立法本意。根据立法意图，设定讯问期间两名以上的侦查人员参与的目的：一是讯问工作的需要，有利于客观、真实获取和固定证据；二是有利于互相配合、监督，防止个人徇私舞弊或发生刑讯逼供、诱供等非法讯问行为；[①] 三是有利于防止一些犯罪嫌疑人诬告侦查人员有人身侮辱、刑讯逼供等行为，或是避免出现犯罪嫌疑人为了逃跑等其他原因，发生伤害侦查人员的状况，毕竟两个以上的侦查人员能够较好地控制乃至制服意欲脱逃、行凶的单一犯罪嫌疑人，保护自身安全。那么按照此立法本意，上述讯问过程中，侦查人员违反了讯问程序，但是只有可能发生不法的取证行为才能算是真正侵犯到犯罪嫌疑人的合法权益，影响到证据的真实性。因此，侦查机关的补正或解释路径就应当是证明整个讯问过程都是合法规范的，犯罪嫌疑人的各种权益并未受到实质侵害，口供也是出于自愿。如果这些情况能够得到证明，那么瑕疵即可得到补正或合理解释。对此，侦查机关可以通知讯问时的其他在场人员出庭作证、申请侦查人员出庭说明情况以及播放同步录音录像等方式来证明整个讯问过程的合法规范。当然如果犯罪嫌疑人本身以追认的方式承认整个讯问过程没有非法取证的行为发生，证据瑕疵当然也可达到补正或合理解释。此讯问笔录最终就可以作为证据使用，反之，则属于补正或解释不能，讯问笔录应认定为非法证据予以排除。

为充分说明该补正或解释的方式方法，再举一例予以说明：

[案例15] 故意伤害案中对妇女的检查

A（女）涉嫌故意伤害罪，根据受害人B的陈述，其在遭受A侵害时曾与之搏斗，并抓伤了A的左手。侦查人员C（男）于是查看A的左手，在其左手无名指上发现一道抓痕。试问，本案中侦查人员C对A所实施的人身检查行为是否合法？由此发现的抓痕情况所制作的检查笔录可否作为证据使用？[②]

在本案中，侦查人员C（男）查看犯罪嫌疑人A（女）左手的行为是检查这一具体侦查行为。根据新修订的《刑事诉讼法》第130条第3款的规定：

---

① 郎胜主编：《中华人民共和国刑事诉讼法修改与适用》，新华出版社2012年版，第237页。

② 孙远：《论“补正”与“合理解释”——从“瑕疵治愈说”到“法规范目的说”》，载《中国刑事法杂志》2015年第1期。

“检查妇女的身体，应当由女工作人员或者医师进行。”根据案例，侦查人员C既不是女性工作人员也不是医师，故此处的侦查行为和取证程序是违法的，那么所制作的检查笔录不是合法证据，但究竟是瑕疵证据还是非法证据或不可靠证据呢？如果是瑕疵证据，如何补正和解释呢？按照上文笔者对证据判断的进路，可作如下分析：

首先，侦查人员的取证行为违反了法定程序，但此处程序违法后所获得的证据在新修订的刑事诉讼法和相关的司法解释中并没有作出明确的处理规定，故先统一划归为瑕疵证据。

其次，该瑕疵证据是哪一种类的瑕疵证据呢？依此案的表述，检查笔录中的检查人员确实是男性侦查员，检查程序确实违反了法律的规定，故应当是实质性违法的瑕疵证据。

最后，对实质性违法的瑕疵证据进行补正和解释。具体进路是分析为何法律规定“检查妇女的身体由女工作人员或者医师进行”。从立法原意出发，这其实体现了“对妇女的特殊保护，有利于保护被害妇女或者女性犯罪嫌疑人的人身权利和人格尊严不受侵犯。”① 因为，检查妇女的身体在某些性犯罪案件中，可能会看到、触碰或侵犯到女性的隐私部位（或身体健康），此时如果由男性侦查员实施会侵及女性的性羞耻感，不仅有伤风化还可能涉嫌侮辱人格，故从公序良俗和伦理规范而言，法律规定了必须由女工作人员或医师进行。但是，本案中的检查妇女身体仅仅是观察女性的手指，手并没有触碰，在当今社会，这当然谈不上侵及女性的隐私部位、伤害到女性的性羞耻感，故此犯罪嫌疑人A的权益并没有受到侵犯，由此获得的检查笔录如果有瑕疵也已经得到了补正或合理解释，故该检查笔录可以作为证据使用。

① 郎胜主编：《中华人民共和国刑事诉讼法修改与适用》，新华出版社2012年版，第112页。

第三编

检察机关排除非法证据的配套机制

第十一章　建立健全非法证据排除规则的发现机制

一、制定申请排除非法证据的权利告知规则

非法证据排除的启动有依职权启动和依当事人申请启动。就后者而言，申请权是一项重要的诉讼救济权，对于维护申请方的合法权益具有重要意义。然而，由于非法证据排除规则入法时间不长，程序性制裁的基本理念还未被我国刑事司法内化于心、外化于行，相应的程序性规范也在为公安司法机关所渐进性地实践，对于普通大众来说则更为陌生。作为被指控的犯罪嫌疑人，相当一部分是第一次进入刑事司法程序，本身对于自身的各项诉讼权利并不知晓，对于法律刚刚设定的非法证据排除规则及其相应的权利赋予就更为陌生，除了聘请律师来强化其合法权益的维护外，更为重要的就是公权力机关应当履行好诉讼关照义务，即为了保证非法证据排除规则的顺利实现，检察机关应在其推进的诉讼阶段有义务全面、及时、准确地告知犯罪嫌疑人有关申请排除非法证据的相应权利，以及该权利如何实施的具体步骤、方式。就检察机关目前行使自身权能的各个诉讼环节来看，有关非法证据排除规则告知的权利节点主要集中在以下三个环节：

（一）职务犯罪侦查环节

根据《刑事诉讼法》第33条第2款的规定，侦查机关在第一次讯问犯罪嫌疑人或者对犯罪嫌疑人采取强制措施的时候，应当告知犯罪嫌疑人有权委托辩护人。该条款主要是为了保障犯罪嫌疑人能够及时委托辩护人，保障辩护权的全面实现而设立的。侦查阶段往往是收集犯罪线索、证据最为集中的时段，也是容易产生刑讯逼供等非法取证行为的环节，我们认为侦查机关在告知犯罪嫌疑人有权委托辩护人的同时，也应当告知其享有的各项诉讼权利和义务，这其中就应当包括对于侦查机关的刑讯逼供以及非法取证行为有申请排除非法证据的权利。如此，可以使犯罪嫌疑人在遭受刑讯逼供等非法取供行为时有保存

相关线索或材料的自我意识，更好地将非法证据排除的申请权落到实处；同时，告知制度的建立还可以给实施侦查讯问等诉讼活动的侦查人员以自我暗示，遏制其内心潜在的使用刑讯等其他非法取证行为的不法动机。

（二）审查逮捕环节

根据《刑事诉讼法》第86条第1款的规定："人民检察院审查批准逮捕，可以讯问犯罪嫌疑人；有下列情形之一的，应当讯问犯罪嫌疑人：（一）对是否符合逮捕条件有疑问的；（二）犯罪嫌疑人要求向检察人员当面陈述的；（三）侦查活动可能有重大违法行为的。"2013年1月1日试行的《高检规则》第305条对刑事诉讼法的规定又进行了细化，规定审查逮捕环节除了上述三种情形外，对于案情重大疑难复杂的；犯罪嫌疑人系未成年人的；犯罪嫌疑人是盲、聋、哑人或者是尚未完全丧失辨认或者控制自己行为能力的精神病人的也应当讯问犯罪嫌疑人。对于审查逮捕环节，目前检察机关除了严格遵循《刑事诉讼法》和《高检规则》外，很多地方诸如上海和北京等地的检察机关已经做到了审查逮捕环节全面讯问犯罪嫌疑人，即一案一讯。在此种情形下，我们认为检察机关在讯问犯罪嫌疑人的时候应当履行相应的权利告知义务，这其中就包括有申请排除非法证据的权利。而对于有些地方检察机关由于客观情况无法讯问犯罪嫌疑人的，按照《高检规则》第306条的规定，也应当"送达听取犯罪嫌疑人意见书，由犯罪嫌疑人填写后及时收回审查并附卷"。对于此种书面调查式的审查逮捕模式，非法证据排除申请权的告知就应当在"听取犯罪嫌疑人意见书"上与其他权利一并注明，从而保证该权利为犯罪嫌疑人所知悉。对此，2017年"两高三部"出台的《严格排除非法证据规定》第16条就指出，"审查逮捕、审查起诉期间讯问犯罪嫌疑人，应当告知其有权申请排除非法证据，并告知诉讼权利和认罪的法律后果。"

（三）审查起诉环节

《严格排除非法证据规定》第16条既规定了在审查逮捕环节，也规定了在审查起诉期间，检察机关讯问犯罪嫌疑人时，应当告知其有申请排除非法证据的权利。2012年修订后的《刑事诉讼法》第170条规定："人民检察院审查案件，应当讯问犯罪嫌疑人，听取辩护人、被害人及其诉讼代理人的意见，并记录在案。辩护人、被害人及其诉讼代理人提出书面意见的，应当附卷。"按照该规定，检察机关在审查起诉阶段必须讯问犯罪嫌疑人，也就是所有案件都必须要有与犯罪嫌疑人面对面交流的机会。另外，在审查起诉环节，法律还规定了检察机关应当听取辩护人、被害人及其诉讼代理人的意见。因此，检察机关在审查起诉阶段，应当在下述节点告知相关诉讼参与人对非法证据有排除请求权：其一，人民检察院依法讯问犯罪嫌疑人时；其二，人民检察院依法听取辩护人、被害人及其诉讼代理人的意见时。

二、完善控告申诉处理机制

检察机关除了要履行排除非法证据申请权的告知义务外，还应当畅通当事人提出排除申请的控告申诉渠道。《刑事诉讼法》第55条规定："人民检察院接到报案、控告、举报或者发现侦查人员以非法方法收集证据的，应当进行调查核实。对于确有以非法方法收集证据情形的，应当提出纠正意见；构成犯罪的，依法追究刑事责任。"按照该规定，当事人发现存在刑讯逼供等非法取证行为，同时该类行为已经产出了涉嫌的非法证据，不利益一方的当事人就有权向检察机关报案、控告和举报。对于该种情形，检察机关的内设机构应当根据具体情况分部门管理，如果是在侦查阶段或审查逮捕环节提出的，应当由检察机关的侦查监督部门受理，如果是审查起诉环节则应当由公诉部门受理。无论是哪个部门受理排除非法证据的申请，都应当建立相应的受理和处理机制，除了检察实践中普遍采用的书面、口头、电话等方式外，还应当在相应部门设定专门的办案人员进行接待，发现涉嫌非法证据的不法行为，应当书面记录，录入系统，并报送相应的案件承办人。同时，设立报案、控告、举报的反馈机制，对于涉及非法证据的最终处理结果，检察机关应当及时书面反馈给报案、控告或举报人，如果认定有非法取证行为的，对相关人员的处理结果也可以考虑以检务公开的形式向当事人和社会公开。

三、加强控辩交流会见机制

辩护人是当事人合法利益强有力的维护者，较之当事人而言，辩护人谙习法律知识，具有较高的法律素养，对于非法证据具有较高的识别能力，对于申请排除的方法和时机把握也有更高的专业技能。因此，检察机关非法证据的排除除了要听取犯罪嫌疑人等当事人的控告申诉外，更重要的是听取辩护人的意见和建议，为此，建立和加强控（包括侦查机关）辩双方的交流和会见机制就显得尤为重要。就现行刑事诉讼法以及相关司法解释的规定，控辩双方交流会见的机会主要集中于三个环节，分别是职务犯罪侦查终结前、审查逮捕环节以及审查起诉环节（参见表5）。

表 5　控辩双方交流会见的三个阶段

控辩双方交流会见的环节	①在案件侦查终结前，辩护律师提出要求的，侦查机关应当听取辩护律师的意见，并记录在案。辩护律师提出书面意见的，应当附卷。(《刑事诉讼法》第159条)
	②人民检察院审查批准逮捕，可以询问证人等诉讼参与人，听取辩护律师的意见；辩护律师提出要求的，应当听取辩护律师的意见。(《刑事诉讼法》第86条第2款) 注意：在审查逮捕、审查起诉中，人民检察院应当讯问未成年犯罪嫌疑人，听取辩护人的意见，并制作笔录附卷。(《高检规则》第490条第1款)
	③审查起诉阶段，检察院应当听取辩护人的意见。(《刑事诉讼法》第170条)

就表5所涉及的三个环节，如果辩护律师提出要求，检察机关都应当听取辩护律师或其他辩护人的意见，这就为辩护方申请排除非法证据提供了契机。检察机关应当重视这三个节点与辩护人的交流，设立专门机构（案件管理办公室），安排专人接待辩护人，认真对待辩护律师或其他辩护人提出的意见，及时发现和掌握侦查人员以非法方法收集证据的信息。除此以外，检察机关还可以在办案中借助辩护律师或其他辩护人到检察机关查阅、摘抄、复制案卷材料；申请调取相关证据；提交相关材料；对阻止律师依法行使权利的行为进行申诉控告以及为犯罪嫌疑人申请变更强制措施等机会，积极与律师接洽交流，从中发现非法证据可能存在的线索。另外，在时机成熟的时候，检察机关可以会同司法行政机关或者律师协会就控辩双方的交流会见机制会签相关的文件，制定相关的操作细则。

四、相关资料的保存和查询机制

就侦查实践而言，非法证据的产生多源于侦查阶段的非法取证，特别是犯罪嫌疑人的人身自由受到剥夺限制的拘留、逮捕等拘押环节。由于侦查中犯罪嫌疑人与外界隔绝，侦查取证常常是在相对封闭的空间内作业，加之侦查密行原则，侦查活动的各种信息不会直接向外界全面开放，辩护律师等辩护方对案件的了解非常有限。虽然刑事诉讼法规定了辩护律师与犯罪嫌疑人会见通信的权利，但仍然无法给予辩方充分收集涉嫌非法取证线索或材料的机会。多重因素的叠加导致以犯罪嫌疑人为代表的辩护方虽然认识到了刑讯逼供等非法取证的存在，但苦于手中没有足够的线索或材料，启动非法证据排除程序的申请常常被驳回。为了保障非法证据排除规则的落实，应当建立一套辅助辩护方发现非法取证行为存在的配套机制，根据现行刑事诉讼法的规定，我们认为比较典型的代表是建立犯罪嫌疑人、被告人出入看守所的身体检查制度，以及制度化的讯问现场录音、录像资料保存和查询机制。

第一，实行对犯罪嫌疑人、被告人的身体检查制度。国务院制定的《看守所条例》和公安部制定的《看守所条例实施办法》分别在第10条和第5条规定，看守所收押犯罪嫌疑人都应当进行身体检查。但该制度设立的过于原则，我们认为在制度设计上应当更加细化和具有可操作性。具体来说，犯罪嫌疑人、被告人开始被羁押时，由羁押场所和检察机关联合对其身体进行检查(羁押场所应与侦查机关有一定程度的分离，以保持其中立性)，羁押期间犯罪嫌疑人、被告人被提出和送押回看守所后都要立即检查，如实记录检查结果，留存材料，并建立相应档案。这种严格的羁押期间身体检查制度对于是否发生过刑讯逼供现象具有很强的证明作用，有利于辅助刑事非法证据排除规则的实施，特别是有利于保护犯罪嫌疑人、被告人对于非法证据排除的申请有迹可循，对于检察机关调查核实非法证据也有案可查，并且在操作上易于实行，成本较低。

第二，实行讯问时同步录音、录像资料的保存和查询机制。现行刑事诉讼法只规定了对于职务犯罪案件、可能判处无期徒刑、死刑案件以及其他重大犯罪案件，侦查机关在讯问时应当录制现场音像资料。但是，对于该录音录像资料录制后的留存和处理如何规范，也需要进行细化明确。目前最高人民检察院在职务犯罪侦查中制定了录音录像的操作规范，即《人民检察院讯问职务犯罪嫌疑人实行全程同步录音录像技术工作流程（试行）》（以下简称《录音录像工作流程》)，该规定的第9条明确指出，“录制结束后，录制人员应当将录制资料的正本交讯问人员、被讯问人确认，当场装入人民检察院讯问全程同步录音录像资料密封袋，由录制人员、讯问人员、被讯问人三方封签，由被讯问人在封口处骑缝捺印手印。”第10条规定：“技术部门应当将全程同步录音录像录制资料正本存放于专门的录制资料档案柜内，长期保存，并做到防尘、防潮、避免高温和挤压，以磁介质存储的资料要存放在防磁柜内。录制资料副本应当在收到《人民检察院讯问全程同步录音录像工作说明》时移交委托录制的办案部门签收。”我们认为《录音录像工作流程》能够比较全面客观地保存录音录像的内容，在公安等侦查机关适用同步录音录像时应当进一步推广，另外，还应当进一步明确在录音录像时应当“同时录制两份音像资料，不得录后复制。讯问结束后将一份标明录制时间和地点，并由讯问人和被讯问人共同签字后封存，另一份在诉讼中使用；如在法庭审理中犯罪嫌疑人对此提出异议，则当场使用封存件进行质证。”①

五、建立健全检察机关的调查核实权

检察机关排除非法证据既是诉讼活动中证据法则的基本要求，同时也是检察机关行使法律监督活动的重要手段。从“监督”二字来看，“监”具有发现、察看的意思，“督”具有督促、纠正的意思。对于侦查取证等诉讼活动而言，只有知晓诉讼中非法的取证行为，检察机关才能对非法行为督促纠正，对非法证据予以排除。因此，从诉讼监督的角度来看，一方面应当扩大检察机关发现非法取证行为的线索渠道，另一方面应当赋予和强化检察机关对于非法取证行为的调查核实权。《刑事诉讼法》第55条规定，人民检察院接到报案、控告、举报或者发现侦查人员以非法方法收集证据的，应当进行调查核实。对于非法证据排除过程中立法已经明确了检察机关具有对相关案情调查核实的权力。其实这一权力也在随后2012年修改后的《民事诉讼法》中有了明确规定，人民检察院因履行法律监督职责提出检察建议或者抗诉的需要，可以向当事人或者案外人调查核实有关情况。结合《刑事诉讼法》《民事诉讼法》以及2017年6月27日“两高三部”联合出台的《严格排除非法证据规定》中检察机关有关调查核实权的相关规定，在检察机关排除非法证据的过程中，对于调查核实权的采用应当注意以下两个方面：

（一）检察机关调查核实权的具体手段

新修订的《民事诉讼法》就调查核实的具体内容做了相应的规定，认为其包括：查询、调取、复制相关证据材料，询问当事人或者案外人，咨询专业人员、相关部门或者行业协会等对专门问题的意见，委托鉴定、评估、审计，勘验物证、现场，查明案件事实所需要采取的其他措施。结合《高检规则》第70条②有关调查核实权具体措施的规定，我们认为检察机关在证据合法性的调查过程中可以采用的调查核实手段包括以下内容：

1. 进一步的书面阅卷或调取相关材料。如犯罪嫌疑人自认未刑讯逼供或伤情为自己所致的书面讯问笔录；看守所的书证，包括入所人员谈话思想教

① 任燕珠：《刑事非法证据排除规则配套机制的完善》，载《河南公安高等专科学校学报》2007年第2期。

② 《高检规则》第70条规定：“人民检察院可以采取以下方式对非法取证行为进行调查核实：（一）讯问犯罪嫌疑人；（二）询问办案人员；（三）询问在场人员及证人；（四）听取辩护律师意见；（五）调取讯问笔录、讯问录音、录像；（六）调取、查询犯罪嫌疑人出入看守所的身体检查记录及相关材料；（七）进行伤情、病情检查或者鉴定；（八）其他调查核实方式。”

育记录、思想政治谈话笔录等；侦查机关出具的说明取证过程合法、未刑讯逼供的书面证明、情况说明；侦查机关纪检、督查等内部监督部门证明及说明，如公安机关纪委调查情况结论；检察机关介入调查结论，包括检察机关具有监督职能的部门如驻所检察室、侦查监督部门、反渎职侵权部门的相关材料。

2. 当面讯问犯罪嫌疑人，询问办案人员，询问在场人员及证人。这里的在场人员及证人包括同监室人员的证言、参与摄制录制录音录像材料的技术人员。

3. 当面听取辩护律师意见。

4. 调取讯问笔录、讯问录音、录像，可全程调取，也可部分调取，还有的是在外提辨认时的录音录像。

5. 调取、查询犯罪嫌疑人出入看守所的身体检查记录及相关材料，具体包括入所体检表、医院体检报告、在押人员一周健康体检表、健康检查笔录、疾病检查登记表、跟踪检查记录表等。

6. 进行伤情、病情检查或者鉴定等其他调查核实方式来查明涉嫌的非法证据。

需要注意的是，人民检察院实施调查核实的法律监督手段时，不得采取限制人身自由和查封、扣押、冻结财产等强制性措施。另外，根据《严格排除非法证据规定》第 14 条第 1 款的规定，调查核实后的调查结论应当书面告知犯罪嫌疑人及其辩护人。

（二）重大案件侦查终结前讯问合法性核查制度

2016 年“两高三部”联合印发的《关于推进以审判为中心的刑事诉讼制度改革的意见》第 5 条第 2 款首次提出探索建立重大案件侦查终结前讯问合法性核查制度，指出“对公安机关、国家安全机关和人民检察院侦查的重大案件，由人民检察院驻看守所检察人员询问犯罪嫌疑人，核查是否存在刑讯逼供、非法取证情形，并同步录音录像。经核查，确有刑讯逼供、非法取证情形的，侦查机关应当及时排除非法证据，不得作为提请批准逮捕、移送审查起诉的根据。”2017 年 6 月 27 日“两高三部”《严格排除非法证据规定》第 14 条第 3 款再次重申了这一制度。要求“对重大案件，人民检察院驻看守所检察人员应当在侦查终结前询问犯罪嫌疑人，核查是否存在刑讯逼供、非法取证情形，并同步录音录像。经核查，确有刑讯逼供、非法取证情形的，侦查机关应当及时排除非法证据，不得作为提请批准逮捕、移送审查起诉的根据。”

建立重大案件侦查终结前讯问合法性核查制度有利于强化检察机关对侦查

活动的监督，对侦查工作形成倒逼机制，提高重大案件的办案质量，对采取非法方法收集的证据早核查、早发现、早排除，防止“有病”证据作为提请批准逮捕、移送审查起诉的根据。结合规定的内容，对于该项制度应当从以下几个方面加以把握：

1. 核查的启动

重大案件侦查终结前讯问合法性核查制度对于发现刑讯逼供、非法取证行为，防止“病案”进入审判程序有着非常重要的意义。在侦查讯问中对于被羁押的犯罪嫌疑人来讲，一旦合法权利受到侵害其更为关注的是其权利的救济方式。因此不论对于侦查行为合法行使还是对于犯罪嫌疑人权利的保护来讲，讯问合法审查启动方式更应被关注。按照《严格排除非法证据规定》的要求，重大案件侦查终结前的讯问合法性核查制度是检察人员“应当”履行的义务。因此，无论犯罪嫌疑人及其辩护人或近亲属是否向驻所检察室提出核查申请，检察人员都应当进行核查。

2. 核查的内容

讯问合法性核查的重点是讯问犯罪嫌疑人在侦查过程中是否存在刑讯逼供等非法取证情形。审核的内容可以依照《严格排除非法证据规定》中“一般规定”的要求，审查是否存在讯问中有刑讯逼供（肉刑和变相肉刑）、威胁、非法限制人身自由等非法方法取供，是否有重复性供述的情形，是否有违反法定程序、严重影响司法公正以及不能补正或作出合理解释的非法实物类证据取证的情形。

3. 核查的方式

为了保证核查的真实性，核查方式应多种措施并举，首先驻所检察人员应定期开展核查，发现疑似非法取证情形的除了询问犯罪嫌疑人、案件承办人员外，还应当通过对入所体检、提审记录进行核查，及时受理对非法取证的申诉和举报。通过多种措施保证审核讯问合法是切实可行的。

4. 核查的部门

按照《严格排除非法证据规定》的要求，重大案件侦查终结前讯问合法性的核查职责赋予了刑事执行检察部门，应当说这一权力配置进一步强化了检察机关对侦查取证活动的监督。“人民检察院派驻看守所检察人员承担讯问合法性核查职能主要有以下优势：一是亲历性。派驻检察人员因为常驻看守所，日常能够通过谈话、询问等方式获知是否有刑讯逼供等非法讯问情形。二是便利性。驻所检察人员有条件第一时间知悉羁押人员的情况，并可以根据具体情况进行拍照、录相等固定相关证据，防止证据灭失。三是相对中立性。驻所检察人员行使检察监督职责，与犯罪嫌疑人、办案机关没有利益上的直接关系，更能独立、公正地开展讯问合法性核查，防止刑讯逼供等侵害在押人员合法权益行为的发生。因此，由驻所检察人员负责开展讯问合法性核查，实现了监督关口前移，有助于解决当前刑讯逼供发现滞后、调查取证困难、证据易于灭失等问题。"①

① 万春、高翼飞：《刑事案件非法证据排除规则的发展——〈关于办理刑事案件严格排除非法证据若干问题的规定〉新亮点》，载《中国刑事法杂志》2017年第4期。

第四编

行刑衔接中检察机关对证据的审查与排除

第十二章　规范视角下行刑衔接中的证据问题研究

在构建和谐社会的法治背景下，加强行政执法与刑事司法的衔接机制，是规范和引导社会主义市场经济秩序的治本之策，也是推动我国刑事司法改革与社会管理创新的重要方面。随着2001年国务院制定的《行政执法机关移送涉嫌犯罪案件的规定》和随后最高人民检察院制定的《人民检察院办理行政执法机关移送涉嫌犯罪案件的规定》以及最高人民检察院、全国整顿和规范市场经济秩序领导小组办公室、公安部、监察部共同下发的《关于在行政执法中及时移送涉嫌犯罪案件的意见》等规定的相继出台，我国行政执法与刑事司法相衔接的各项制度已初步建立，并在实践中取得了显著成效。2012年3月14日刑事诉讼法的第二次大修顺利完成并获得通过，该法第52条第2款规定，“行政机关在行政执法和查办案件过程中收集的物证、书证、视听资料、电子数据等证据材料，在刑事诉讼中可以作为证据使用。”在行刑衔接中对于行政证据进入刑事诉讼程序后法律只是规定了“可以作为证据使用”，而不是“应当作为证据使用”。对于行政证据能否作为刑事证据的判定、判定后的审查以及排除都应当是检察机关在诉讼环节中应当履行的责任，需严格按照证据种类的法定要求，逐一进行审查核实，确定是否作为证据使用，这也是检察机关审查、排除非法证据，保证证据质量的必然要求。研究检察机关在行政执法与刑事司法活动中对证据的判定、审查和排除，应当从宏观和微观、理论与实践的多重视角加以关注和研究。

《刑事诉讼法》第52条第2款确立了行政执法中获取的证据材料在刑事诉讼中的法律地位，在行政执法和刑事司法间构筑起了新的证据移送流转机制，强化了行刑衔接的紧密性和诉讼效率。遵循这一条款的立法原意，需从行政执法所获取的证据在刑事诉讼中法律地位得以确立的内在法理、行政证据可直接作为刑事证据的种类范围以及未来行刑衔接中证据移交的有关问题进行深入研究，以求理顺行刑衔接中证据交递的诉讼通道，实现证据移交的高效、顺畅，落实打击犯罪精准化，保障检察机关合理认定进入刑事诉讼中的行政证据，正确履行非法证据的排除职责。

一、行刑衔接中证据运用的法理分析

（一）行刑证据“质”的同一——从行政违法与刑事犯罪的二元关系入手

就我国的立法现状而言，存在着“违法”与“犯罪”并存的二元分立结构。现行刑事犯罪行为与行政违法行为之间的关系主要包括三种：第一种为传统的犯罪行为，该类行为一旦发生，便立即进入刑法所调整的法律关系之中，不存在有行政违法行为的前提性过渡，如典型的杀人、抢劫等犯罪。第二种为单纯的行政违法行为，其仅仅被纳入到行政法规所应惩戒的视野范围，不存在触及犯罪的进一步可能，如吸食毒品等行为。而第三种则体现为行政违法行为和刑事犯罪行为两者的一种纵向延伸关系，如盗窃、逃税行为，以及其他在相关行政法规条文中列明的“构成犯罪的，依法追究刑事责任”的行为等，在这些行为中行政法规是刑法的前置法，但是“由于法益侵害、行为危险或伦理可责难性程度的加深”①，该类行为已超越了行政不法之量的规定，具有了刑事不法性质，所以被处以刑罚制裁。②

通过梳理和分析可以发现，在我国的法律体系中，行政法与刑法的关系体现为一种“质”与“量”的二元并重关系。纯粹的犯罪行为与纯粹的行政违法之间由于行为特性的本质差异决定了两者间不存在有任何过渡或交叉的可能，而处于纯粹的犯罪与行政违法之间的地带，如盗窃、诈骗、侵犯知识产权等行为，刑法和行政法规都有调整的可能。就这类行为而言，它们无外在形态的显著差别，不同的恰恰是数额的多少、情节的轻重以及后果的严重程度所呈现出的“量”的差异，最终由量变到质变。尤其是我国刑法的犯罪概念采取了定性与定量相结合的分析模式，既考察行为性质，又对行为中包含的“数量”进行评价，是否达到一定的“量度”对决定某些行为是违法还是入罪具有重要意义。正是由于这些违法行为与犯罪行为仅存在量的差异而无质的区别，决定了此类违法行为或是犯罪行为在案件事实的构成要素上基本一致，证明该案件事实所收集的证据材料在种类和范围上也基本趋同。由此推之，如果起初的行政违法最终被认定为犯罪，那么之前为证明该行政不法所收集的证据材料本身所蕴含的反映案件事实构成要素的情况和信息也并没有质的变化，侦查机关在此基础上对行政机关调查获取的证据材料进行补充、核实，使其符合刑事证据的形式要件（如取证主体、证据形式的合法等），就可以直接将其作

---

① 冯江菊：《行政违法与犯罪的界限——兼谈行政权与司法权的纠葛》，载《行政法学研究》2009 年第 1 期。

② 姜涛：《行政犯二元化犯罪模式》，载《中国刑事法杂志》2010 年第 12 期。

为认定犯罪事实的刑事证据使用。质言之，行政证据和刑事证据两者在某些案件事实构成要素上"质"的可对接性，为行刑衔接中证据材料的顺利过渡、直接移交提供了内在的理论支撑。

（二）行刑证据"质"与"量"的可通约——从证据"三性"及外在形式入手

尽管行政证据和刑事证据所存在的诉讼环境不同，所证明的案件事实的性质也不一样（主要是社会危害的严重程度），但就两类证据而言，都统一于证据的客观性、关联性与合法性的本质属性之中，可谓分流却同源。具体而言，行政证据与刑事证据均不依赖于人的主观意志而转移，具有客观存在，任何主观的猜测、推理都不能成为行政执法与刑事定案的依据。同时，行政证据与刑事证据都必须与违法或犯罪的案件事实有客观、稳定和必然的联系，没有关联性的材料，均不得成为行政证据或刑事证据。另外，无论是行政执法办案还是刑事侦查调查都强调取证的合法、有效，合法性始终贯穿于行政、刑事办案全过程。

另外，从外在形式上，行政证据和刑事证据在证据种类上的划分也基本一致。就 2017 年修订的行政诉讼法以及 2012 年修订的刑事诉讼法而言，都包含物证、书证、视听资料、电子数据、证人证言、鉴定意见、勘验笔录，至于不同的证据种类主要是由于不一样的诉讼中所存在的主体称谓不同而已，例如刑事证据中的被害人陈述、犯罪嫌疑人、被告人的供述和辩解，在行政诉讼法中由于不存在被害人、犯罪嫌疑人、被告人的称谓，所以只有当事人的陈述这类言词性证据，但根据《刑事诉讼法》第 106 条第（二）项的规定，"当事人"是指被害人、自诉人、犯罪嫌疑人、被告人、附带民事诉讼的原告人和被告人。因此，刑事证据中诸如被害人陈述、犯罪嫌疑人、被告人的供述和辩解这两种言词性证据本身就可以统称为"当事人的陈述"。由此可知，刑事证据和行政证据无论从内在的证据属性上还是外在的证据形式上都具有极高的一致性，存在行政证据向刑事证据转变、过渡的操作可能。

（三）刑事诉讼中取证主体的适度延展——以任意性侦查和强制性侦查为界分

就行政证据而言，其直接作为刑事裁判定案证据的最大障碍就在于行政证据的取证主体为行政办案人员，本身不具备刑事取证主体的资格。因为根据《刑事诉讼法》第 50 条的规定，"审判人员、检察人员、侦查人员必须依照法定程序，收集能够证实犯罪嫌疑人、被告人有罪或者无罪、犯罪情节轻重的各种证据。"从该法条出发，结合众多刑事诉讼法教科书之通说，适格的刑事取证主体必须限于公安司法人员，显然作为行政机关的办案人员不在此列，如果将行政执法或查办案件中所收集的证据材料直接作为刑事证据，会直接突破刑事证据合法性（取证主体合法性）的规范属性。

然而，仔细审视刑事诉讼法的规定，会发现刑事诉讼法中规定的取证主体并非局限于公安司法人员的特殊身份，取证主体的范围其实较为宽泛。如《刑事诉讼法》第41条第1款规定："辩护律师经证人或者其他有关单位和个人同意，可以向他们收集与本案有关的材料，也可以申请人民检察院、人民法院收集、调取证据，或者申请人民法院通知证人出庭作证。"根据该条规定，辩护律师享有调查取证权，有权收集证据。《刑事诉讼法》第49条也规定，"自诉案件中被告人有罪的举证责任由自诉人承担"。由于自诉案件中没有公安机关、检察院这类国家控诉机关参与，贯彻"谁主张，谁举证"的原则，自诉人要承担举证责任指控被告人犯罪，取证工作自然就落在了自诉人的肩上。由此看来，在我国刑事诉讼中自诉人和辩护律师都有取证权，取得的材料都可能作为证据使用。而之所以会出现这一现状，缘于我国承继苏联的刑事诉讼模式，强调刑事诉讼是国家公权力的表现，因此刑事诉讼中的权力行使应最大限度地由国家垄断，而取证活动作为国家追诉犯罪的一种手段或方式往往会动用公权力量，特别是诸如搜查、扣押等强制性侦查措施以及穿透力极强的技术侦查手段，如果全部不加限制地委于个人，将产生权力滥用、人人自危的风险。为此，我国法定的取证手段，特别是强制性、技术性的侦查手段只能由国家规定的公权力机关行使。但是，与此相对应的一些不带有强制力介入的取证方式，诸如基于持有证据之人自愿交出而获取证据的取证行为等，国家并没有一概否定，而是将其作为一种权利赋予了一些特定的个人，例如前述自诉人、辩护律师的调查取证权。这一点在其他国家其实也有类似规定，如在日本，取证的重要形式——侦查措施，就分为任意性侦查与强制性侦查。任意性侦查往往不使用强制力而收集、提取证据；而强制性侦查，则往往在取证过程中有强制力的介入。由于任意性侦查取证不涉及强制力的动用，不会对公民的基本、重要权益产生严重干预，因此该类侦查取证不限于司法人员，原则上任何人均可为之，当然也包括行政机关。正如日本学者田口守一教授所言，"行政警察的活动严格地说不是'侦查'，但这种行为的合法性标准也应当按照任意侦查的标准来判断"。[①] 综上而言，包括行政警察署在内的行政机关，如果在执法办案中遵循行政程序依法取证，由于没有刑事强制性措施或手段的介入，对公民的基本人权并未产生非法侵害，按照任意侦查的取证标准，行政机关取

① ［日］田口守一：《刑事诉讼法》（第五版），张凌、于秀峰译，法律出版社2010年版，第35页。

证主体的身份完全适格，所取得的证据材料可直接在刑事诉讼中作为证据使用。

二、行刑衔接中可直接运用的证据范围

《刑事诉讼法》第52条第2款规定："行政机关在行政执法和查办案件过程中收集的物证、书证、视听资料、电子数据等证据材料，在刑事诉讼中可以作为证据使用。"从法解释的角度出发，严格限定行刑衔接中可直接作为证据使用的范围，对准确惩罚犯罪、提高办案效率具有重要意义。

（一）四类证据在行刑衔接中可通用

从法条的字面意思出发，在行刑衔接中证据交递的重点范围应限于物证、书证、视听资料以及电子数据这些实物证据。究其原因，实物证据一般在违法犯罪行为的实施过程中产生，一旦产生，实物证据自身所蕴含的信息或情况就固化于实物载体中，具有很大的客观性、稳定性和独立性，很少会因为收集、提取、保存等原因受到外界因素的影响发生变化，不易失真，可靠性高，自然也不会在行刑衔接的移交过程中发生质的突变。另外，实物证据的收集往往具有唯一性和不可逆性，如行政机关在执法或办案过程中所扣押的物证、书证，一旦查明该类物证、书证所证明的案件已经触犯了刑法，就需要侦查机关立案侦查，收集调取，但由于某些案件中行政违法和刑事犯罪两者的纵向延伸关系，其所证明的案件事实具有极高的相似性，侦查机关为了查明案情也要收集相应的物证、书证作为认定犯罪的依据，但之前由于行政机关已经扣押了该类证据，物证、书证已不可能恢复到原始状态，再由侦查机关去扣押一次。然而，如果因为无法重复收集就将先前已收集的行政证据予以排除，鉴于实物证据已无法再生，取证机关自然也再难获取，惩罚犯罪的功能价值会由此受到影响或减损。申言之，在行刑衔接案件中，侦查机关往往不具有重新收集证据的条件，而且如此反复地收集证据也会在很大程度上增加侦查机关的负担。正是基于上述原因，包括行政执法收集的物证、书证、视听资料和电子数据可直接移送至侦查机关，由侦查机关接收、留存，作为刑事证据使用。

（二）《刑事诉讼法》第52条第2款中"等"字原则上宜做"等内等"解释

从法条解释的角度进一步发掘，会发现在该条款中还出现了"物证、书证、视听资料、电子数据'等'证据材料"的表述。根据《现代汉语词典》的解释，"等"字用于列举使用时，有两种意思：第一是列举后煞尾，如我国有长江、黄河、黑龙江、珠江等四大河流。第二是表示列举未尽（可以叠

用)，如北京、天津等地，纸张、文具等。那么对于条文中的“等”字是依照列举后煞尾理解，认为行政执法或查办案件过程中所收集的证据材料如果可移送给刑事侦查机关的话，仅限于物证、书证、视听资料和电子数据；还是按照列举未尽解释，认为行刑衔接中可以直接运用于刑事案件的证据还另有他类呢？对此问题出现了不同的解释。有学者采用第一种观点，认为“该条文中的‘等’字应当做‘等内等’理解，即在本条本款中，在刑事诉讼中可以作为证据使用的，仅仅包括条文中明确列举出来的物证、书证、视听资料、电子数据这四种证据，而不包括《刑事诉讼法》第48条中列举的其他证据，也就是说证人证言、鉴定意见、勘验、检查等笔录这几种证据不能直接作为刑事诉讼证据使用。这里不提被害人陈述和犯罪嫌疑人供述、辩解这两种证据，是因为行政机关不可能获得这两种证据。”① 而另外的观点则针锋相对，指出“此处虽然列举了物证、书证、视听资料、电子数据四种证据，但仍未列举穷尽。因为修改后的刑事诉讼法多处使用了列举后加‘等’字的模式。这些‘等’字只能理解为列举未完的意思。退一步讲，倘若立法本意为列举后煞尾，这个‘等’字就没意义，应当直接删除。”② 笔者基本采用第二种观点，但是认为对于该法条中“等”的解释可以从三个层面来解释：

第一，对于行政机关在行政执法和查办案件过程中收集的物证、书证、视听资料、电子数据这四类证据材料，在刑事诉讼中可以直接作为证据使用。这是法条的规定，毋庸置疑。

第二，对于证人证言、当事人陈述等言词类证据不宜直接作为刑事证据使用，原则上必须重新收集、制作。原因有三：其一，行政执法办案中的言词性证据在形式上与刑事证据的种类不相匹配，如何对接存在障碍；其二，言词性证据受外界的影响较大，反复性强，易变性大，虚假性高；其三，言词性证据的收集具有可重复性、可再生性的特点，由刑事办案人员进行收集具有现实的可操作性。但是，对于有些证人证言和当事人陈述，事后已经无法再获取，如证人重病、死亡、出国离境在外等原因导致言词证据的重新制作已无可能，但该证人证言对案件的定罪量刑又有重大影响，笔者认为在此特殊情形下该类材料能否移送可由证据接收机关自由裁量，如果其最终移交到庭审中必须进行情况说明，并公开质证，是否具有可采性由法官来裁断，但此种情形必须严格限制。至于鉴定意见能否作为刑事证据直接使用，后文笔者将做专门分析。

① 刘丽梅、何辉：《行政执法证据作为刑事诉讼证据使用几个问题初探》，载新华网 http://news.xinhuanet.com/lianzheng/2012-05/23/c_123178163.htm，最后访问日期2012年9月12日。

② 杨维立：《刑事诉讼中如何使用行政执法证据》，载《检察日报》2012年8月20日，第3版。

第三，行政执法中收集的勘验、现场笔录需要具体情况具体分析，虽然《高检规则》第64条和《公安机关办理刑事案件程序规定》第60条允许此类行政笔录证据在刑事诉讼中使用，但对其范围仍应进行一定限制。一般来说，得到补强的勘验、现场类笔录可以直接移送，作为刑事证据使用。按照目前我国证据学理论的通说，勘验、现场笔录归属实物证据，因为“它不是对人的语言表述的记载，而是对勘验过程以及勘验过程中所发现的物证情况的固定，所以属于实物证据。”[①] 诚然，勘验、现场笔录具有一定的物质表现形式，在内容上不带有具体办案人员的意见和判断，但实质上仍是具体办案人员对有关实物证据感知、记忆和表述的结果，是一种在内容上需要通过人的陈述、报告或者其他特殊行为发挥证明功能的证据，证据属性中还是有言词证据之主观性状的介入，唯有笔录中附存拍摄的照片甚至录像带，较之言词性证据材料，客观性强、稳定性高，应被纳入实物证据的范畴。所以从本质上来说，勘验、现场笔录更兼具实物、言词证据之双重属性。基于这一特点，笔者认为，对于行政机关在行政执法或查办案件过程中所制作的勘验、现场笔录，如果直接移送刑事办案机关作为刑事证据使用的话，可以考虑同时移送相应的辅助性证据材料。原因有二：首先，从正面来说，勘验、现场笔录常常具有不可再生性，被勘验的现场或物品会因为外界因素和时间的推移发生较大变化。以犯罪现场（行政执法办案中为违法现场）为例，“现场形成后，由于风、霜、雨、雪的侵袭和腐蚀以及露水、植物成长、动物活动等都会埋没或者破坏现场的物证、痕迹，现场极易遭受破坏。例如，草面上的沾血污迹很快就会改变颜色而难以发现，一阵小雨可能将一些血迹、污斑完全冲失。别的一些生物痕迹，如头发、精液斑、尿液斑、粪便、鼻屎、皮肤组织和脑浆等，也可能因为干燥或被水冲走而消失。”[②] 基于此，如果在行政执法转向刑事侦查过程中需要再次制作勘验笔录的话，很可能会因为时过境迁，现场已经被严重破坏，面目全非甚至不复存在，重新收集既不现实也不可能。其次，从反面来讲，毕竟勘验、现场笔录还是有人的主观因素介入，如对现场和具体情况的描述所使用的语言文字并不能完全准确记录客观事实的存在，误差在所难免，再加上记录人主观上的不负责任甚至虚构笔录内容都有可能导致笔录的失真。为最大限度地降低笔录的失真度，移送辅助性证据确有必要。具体而言是对于某些现场的勘验笔录，在目前的科学条件下，如果笔录中配有通过录像、拍照手段制作的图片或视听材料可以最大限度地阻止主观因素的介入，减小笔录的失真度，使得其可

① 汪建成、刘广三：《刑事证据学》，群众出版社2000年版，第14页。

② ［美］夏珍：《神探李昌钰破案实录》，广西师范大学出版社2005年版，第88页。

靠程度与物证、书证等实物证据几近相同，勘验、现场笔录所存在的可靠性风险也随之可以被忽略不计。因此，对于行政机关制作的勘验、现场笔录，如果无法收集重复制作，在有补强证据材料的前提下，也可直接移送，在刑事诉讼中作为证据使用。

三、行刑衔接中移交证据材料的审查判断与排除规则适用

既然立法上明确规定部分行政证据具有证据能力，无须转化即可作为证据使用，那么，其同样必须适用非法证据排除规则，对于行政执法机关采用非法手段获取的物证、书证等证据材料，一旦经司法机关核实属非法证据，应当从程序上予以排除。然而对于该类证据材料排除的标准如何设定，这是一个亟待探讨的问题。如果完全按照刑事证据的排除标准对物证、书证等证据材料进行合法性审查的话，会发现我国《刑事诉讼法》第 54 条中对待实物证据的排除是一种“自由裁量式的排除”，其裁量排除的限制条件极其严苛，必须同时具备三个条件，即收集的物证、书证不符合法定程序，可能严重影响司法公正的，应当予以补正或者作出合理解释；不能补正或者作出合理解释的，才对该证据予以排除。有学者就指出这种赋予法官的“自由裁量式的排除”可能最终会沦为对实物证据“自由裁量后的不排除”。如果严格按照这一排除规则来衡量移送的行政证据会出现以下两个问题。

问题一：刑事诉讼法中对实物证据的排除规则中并没有涉及视听资料和电子数据，对该类证据如何审查，如何把握非法证据的排除尺度目前无法可依。

问题二：根据 2002 年出台的《最高人民法院关于行政诉讼证据若干问题的规定》第 57 条规定：“下列证据材料不能作为定案依据：（一）严重违反法定程序收集的证据材料；（二）以偷拍、偷录、窃听等手段获取侵害他人合法权益的证据材料；（三）以利诱、欺诈、胁迫、暴力等不正当手段获取的证据材料；（四）当事人无正当事由超出举证期限提供的证据材料；（五）在中华人民共和国领域以外或者在中华人民共和国香港特别行政区、澳门特别行政区和台湾地区形成的未办理法定证明手续的证据材料；（六）当事人无正当理由拒不提供原件、原物，又无其他证据印证，且对方当事人不予认可的证据的复制件或者复制品；（七）被当事人或者他人进行技术处理而无法辨明真伪的证据材料；（八）不能正确表达意志的证人提供的证言；（九）不具备合法性和真实性的其他证据材料。”另外，其第 58 条也规定，“以违反法律禁止性规定或者侵犯他人合法权益的方法取得的证据，不能作为认定案件事实的依据。”比照行政诉讼和刑事诉讼对非法证据的排除规则，行政诉讼的排除条件更为简单，排除的情形更为宽泛，尺度也更为严格。如此一来，可能会出现一些在行

政诉讼中被排除的实物类证据，但是在刑事诉讼中并不会被排除，反倒可以作为刑事证据使用。比如以刑讯、利诱、欺诈等方式获取的物证、书证等实物性证据材料，其在行政执法与刑事诉讼中可能会面临两种不同的命运，对此问题又该如何处理？

针对上述两个问题，笔者认为应从以下几个方面寻求破解：

首先，对视听资料、电子数据的排除应当依照《高法解释》第四章第七节“视听资料、电子数据的审查与认定”做不可靠证据的甄别与判断。同时，结合2016年最高人民法院、最高人民检察院、公安部联合印发《关于办理刑事案件收集提取和审查判断电子数据若干问题的规定》对电子数据的审查与排除作出综合判断。

其次，行刑衔接中对非法物证、书证等实物证据的排除标准应依照行政诉讼与刑事诉讼排除规则之双重标准进行审查和判断。主要原因集中在两个方面：其一，由于移交的物证、书证、视听资料和电子数据经过了行政执法以及刑事诉讼两个阶段，无论是行政机关调查收集证据，还是刑事办案机关侦查收集证据，都必须依照法定程序进行，在依照不同的法定程序推进诉讼的过程中自然会有不同的排除标准，只有经历过不同证据排除规则的涤除，最终留存下来的证据材料才能作为定案的依据，这是一个诉讼不断深化的认知进程，是一个去伪存真、去粗取精的必经过程。其二，在行刑衔接过程中，行政法作为刑事法的前置性法规，两者的法律后果，即行政处罚和刑罚的严厉程度迥然不同，作为触犯刑法的主要法律后果——刑罚往往涉及人的财产、自由乃至生命的限制或剥夺，因此对非法刑事证据的排除尺度应当较非法行政证据更为严格，这样才能体现国家对行政违法处罚注重效率，而对定罪量刑偏重公正的诉讼特点。但就当前来看，行政诉讼中非法证据的排除尺度要比刑事诉讼中更为严格，如果都以现行刑事诉讼中的非法证据排除规则来审查、判断所有行刑衔接中移送的物证、书证等证据材料，放弃行政诉讼非法证据排除规则所进行的前置性规范，则极可能纵容行政机关的违法取证。因为缺少了行政诉讼非法证据排除规则的先行过滤，直接移送到刑事诉讼中的行政证据径直进入了当前排除尺度较为宽松的刑事诉讼非法证据排除规则体系，即使最终认定取证手段违法也有补正或合理解释的机会而被修复、治愈。长此以往，将会导致在侦查机关与行政执法机关的“合谋”，导致实质上的侦查程序前置，即在刑事立案前大规模采用行政手段收集证据，这势必会违背司法权的独立性和专属性，后果不堪设想。因此，对行刑衔接中移送的证据材料必须经历行政诉讼和刑事诉讼取证、排除规则的双重审查和检验，方可作为最终的刑事定案依据。

第十三章　论行刑衔接中行政执法证据在实践中的运用

2012 年修订后的《刑事诉讼法》第 52 条第 2 款规定，“行政机关在行政执法和查办案件过程中收集的物证、书证、视听资料、电子数据等证据材料，在刑事诉讼中可以作为证据使用。”这一规定确立了行政证据在刑事诉讼中的合法地位，意味着行政机关在执法办案中所收集的证据无须再经过转化即可在刑事诉讼中使用，提高了行政执法和刑事司法两法衔接的办案效率，具有很高的证据价值和诉讼意义。随着相关司法解释的出台，一个急需厘清的问题也随之呈现，新法的出台是否意味着行政证据与刑事证据自此在法律上已没有任何区别。换句话说，任何行政证据是否都能毫无差别地直接进入刑事诉讼，对此问题尚存在诸多疑问，需要认真梳理，妥善解决。本章从行刑衔接中所涉及的行政证据的种类入手，分析两法衔接中行政证据的使用范围和使用方法，并由此剖析其实践运行中的法理依据和使用规律，以期解决办案中对于此类问题的困惑，为司法实践提供理论支持。

一、行政证据在行刑衔接中使用的规范分析——法律文本的考察

（一）行刑衔接中的证据种类

行政办案涉及领域广泛，案件类型庞杂，行政执法和查办案件过程中所收集的行政证据也繁杂多样、名称不一。根据刑事诉讼法的规定，并不是所有的行政证据都可以直接作为刑事诉讼裁判的依据。总的来说，立法者将行刑衔接中可以直接作为证据使用的范围限定在了实物证据，具体包括物证、书证、视听资料、电子数据四类。然而，由于刑事诉讼法在罗列了该四类证据后加了一个“等”字，导致学界和实务部门产生了不同认识。一些学者认为应当严格限定行刑衔接中可以直接使用的证据范围，对“等”字仅做列举后煞尾的“等内等”解释，从而避免所有的行政证据尤其是言词证据毫无限制地涌入刑事司法领域，带来证据裁判和事实认定上的风险。同时也避免引发刑事司法活

动倒流入行政执法活动中，出现刑事司法办案的“前置化”，[①] 引发刑事司法权对某些领域的过度介入。而另外一些研究者，尤其是实务部门的同志则从法条的文义解释出发，认为“等”字宜以列举未尽的“等外等”来理解。申言之，行刑衔接中可以进行“证据接力”的范围除了上述四类外，还可包括其他证据类型。[②] 新修订的《高检规则》第64条就采纳了对“等”字的后一种理解，其第2款将可以作为刑事证据使用的行政执法证据的范围由法定的物证、书证、视听资料、电子数据，扩展到鉴定意见、勘验、检查笔录。同年，公安部制定的《公安机关办理刑事案件程序规定》第60条也做了类似的规定，其在认可《高检规则》的前提下，还进一步将范围扩展到了行政执法中的检验报告。

（二）行刑衔接中证据使用的方式方法

对于行政证据在行刑衔接中如何导入刑事司法领域，结合刑事诉讼法和《高检规则》等有关法律文本进行分析，具体的使用方法主要包括两个方面（参见图4）：

第一，直接使用。即在刑事司法办案中将行政证据直接作为刑事证据使用，这类证据主要围绕实物证据展开，如物证、书证、视听资料、电子数据等。由于实物类证据客观性强，持久性和稳定性高、易变性小，本身所承载、反映的案件信息不会因取证主体等人的主观意志而转移，不会因诉讼场域的转换而变化。当某一法律案件由于涉案数额的多少、情节的轻重以及后果的严重程度发生变化导致案件性质由违法转为犯罪后，实物证据可以在不同场域内直接流转，不会因为行为本身是违法还是犯罪的规范性分析判断，而抹杀实物证据对法律行为要素的反映和描述。随着2017年行政诉讼法的修订，行刑衔接中证据的种类更加去通化，这也为实物类证据在行政诉讼和刑事诉讼转换中提供了更为便捷的执法环境。

第二，重新收集。对于行政执法办案中所取得的言词性证据按照立法本意是需要再次履行取证手续，重新收集。[③] 究其原因，就在于言词性证据本身的易变性大，容易受到主客观因素的影响而出现虚假或失真的情况。[④] 一方面，提供言词证据的主体可能因为自身的感知、判断、记忆和表述能力的限制或对

---

① 汪建成：《刑事证据制度的重大变革及其展开》，载《中国法学》2010年第6期。

② 参见黄世斌：《行政执法与刑事司法衔接中的证据转化问题初探》，载《中国刑事法杂志》2102年第5期。

③ 郎胜主编：《中华人民共和国刑事诉讼法修改与适用》，新华出版社2012年版，第120页。

④ 何家弘主编：《新编证据法学》，法律出版社2000年版，第116页。

案情发生认知偏差、表达失实；另一方面，作证主体与案件之间特殊的利害关系也可能驱使他们有意进行虚假陈述；再者，提供言词证据的同一主体还可能受询（讯）问主体的变换、时空环境或诉讼阶段的变化等多重因素的影响而发生心理上的微妙变化以致做出差异的、矛盾的甚至截然相反的陈述。因此对于言词证据原则上需要重新收集，以尽可能地保证其任意性和准确性，只有特殊情况下方可直接使用。2013 年施行的《高检规则》基本贯彻了刑事诉讼的立法原意，其第 64 条第 3 款明确了原则上“人民检察院办理直接受理立案侦查的案件，对于有关机关在行政执法和查办案件过程中收集的涉案人员供述或者相关人员的证言、陈述，应当重新收集；确有证据证实涉案人员或者相关人员因路途遥远、死亡、失踪或者丧失作证能力，无法重新收集，但供述、证言或者陈述的来源、收集程序合法，并有其他证据相印证，经人民检察院审查符合法定要求的，可以作为证据使用。”

总的来说，从法律文本的规范性分析出发，新近出台的司法解释基本和现行立法保持了一致，即为了保障行政执法与刑事司法的有序衔接和高效联动，对于行政执法和办案中涉及的实物类证据可以继续作为刑事诉讼中的证据使用。对于诸如犯罪嫌疑人、被告人的口供、证人证言和被害人陈述等如果要成为刑事证据原则上仍应当重新收集、规范取证，但是对于因路途遥远、死亡、失踪或者丧失作证能力，无法重新收集的特殊情况，司法解释仍然规定了此类言词证据可直接使用的特殊条款。

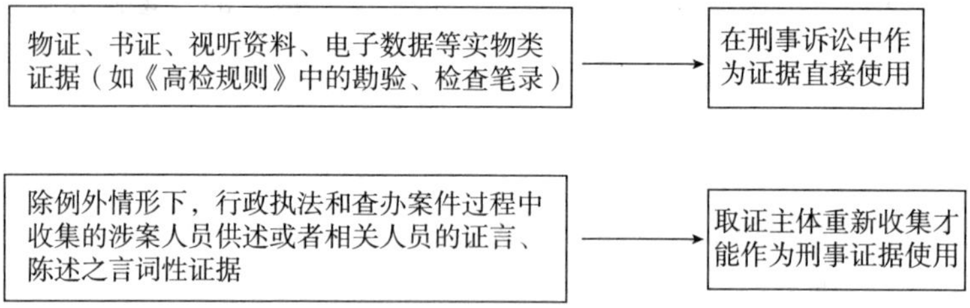

图 4　行刑衔接中证据使用的方式方法

二、行政执法证据在行刑衔接中使用的实证样态

虽然现行的法律规范和司法解释明确了行刑衔接过程中证据使用的范围和方法。“然而法律认可的作用，可能根本就与其当初得以施行的原始目的不相一致。因此，制度可能具有的显著作用，只能根据其作为一个更广阔社会体系诸成分的地位来确定；这些作用也许完全不同于直接与它们维护的有关人所承

认的目的。”[①] 从实证调研的情况看，司法办案中行刑衔接中的证据使用与立法预期发生了背离，法律的规范性功能发生了异化。调研中发现，在行政执法和查办案件中获取的行政类证据绝大部分都无障碍地成为刑事证据，即使是需要重新收集的言词证据也都毫无阻碍地进入了刑事司法领域继续作为证据使用。行刑衔接中设定的法定证据范围和使用方法被规避，具体的表现形式主要体现在以下几个方面：

（一）言词证据重新制作的例外规定被滥用

按照法律和司法解释的规定，言词类证据在由行政执法转入刑事司法的诉讼场域时重新收集是原则，直接使用是例外，而且司法解释对例外性条款还设定了较为严格的条件限制。如《高检规则》第64条第3款就列举了例外性规定，其指出：“确有证据证实涉案人员或者相关人员因路途遥远、死亡、失踪或者丧失作证能力，无法重新收集，但供述、证言或者陈述的来源、收集程序合法，并有其他证据相印证，经人民检察院审查符合法定要求的，可以作为证据使用。”然而，实践中办案部门常常“曲意解释”[②] 上述例外情形，任意放宽原本严苛条件的尺度。例如按照《高检规则》的规定，路途遥远，无法重新收集供述、证言或陈述是考虑可以直接使用言词证据的一个例外情形。但是“路途遥远”是一个规范性要素，是需要裁判者补充的价值判断，而不是事实判断。[③] 身处境外、暂居国外或者居住在交通闭塞、大雪封山的深山老林都可以认定为路途遥远，然而家住远郊区县、出差在外是否可以认定为此处的“路途遥远”便不无疑问。在笔者调研过程中，一些侦查取证机关往往以涉案人员或者相关人员出差在外、有（装）病在家、居住或常住地一时无法查清等为由，直接使用行政执法环节收集的言词证据。这些情形其实都不能算作司法解释中严格意义上的“路途遥远、失踪或者丧失作证能力”，刑事取证主体在此有规避言词证据重新制作，滥用例外条款的不规范动作。有学者在基层调

① 参见［英］罗杰·科特威尔：《法律社会学导论》，潘大松等译，华夏出版社1989年版，第79—80页。

② 万毅：《“曲意释法”现象批判——以刑事辩护制度为中心的分析》，载《政法论坛》2013年第3期。

③ 在此借鉴张明楷教授在刑法学中对构成要件要素的分类，即记述的构成要件要素与规范的构成要件要素。记述的构成要件要素，是在任何意义上都不要求法官评价的要素；对记述的构成要件要素虽有解释的必要，但在解释上没有任何争议，在认定事实是否符合构成要件时，不需要法官的个人评价。规范的构成要件要素，是需要填充的构成要件要素，即法官仅仅根据法规的记述还不能确定，只有进一步就具体的事实关系进行判断与评价（这种判断与评价既可能是基于法官的自由裁量，也可能需要基于道德、礼仪、交易习惯等法以外的规范）才能确定的要素。参见张明楷著：《刑法学》（第四版），法律出版社2011年版，第123页。

研时就碰到一起典型案例，“在某受贿案中，检察机关起诉时直接将行贿人在纪检双规期间所作证词作为证据移送人民法院，法院要求检察机关重新制作该证据，但检察机关称行贿人到外地出差，路途遥远赶不回来。结果第二天下午，负责该案的法官回家时，在半路上遇到该行贿人，法官很诧异地问：不是说你出差了吗？行贿人颇为尴尬地说：我正准备出差……”①

（二）言词证据被转化为实物证据后进入刑事司法领域继续使用

如前所述，由于行政执法和查办案件的类型多样，取得的证据也种类繁多。很多证据无法与刑事诉讼证据准确对应。以致实践中很多行政类证据被粗糙地归并为实物证据，平滑地闯入刑事司法领域，并最终顺利地定位为刑事证据。这其中就包括一些本应当重新收集的言词证据被转化包装后化身实物证据继续在刑事诉讼中使用。最为明显的就是行政执法中的笔录类证据。按照新修订的行政诉讼法的规定，行政执法中收集的现场笔录是法定的证据形式之一，包含“现场检查笔录、现场询问笔录、现场检验笔录、现场制作的音像视听资料等。”② 现场笔录种类繁多，但是其本身所反映出的证据形式却不一而足。要作为刑事证据使用就必须分门别类地与刑事证据准确对接，不能一概而论地都划定为刑事诉讼中的“勘验、检查笔录”，赋予其刑事证据能力。

然而，我们在调研中发现，一些办案机关将上述所有的现场笔录统一划归到刑事诉讼中的笔录类证据，并直接作为刑事证据使用。特别是将现场询问笔录也直接作为可以衔接使用的刑事证据，此种证据转化实在欠妥。正如有学者指出的，“现场询问笔录作为对现场询问活动的一种客观记载，其所承载的并不是自身是否具有客观性，而是其所记载的现场询问活动以及现场询问的结果是否客观、合法。现场询问活动的程序决定着其是否客观公正。行政执法过程中的询问规则与刑事侦查过程中的询问规则有很大的不同，在实践中由于两者的执行力度不同，这就决定了直接将现场询问笔录赋予刑事证据资格具有客观上的风险，也容易遭受公正性质疑。更重要的是，这对犯罪嫌疑人、被告人的权利保护是不利的。因此，对于现场询问笔录不宜直接赋予其刑事证据资格。”③

---

① 万毅：《检察机关证据规则的修改与完善》，载《中国刑事法杂志》2014 年第 3 期。

② 高家伟、张玉录：《论现场笔录》，载何家弘主编：《证据学论坛》（第六卷），中国检察出版社 2003 年版，第 357 页。

③ 杜磊：《行政证据与刑事证据衔接规范研究——基于刑事诉讼法第 52 条第 2 款的分析》，载《证据科学》2010 年第 6 期。

（三）行政执法中的鉴定意见、检验报告和检测结论被滥用

虽然《高检规则》和《公安机关办理刑事案件程序规定》将行政执法中的鉴定意见、检验报告纳入到了可以两法衔接使用的行政证据的范围。然而，从学理上来看，鉴定意见属于言词证据的范畴，是具有专业知识的人就案件的专门性问题运用科学知识所做的书面性意见，本质上仍是一种科学手段下的主观判断。因此，不同的鉴定人所做出的鉴定意见可能有较大分歧或差异。而且，由于刑事司法活动中鉴定意见的做出必须聘请或指派具有专门鉴定资质的鉴定者，鉴定程序和方法复杂，与行政执法办案中的鉴定相比有更为严格的要求。因此，我们认为在行政执法和刑事司法的无缝对接中，鉴定意见至少应当经过表面审查，① 甚至在有条件的情况下②需重新鉴定或补充鉴定才能作为刑事证据使用。然而，实践中由于《高检规则》和《公安机关办理刑事案件程序规定》的预设，行政鉴定可以直接转为刑事鉴定意见。而且《公安机关办理刑事案件程序规定》还增加了检验报告在刑事诉讼中的证据效力，这就导致行政办案中很多较为粗糙的检测结论、检验报告（如《血液酒精含量检测报告》、涉税案件中的《税务稽查报告》、③ 交通肇事案件中的《车辆技术检验报告》等）被过多、过滥且不加审查地直接作为刑事证据来使用。在科学光环的照耀下，裁判者被这些披着科学外衣的结论、报告或意见所蒙蔽，整个刑事诉讼程序被左右，犯罪嫌疑人、被告人的权利保障面临着诸多潜在的风险。

三、问题的深入展开：取证主体与证据规则

刑事诉讼法有关行刑衔接程序中证据问题的规定在行政执法和刑事司法间构筑起了新的证据使用机制，理顺了行刑衔接中的证据关系，提高了两法衔接的办案效率。然而规范语境下的立法预期常常会被司法实践所僭越或异化，这常常源于实践办案中体制内外多重因素的影响，如司法体制或机制的不健全、绩效考核的压力、法律职业伦理的缺失等最终共同催生了一个法律之外的自洽的异生规则。就行刑衔接中涉及的证据问题也面临着规范和实践两面世界的现状，而之所以产生这一现象，我们认为缘于中国证据制度自身发展的滞后以及

① 对于鉴定人或者鉴定机构的资质等进行初步了解和判断，即进行表面的形式审查。

② 如交通肇事或危险驾驶案件中的现场勘验与血液酒精浓度鉴定，如重新进行司法勘验或司法鉴定，往往已经不具备条件。

③ 刘广明、张广志、郑国成：《税务稽查报告不能直接作为刑事诉讼证据使用》，载《检察日报》2008 年 11 月 2 日，第 3 版。

由此引发的内在缺陷。

中国经典的证据法教科书谈及证据的基本范畴无不会涉及证据客观性、关联性和违法性的三大属性问题。这其中，合法性是证据除客观性和关联性自然属性外的一种法律属性，具有规范意义。按照证据法学经典教科书，“证据的合法性，是指证据的形式以及证据收集的主体、方法和程序应当符合法律的规定，并且证据必须经过法定的审查程序……”① 依照该论述，证据的合法性应当具备如下要素：取证主体合法、证据的表现形式合法、取证的手段合法、法庭调查的程序合法。反之如果上述的证据要素缺乏，则该证据视为不合法证据。在这一理论指引下，司法办案中涉及到的私人调查、行政执法、纪检调查等取证活动，由于取证方为私人个体、行政机关或纪检部门而非刑事侦查主体，主体的不适格导致上述法律行为所收集的证据材料无法直接作为刑事诉讼中的合法证据来使用，常常诱发行政执法与刑事司法在衔接过程中面临诸多困境。比较明显的问题主要体现在两个方面：一是某些证据材料由于取证过程的不可逆，无法再次收集，其本身在刑事诉讼中重要的证据价值灭失，案件无法继续推进，刑事司法活动打击犯罪的效力被减损；二是对于那些可以重复提取的证据材料，则需要由适格的取证方去重新收集，由此催生了实践中证据转化现象的频发，无形中浪费了一定的司法资源，延滞了诉讼周期。而且行刑衔接中的证据转化常常会掩饰非法取证过程，将行政执法中不合法、不规范的取证行为隐藏，将非法证据漂白成合法证据，最终架空非法证据排除规则。② 也正是基于上述原因，刑事诉讼法专门设定了新的法律条款期寄通过理顺行刑衔接中证据的通畅流转来解决取证主体的不适格对两法衔接的掣肘。其实，参阅其他国家在此问题上的处理方式我们会发现，我国对证据合法性的界定问题过于严苛或狭隘。而在世界其他国家，无论是英美法系还是大陆法系都主要是以取证手段合法性为中心来划定非法证据的范围。至于如何将行政证据引入刑事诉讼活动中使用，合理的限制其过多、过滥地侵入刑事司法领域，不同法系严密细致的证据规则解决了诸多难题。

（一）英美法系国家使用行政执法证据的路径

在英美法系国家，其并不限制行政证据在刑事诉讼中的使用，但其衔接的关键点在于证据的可采性问题。对于刑事诉讼中行政证据的可采性判断采取的

① 陈光中主编：《刑事诉讼法》（第四版），北京大学出版社、高等教育出版社 2012 年版，第 153 页。

② 万毅：《证据“转化”规则批判》，载《政治与法律》2011 年第 1 期。

是行政法上的"合理根据"判断，也就是说，严格性要低于刑事侦查的判断。[①] 但对于行政搜索，依然要遵循一定的程序要件，最主要的是也要申请令状，且要记载检查项目与范围，防止行政执法人员侵害公民隐私。[②] 具体的证据操作规则以美国为例，美国证据方法通常仅分为人证（testimony）及物证（exhibits）两大类。对于人证而言，美国实行严格的传闻证据规则，而公务机关所取得的证据，尤其是书面材料（如以任何形式记载的相关内容的各种记录、报告或数据汇编），往往可以作为传闻证据的例外。[③] 但这一例外只针对公共机关或公务员的记录、报告、陈述、资料汇编，而警察或其他执法官员对情况的观察不得引入刑事诉讼，以此防止控诉方根据执法机构在犯罪发生的同时进行观察的传闻报告提起控诉。[④] 对于物证，由于其种类繁多依其性质之不同可以分为实物证据（real evidence）、展示性证据（demonstrative evidence，如现场图、照片、图表等）、录音录影等。[⑤] 无论是行政执法还是刑事司法中取得的物证，美国基本上从合法性与关联性两个向度来认定其证据的可采性，就合法性而言，按照美国联邦宪法修正案的规定和既往的联邦最高法院的判例，对于非法搜查、扣押的物证，裁判者直接予以排除不得进入法庭。[⑥] 除此以外，关联性也是限制物证（人证也如此）可采行的一个重要考量因素，物证具有关联性一般是经由验真（authentication）来确立的，即为了保障物证的关联性，必须从"形式上证明"（prima facie）这个物证确实是来源于案件事实，是当事人所宣称的那个物证。例如检察官起诉被告意图欺诈，明知无付款可能，签发本票向商家购物，若检察官能证明该本票确系被告所签名，该本票即获得验真。具体验真的操作主要是提出连续妥当保管的证明。

综上而言，英美法系国家允许在刑事诉讼中使用的行政证据种类广泛，且基本上遵循刑事证据的可采性判断模式进行入口的把关，只不过考虑到行政行

① ［美］约书亚·德雷勒斯、艾伦·C. 迈克尔斯：《美国刑事诉讼法精解》，吴宏耀译，北京大学出版社2009年版，第137—138页。

② 王兆鹏：《美国刑事诉讼法》，北京大学出版社2005年版，第293页。

③ ［美］约翰·W. 斯特龙：《麦考密克论证据》，汤维建译，中国政法大学出版社2004年版，第573页。

④ ［美］乔恩·R. 华尔兹：《刑事证据大全》，何家弘等译，中国人民公安大学出版社2004年版，第157—159页。

⑤ 吴巡龙：《刑事诉讼与证据法全集》，台北新学林出版股份有限公司2008年版，第551页。

⑥ 在美国，体现非法证据排除规则的第一个判例为1914年的威克斯诉合众国（Weeks v. United States）案，就是针对警察非法扣押行为。之后与该排除规则有关的判例，都视遏制警察非法取证行为为宗旨。比如1961年的Linkletter v. Walker一案中，排除规则被概括为"对非法警察取证行为的有效威慑"。转引自马明亮：《非法证据排除规则与警察自由裁量权》，载《政法论坛》2010年第4期。

为的特殊性，可采性的具体标准有所降低而已。

（二）大陆法系国家使用行政执法证据的路径

大陆法系国家并不存在“违法”与“犯罪”并存的二元分立结构。行政执法和刑事司法两者并没有截然不同的边界划分。所以，大陆法系国家也同样不禁止行政证据在刑事诉讼中的适用。在德国，对于公共机构所拥有的文件或物品，法官有权命令其提交以作为证据，且这些机构无权拒绝，因为联邦上诉法院认为司法利益应当高于对行政部门完整性的尊重。[①] 在法庭的证据调查方面，公家机关的证书或鉴定书均可一般性地被朗读，刑事诉讼法第一修正案还将可朗读的证据扩张至汽车记速器之摘要记录、血型检验、酒精含量计算结果等例行的鉴定报告，但有争议时鉴定人应出庭。[②] 而日本实行传闻证据规则，言词证据受到严格的规范。对于行政证据中的公务或业务的文书、记录则是以传闻例外的形式而使用的，允许公务员就职务上可以证明的事实所作的书面材料作为证据，此类公务文书称为“特信”文书，即具有高度客观性，因而证明效力也是更高的文书，如户籍副本、公证书副本、居民票副本、不动产登记副本等，但实务中有不当扩大行政证据使用范围的现象，如违法案件调查悔改书、违法的勘验笔录等。[③] 我国台湾地区“刑事诉讼法”也容许公务员职务上制作之记录文书、证明文书，立法理由认为，此种文书因系公务员依职权所为，与其责任信誉攸关，且若有错误公务员可能承担刑事及行政责任，所以真实性保障极高。[④]

总体上，大陆法系国家和地区明确允许直接使用的行政证据是文件、记录等书面证据。涉及其他实物证据的情形基本是以非法证据排除规则来进行规范，如在德国，创设认定证据非法应予排除的规则（德国理论与实务上表述为“证据禁止”）的目的在于禁止国家以不计代价、不择手段、不问是非的方式发现真实，[⑤] 其关注的就是取证手段的正当性与合法性。这一思路正好化解了行刑衔接案件中取证主体对证据能力影响与否的认定问题。至于证人证言、当事人陈述等言词证据，直接言词原则承载了对行政取证中言词证据主要的过滤功能。

---

① ［德］托马斯·魏根特：《德国刑事诉讼程序》，岳礼玲、温小洁译，中国政法大学出版社2004年版，第110页。

② ［德］克劳思·罗科信：《刑事诉讼法》，吴丽琪译，法律出版社2003年出版，第434—435页。

③ ［日］松尾浩也：《日本刑事诉讼法》（下），丁相顺译，金光旭校，中国人民大学出版社2005年版，第68页。

④ 林钰雄：《刑事诉讼法》（上），中国人民大学出版社2005年版，第376页。

⑤ 林钰雄：《刑事诉讼法》（上），中国人民大学出版社2005年版，第422—423页。

通过他域经验规则的比较借鉴，无论在英美法系还是在大陆法系，行刑衔接案件中的证据使用并不是一个复杂的问题，只需按照证据可采性（admissibility）或证据能力的一般理论解决这一问题即可。对于诸如凶刀、血衣或毒品等实物类证据主要是以证据的合法性和关联性来进行筛选过滤。而对于口供、陈述和证言等言词类证据则是通过任意性法则和传闻规则来化解。对于鉴定意见、检验报告或检测报告这几类较为相似的公务或业务文书或书面材料则基本上是以传闻证据规则的例外设定了刑事诉讼的准入制度，但是相关制作或操作者、鉴定人出庭的制度有效地保障了该类鉴定意见或公务文书的证据效力。

四、解决中国行刑衔接中证据使用问题的基本思路

我国“违法”与“犯罪”二元并立的法律结构创设了行政违法和刑事司法两个办案领域，也自然地分设出行政证据和刑事证据两个证据体系。而我国不发达的证据制度、传闻证据规则等证据规则的缺位也决定了如果允许所有的行政证据全部无条件地涌入刑事司法领域，必将导致刑事裁判者无法有效阻却鱼龙混杂、泥沙俱下的行政证据在刑事诉讼中的无序应用，最终导致办案质量的下降。从长远来看，我国对于证据合法性的认定应当逐渐淡化取证主体这一规范要件的强调，转而注重对于取证手段方法的精细化规制。目前我国的证据规则随着刑事诉讼法的修改在循序渐进地发展完善，但是判断证据能力（证据资格）的证据法则缺失仍然是我国证据规则的内在缺陷。这一硬伤直接导致了我国在行刑衔接的证据转换中仍然必须通过取证主体“形式上的适格性”来限制行政证据在刑事司法办案中的使用范围。但这仅仅是权宜之计，真正的解决之道是应当进一步通过立法来完善判断证据能力的证据法则，通过证据法则的建立实现刑事司法办案中对行政证据使用的有效过滤和筛选。以解决行刑衔接中的证据使用为导向，抛却当下我国刑事证据排除规则中的非法证据排除规则、不可靠证据排除规则以及瑕疵证据排除规则外，借鉴他域的已有经验，未来判断证据能力的证据法则应当从前文所论及的关联性法则、合法性法则、传闻法则（直接言词原则）、任意性法则、意见法则等。为了保证实务操作的便利和理解的方便，我们将行政执法和查办案件中获得的证据分为实物证据和言词证据两大类。实物证据包括物证、书证、视听资料、电子数据、勘验和检查笔录。言词证据主要为陈述、证言和供述以及鉴定意见、检测报告、检验结论。对于行政活动中获取的实物证据主要通过关联法则（验真属于附条件的关联性）和合法性法则来把好其准入为刑事证据能力（证据资格）的关口。对于言词证据则是以传闻法则为核心，言词证据原则上必须在法庭上以言词形

式直接作出，但对于部分鉴定意见检测报告或检验结论类似的公务文书则可以考虑传闻法则的例外，但作为补充对于无法重新制作或鉴定的情况，制作者或鉴定人应当出庭。此外，关联法则、合法法则、任意性法则以及意见法则也从侧面与传闻法则呼应共同严格言词证据作为刑事证据的资格（参见图5）。

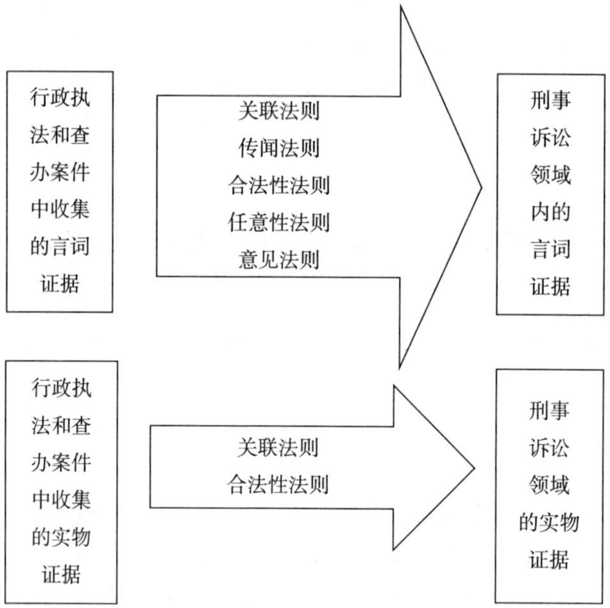

图5　我国当前在行刑衔接中证据使用的基本方法

第十四章　论刑事诉讼中行政鉴定证据的使用

2012年3月修订的《刑事诉讼法》第52条第2款规定："行政机关在行政执法和查办案件过程中收集的物证、书证、视听资料、电子数据等证据材料，在刑事诉讼中可以作为证据使用。"同年底颁布的《高法解释》《高检规则》《公安机关办理刑事案件程序规定》对刑事诉讼法这一条款又进行了细化规定，界定了行政机关的范围以及行政证据可以作为刑事证据使用的条件、程序，《高检规则》和《公安机关办理刑事案件程序规定》还扩充了可以使用的行政证据范围。[①] 然而在行刑衔接案件的证据问题上，尚有诸多问题有待澄清和解决，其中一个颇有争议且对司法实践影响较大的问题就是行政机关在执法或办案中所作的鉴定意见、检验报告（以下统称为"行政鉴定"）在刑事诉讼中的使用问题，这类行政鉴定究竟是否可以作为刑事证据使用？如果可以使用，其法理依据是什么？其证据能力要件是什么？对其进行审查判断需要注意哪些特殊问题？虽然按照《高检规则》和《公安机关办理刑事案件程序规定》的相关条款规定，行政鉴定是可以作为刑事证据使用的，但目前已有的相关研究文献对此问题的理论支持不足，而且对于如何审查判断行政鉴定也没有论及。因此，本部分内容拟尝试探讨和解答上述问题，为行政鉴定在刑事诉讼中的使用问题提供一些思路。

---

① 《高检规则》第64条第2款规定："行政机关在行政执法和查办案件过程中收集的鉴定意见、勘验、检查笔录，经人民检察院审查符合法定要求的，可以作为证据使用。"第3款规定："人民检察院办理直接受理立案侦查的案件，对于有关机关在行政执法和查办案件过程中收集的涉案人员供述或者相关人员的证言、陈述，应当重新收集；确有证据证实涉案人员或者相关人员因路途遥远、死亡、失踪或者丧失作证能力，无法重新收集，但供述、证言或者陈述的来源、收集程序合法，并有其他证据相印证，经人民检察院审查符合法定要求的，可以作为证据使用。"《公安机关办理刑事案件程序规定》第60条规定："公安机关接受或者依法调取的行政机关在行政执法和查办案件过程中收集的物证、书证、视听资料、电子数据、检验报告、鉴定意见、勘验笔录、检查笔录等证据材料，可以作为证据使用。"

一、行政鉴定是否能作为刑事证据使用

首先应当明确的问题是行政鉴定是否能作为刑事证据使用。如前所述，《高检规则》和《公安机关办理刑事案件程序规定》将可以作为刑事证据使用的行政证据范围扩张解释至行政机关作出的鉴定意见、检验报告，因此按照这两个法律规范文件，行政鉴定是可以作为刑事证据使用的。《高法解释》虽然字面上未进行这种扩张，但根据最高人民法院的解读，《高法解释》未明确规定行政机关所作鉴定意见、勘验笔录等证据的使用问题，一般来说，在有条件的情况下应由侦查机关重新鉴定、勘验，但司法实践中存在无法鉴定、勘验的情形，根据司法实践的具体情况，鉴定意见、勘验笔录确属无法鉴定、收集，或无须鉴定、收集的，经司法人员审查，也可以作为证据使用。[①] 然而，根据全国人大法工委刑法室对刑事诉讼法第 52 条第 2 款的说明，该款规定的证据材料范围是物证、书证、视听资料、电子数据等实物证据，不包括证人证言等言词证据。[②] 这里的“等言词证据”当然包括鉴定意见。可见，全国人大法工委刑法室在行政鉴定能否作为刑事证据使用的问题上，与最高人民法院、最高人民检察院、公安部的意见并不一致，认为行政鉴定不能作为刑事证据使用。但全国人大法工委刑法室作为立法机构的内设部门，对立法所作的说明不具有强制性法律效力，仅能作为法律适用的参考，而《高法解释》《高检规则》作为司法解释，对于法律适用则具有强制性法律效力，《公安机关办理刑事案件程序规定》也具有规范公安机关侦查的法律效力，因此似乎并不存在真正的冲突。然而不可否认的是，若不从理论基础上对这一问题进行根本性的解决，这一意见冲突迟早会凸显出来。因此，必须在证据法理上对行政鉴定可以作为刑事证据使用提供足够的理由，才能使《高检规则》和《公安机关办理刑事案件程序规定》的相关条款正当化。

从立场上来说，笔者赞同行政鉴定可以作为刑事证据使用，之所以持这种观点，主要是基于如下理由：

第一，从《刑事诉讼法》第 52 条第 2 款的规范目的分析，不宜禁止行政鉴定作为刑事证据使用。根据立法说明，之所以在刑事诉讼法中规定行政证据可以直接作为刑事证据使用，就是因为有些证据无法再次收集，若不允许作为

① 参见最高人民法院研究室：《〈最高人民法院关于适用中华人民共和国刑事诉讼法的解释〉理解与适用》，中国法制出版社 2013 年版，第 49 页。

② 参见全国人大常委会法制工作委员会刑法室：《关于修改中华人民共和国刑事诉讼法的决定：条文说明、立法理由及相关规定》，北京大学出版社 2012 年版，第 49 页。

刑事证据使用，就会导致司法机关难以查明事实，同时如果要求一概重新收集，也在很大程度上增加了司法机关的负担。① 由此可见，该款的规范目的主要是为了保障发现真实以及提升诉讼效率，充分利用能够保障真实可靠性的行政证据。行政机关收集的被告人供述、证人证言、被害人陈述这几类言词证据，由于行政执法及办案取证过程远不及刑事取证规范，缺乏程序性保障，难以保证其真实可靠性，所以原则上不宜直接作为刑事证据使用，对此应无争议。但行政鉴定与这几类言词证据有所不同，它主要是针对行政执法和办案中的专业性问题而作出的专门性意见，受取证方式的影响较少，而且一般来说也必须遵循一定的鉴定规程和标准，如国家质量技术监督局颁布的《产品质量仲裁检验和产品质量鉴定管理办法》，对产品质量仲裁检验、质量鉴定的申请程序、判定依据、方法及程序、检验及鉴定报告规格等进行了较为详细的规定。只要行政鉴定严格遵循鉴定规程，是能够保障鉴定意见的真实性和准确性的。所以有学者认为因行政鉴定与其他言词证据一样无法保障真实可靠性所以应排除行政鉴定，② 其理由并不充分，也无事实依据作为支持，若一概否定其在刑事诉讼中的证据能力，无疑是对证明资源的巨大浪费，也不利于认定案件事实，与《刑事诉讼法》第 52 条第 2 款的规范目的相悖。至于有学者提出的行政鉴定主体的不中立性问题，③ 应当是在诉讼中由法官审查行政鉴定证明力时要考虑的要素，但只要行政鉴定符合刑事证据能力要件，就不应否定其证据能力，否则按照该学者的观点，侦查机关自行进行的鉴定就全都不应作为证据使用了。

第二，从诉讼经济及证据资源的有限性方面来看，应允许使用行政鉴定。证人证言、被告人供述、被害人陈述这几类言词证据的重新调查取证，一般来说并不会耗费巨大的资源，对于侦查机关来说也并不困难，所以不允许其作为刑事证据，并不会严重影响诉讼经济。但行政鉴定往往要耗费较多的人力、物力才能作出，如我国 1999 年发生在渤海湾的造成 282 人死亡的“大舜号”海难事件，最初是由国务院组织特大事故调查组进行调查处理的，在调查中共有 20 余位专家花费了半年多时间，耗费大量资源才作出事故责任认定，在该案进入刑事诉讼后，如果不允许使用行政调查程序中的事故责任认定书，显然是

① 参见全国人大常委会法制工作委员会刑法室：《关于修改中华人民共和国刑事诉讼法的决定：条文说明、立法理由及相关规定》，北京大学出版社 2012 年版，第 50 页。

② 持这种观点的学者并不多，如杜磊：《行政证据与刑事证据衔接规范研究——基于刑事诉讼法第 52 条第 2 款的分析》，载《证据科学》2012 年第 6 期；董坤：《行、刑衔接中的证据问题研究——以〈刑事诉讼法〉第 52 条第 2 款为分析文本》，载《北方法学》2013 年第 4 期。

③ 参见顾永忠：《中国疑难刑事名案程序与证据问题研究》，北京大学出版社 2008 年版，第 96 页。

对诉讼资源的巨大浪费，而且实际上有些司法机关可能根本无法承受这种调查的巨大耗资，因此基于诉讼经济的考虑，应当允许行政鉴定作为刑事证据使用。

另外，受制于证明资源的有限性，也不可能一概否定行政鉴定作为刑事证据使用。证明资源的有限性是龙宗智教授提出的命题，他认为，事实证明的需要与证明资源有限性的矛盾，是证据法中的根本矛盾。因此，在证明资源的有限性限制下，人们必须根据证明任务的轻重缓急作出合理的资源分配，由此而产生如何发现与利用这些资源的种种证据学原理。[①] 行政鉴定在刑事诉讼中往往有关键的证明作用，也属于一种较为稀缺的证明资源，在很多案件中，随着时间的推移在刑事诉讼中已经不再具备鉴定的条件，如对于新鲜食品的鉴定，如果未妥善保存样本，在刑事诉讼中就无法再进行司法鉴定。所以在能够保障行政鉴定真实可靠性的前提下，应当最大限度地利用已有的证明资源，赋予符合要求的行政鉴定在刑事诉讼中的证据能力，因此允许在刑事诉讼中使用行政鉴定也是符合证明资源有限性原理的。

第三，从比较法角度来看，其他国家和地区对行政鉴定也很少禁止在刑事诉讼中使用。如在德国，根据其刑事诉讼法第256条规定，公家机关的证书或鉴定书在法庭调查时均可出示并朗读，此外，刑事诉讼法修正案第一草案将可朗读的证据扩张至汽车记速器之摘要记录、血型检验、酒精含量及其回溯计算之结果等例行的鉴定报告。[②] 按照这些规定，行政鉴定在刑事诉讼中作为证据使用是没有法律障碍的。在我国台湾地区也认为公务员职务上制作之记录文书、证明文书，因系公务员依职权所为，与其责任信誉攸关，且若有错误公务员可能承担刑事及行政责任，所以真实性保障极高。[③] 从文义解释上看，此处的证明文书应当包括行政鉴定类文书。之所以如此规定，是因为我国台湾地区立法者认为，行政机关所作出的记录、证明文书在制作时无伪造动机，并要接受经常性的检查，若有错误可及时纠正，另外此等文书还有一定的不可替代性，所以除非显不可信，否则就有承认作为证据之必要。[④] 而美国《联邦证据规则》第803条（8）也规定："下列陈述可以作为传闻规则的例外：公务机关或机构以任何形式记载的下列内容的各种记录、报告或数据汇编：（A）该机关或机构的活动；（B）根据法律所赋予的职责对所观察的、监视的事物有

① 参见龙宗智：《两个证据规定的规范与执行若干问题研究》，载《中国法学》2010年第6期。
② 参见［德］克劳思·罗科信：《刑事诉讼法》，吴丽琪译，法律出版社2003年版，第434页。
③ 参见林钰雄：《刑事诉讼法》，中国人民大学出版社2005年版，第376页。
④ 参见王兆鹏：《刑事诉讼讲义》，元照出版公司2009年版，第688页。

责任报告的……”之所以设置此例外，一是因为这类陈述文书特殊的可信性，二是因为若不如此，将会干扰公务管理，产生一大批公务证人。① 而根据联邦最高法院的判例，根据《联邦证据规则》具有可采性的调查报告，并不仅因为其部分内容包含结论或意见而不可采，只要这些结论基于事实调查，满足了《联邦证据规则》的可靠性要求，就应当与其他部分一起采纳。② 可见，按照这种观点，同样包含结论性意见的行政鉴定是可以作为传闻证据的例外而采纳的。由以上国家和地区的做法来看，允许行政文书类证据在刑事诉讼中使用的理由一般包括：行政文书的可靠性、行政文书的不可代替性、行政文书的严格性，当然，其他国家和地区并非专门规定行政文书可以作为刑事证据使用，而是以其他证据规则对其使用进行规范，如美国和我国台湾地区都是将其作为传闻证据的例外而使用的，而德国则是将其作为直接言词原则的例外。行政鉴定作为行政文书类证据之一，同样具有上述特征，所以并不禁止作为刑事证据使用。需要注意的是，这里所说的可靠性并不是指行政鉴定就绝对不会有错误，而是说在相对严格的行政管理程序中，所产生的行政鉴定一般能够保障客观真实性，不会有故意伪造的现象。但究竟行政鉴定是否能够具备证据能力、其证明力大小如何，还是需要法官通过双方质证和辩论、鉴定人出庭作证等方式进行审查判断。

第四，从现实的刑事司法需求来看，也必须允许行政鉴定在刑事诉讼中作为证据使用。目前侦查机关自设鉴定部门的鉴定范围极其有限，一般除了常规的物证、痕迹、血型、化学、笔迹、毒品等鉴定项目之外，其他很多鉴定事项都必须委托行政机关所属或指定的鉴定机构进行鉴定，如价格鉴定、产品质量鉴定、食品毒物或添加剂鉴定、药品质量检验、工程质量鉴定等，所以即便不允许行政鉴定直接作为刑事证据，在刑事案件立案侦查之后，侦查机关依然要委托行政机关及其所属或指定的鉴定机构进行鉴定，因为这些类型的案件若没有鉴定意见，通常就无法进行定罪量刑。所以将行政鉴定直接作为刑事证据使用，与刑事立案后再委托相关行政鉴定机构进行鉴定，无非是取得鉴定意见的路径不同，实际上并无本质区别，也不会产生证据合法性上的问题，关键是对鉴定意见的证据能力及证明力审查要依法进行，最终决定其是否可以作为定案根据。而随着市场经济的发展，食品药品安全案件、工程质量案件、产品质量

① 参见［美］约翰·W. 斯特龙：《麦考密克论证据》，汤维建译，中国政法大学出版社 2004 年版，第 573 页。

② 参见王进喜：《美国〈联邦证据规则〉（2011 年重塑版）条解》，中国法制出版社 2012 年版，第 272 页。

案件已经成为多发案件，多地已经建立了相关案件的行刑衔接办理机制，要求在鉴定方面，由食品药品监督等部门为侦查机关提供鉴定便利，如山西省高级人民法院、山西省人民检察院、山西省公安厅、山西省食品药品监督管理局专门制定了《山西省办理食品药品涉刑案件物证检验鉴定的工作规定（试行）》，对食品药品监督部门协助公安机关进行鉴定的范围、流程、费用等进行了详细规定；而湖北省食品药品监督管理局与省公安厅、省人民政府法制办也联合制定了《关于涉嫌食品药品犯罪案件移送的规定》，要求公安机关立案后需要食品药品监督管理部门进行检验、鉴定、认定等协助的，食品药品监督管理部门应当予以协助，及时出具书面的鉴定意见，并且各级公安部门、食品药品监督管理部门在工作中不得相互收取费用。从这些地区的做法来看，司法实践对于行政鉴定作为刑事证据使用有着极其强烈的需求，若一概否定根本不符合现实需要。

综上，无论是从《刑事诉讼法》第52条第2款的规范目的上看，还是从诉讼经济及证明资源有限性的现实需要来看，抑或是从比较法角度，都没有充分的理由限制行政鉴定作为刑事证据使用。全国人大法工委刑法室认为言词证据一概不得作为刑事证据，是没有充分的理论基础作为支持的，我国部分学者认为行政机关制作的鉴定意见、检验报告无法保障客观性，也没有任何理论或实证上的依据。《高检规则》和《公安机关办理刑事案件程序规定》出于对司法实践现实需求的考虑，将行政鉴定纳入刑事证据范围，是具有合理性的。而《高法解释》虽然在文本上采取较为保守的态度，没有在字面上将行政证据扩展至行政鉴定，但最高人民法院对《高法解释》的说明则认为行政鉴定在无法或无须重新鉴定的情况下均可以直接作为刑事证据使用，实际上就将行政鉴定作为刑事证据使用的裁量权赋予法官行使，所以事实上等于默认了《高检规则》和《公安机关办理刑事案件程序规定》的扩张解释。总体上看，允许行政鉴定作为刑事证据使用是符合诉讼证明的现实需求的，也是符合鉴定意见的证明原理的，因此不仅实务机关对此积极支持，也获得了多数学者的肯定，[①] 而且这一点也必将获得立法机关的首肯。

---

① 很多学者赞同行政鉴定可以作为刑事证据使用，如顾永忠：《行政执法证据“在刑事诉讼中可以作为证据使用”解析》，载《法律适用》2014年第3期；郭泰和：《行政证据与刑事证据的程序衔接问题研究》，载《证据科学》2012年第6期；高通：《行政执法与刑事司法衔接中的证据转化——对〈刑事诉讼法〉（2012年）第52条第2款的分析》，载《证据科学》2012年第6期；等等。

二、行政鉴定在刑事诉讼中的审查判断

如前所述，行政鉴定在理论上是应当可以作为刑事证据使用的，但行政鉴定能否最终成为定案根据，依然要经过证据能力和证明力的审查，如果不具备证据能力，或者证明力存疑，就不能作为定案根据。因行政鉴定与司法鉴定在多数方面都有相同之处，只有个别方面有所不同，所以对行政鉴定的审查要点与司法鉴定总体相似，但也有所差别。

（一）行政鉴定的证据能力

在行政鉴定进入刑事诉讼后，首先应审查其证据能力，若不具备证据能力，就直接将其排除，不需再审查其证明力。因此，首先应厘清其证据能力要件，以便于法官审查。从最高人民法院的《高法解释》第 84 条、第 85 条来看，对鉴定意见这一证据，否定其证据能力的主要原因在于无法保障鉴定意见的真实准确性，或者鉴定意见缺乏关联性，而并非基于因取证程序违法导致侵害公民权利的考虑。对行政鉴定的审查并不是以刑事诉讼法及司法解释关于鉴定意见的相关规定为依据，而只能根据规范行政鉴定的法规、规章或部门文件为依据，但对于行政鉴定也应主要审查其能否保障真实准确性、是否具有关联性，如果因在鉴定能力、鉴定过程、方法等方面的瑕疵而导致无法保障鉴定意见的真实可靠性，或者鉴定意见自身不具有关联性，就应当排除。

具体而言，行政鉴定在刑事诉讼中的证据能力要件有如下几点：

1. 鉴定能力。也就是要审查行政鉴定主体是否具备相应的能力和资质，排除不具有鉴定能力的鉴定主体作出的鉴定意见。有的行政鉴定主体本身就是根据《全国人民代表大会常务委员会关于司法鉴定管理问题的决定》由司法行政部门登记的司法鉴定主体，所以就直接具备鉴定资质。但该《决定》主要限于三种司法鉴定（法医类鉴定、物证类鉴定、声像资料类鉴定），因此对于不在司法行政机关登记的进行其他类别鉴定的非司法鉴定主体，则要根据相关的法规、规章来审查其是否是合格的鉴定主体，如根据《产品质量仲裁检验和产品质量鉴定管理办法》规定，产品质量鉴定只能由省级以上质量技术监督部门指定的鉴定组织单位进行鉴定；再如根据《烟草专卖行政处罚程序规定》规定，烟草专卖品真伪的鉴定检测工作，由国务院产品质量监督管理部门或者省、自治区、直辖市人民政府产品质量监督管理部门指定的烟草质量检测机构实施。当然，对于行政鉴定主体的鉴定能力和资质审查并非总是有相关的法规规章作为依据，此时，就只能审查该主体是否具备进行鉴定的条件和

能力，即以“能力适格”为中心进行鉴定主体是否具备资格的审查，[①] 对于条件和能力的审查主要是通过对该鉴定主体的学历、专业、鉴定设备、鉴定方法等方面进行审查。在具体判断依据方面，虽然《全国人民代表大会常务委员会关于司法鉴定管理问题的决定》仅规范司法鉴定主体的资格条件，但对于行政鉴定主体资格的审查依然可以参照该《决定》中对鉴定人和鉴定机构的相关条件进行审查，并根据具体案件情况判断鉴定主体是否适格。

2. 鉴定材料。也即要审查行政鉴定的鉴定材料是否来源于案件事实、是否能够保障鉴定质量，排除根据来源不明或质量不合格的检材而作出的鉴定意见。鉴定材料的来源和质量决定了鉴定意见的可靠性是否能够得以保障，这就要求行政鉴定的材料的提取和保管必须完善记录、移送等手续，并将这些书面材料与鉴定意见一并提交侦查机关。对于鉴定材料，必须采取科学的提取、固定、保存方式，尤其是在对食品药品的鉴定中，要针对检材的特点，采取能够保证其不变质、不被污染、不形变的方式进行提取和保存。在各种不同的鉴定中，对检材的留样要求也有所不同，如对于卷烟产品，《烟草产品鉴别检验管理办法》第 21 条规定：“出具鉴别检验报告的鉴别检验必须予以留样，留样数量应满足再次鉴别检验与判定的需要。留样期限一般为三个月。”若未按规定留样，就会导致鉴定意见失去证据能力。而如果采取抽样的方式，则要遵循相关的抽样规程，如国家食品药品监督管理局颁布的《药品质量抽查检验管理规定》第 3 章专门规定了药品的抽检规程，再如《卷烟产品鉴别检验规程》第 4 部分“抽样方法”对如何进行抽样作出了详细的规定。在刑事诉讼中法官应按照这些规定对检材抽样是否合格进行审查，若没有相关法规或规章依据，则以抽样能够满足代表性要求为原则进行审查。

3. 鉴定规程和方法。也即审查行政鉴定是否遵循了应当遵守的规程和方法，排除不按鉴定程序和标准而作出的鉴定意见。在各类行政鉴定中，往往有一些规范性文件对鉴定的规程和方法、标准等进行了明确规定，这些规定的目的是对鉴定规程和方法进行统一规范，保障鉴定意见的准确性，如《卷烟产品鉴别检验规程》第 3 部分规定了卷烟检验的工作程序，第 5 部分规定了卷烟的鉴别检验方法，包括感观鉴别检验法、评吸鉴别检验法、仪器鉴别检验法三种具体方法，因此对卷烟的检验应当按照这些方法的具体要求进行检验。再如交通部颁布的《公路工程质量鉴定办法》，对公路的单位工程和分部工程质量鉴定分别规定了详细的鉴定项目及其分值，对公路质量鉴定等级也提供了详细的对照表，是公路质量鉴定必须遵循的依据。对于没有统一规程或标准的行政

① 参见黄维智：《鉴定证据制度研究》，中国检察出版社 2006 年版，第 74 页。

鉴定，则要由法官审查鉴定程序和方法是否能够保障鉴定意见的准确可靠性，由于这方面需要有较强的专业性知识，必要时可由法官委托相关专家对行政鉴定提出意见，或者由控辩双方申请出庭的有专门知识的人进行鉴别。

4. 鉴定意见的关联性及形式要件。这也就是要审查鉴定意见是否具有与案件事实的关联性，以及是否具备必要的形式要件，排除不具有关联性或形式要件不合格的鉴定意见。对关联性要求的审查主要是看鉴定意见是否有助于解决案件中的事实认定问题，如果鉴定意见无法帮助法官进行案件事实认定，就不具有关联性，如在重大工程安全事故案件中，因需要认定责任主体，所以要求鉴定意见必须能够根据质量鉴定明确应由哪个主体承担质量责任，如果鉴定意见仅得出质量不合格的结论，却未能明确责任主体，对于待证事实来说就不具有关联性。对于鉴定意见的形式要件，主要是要审查鉴定意见是否具备必要的格式和内容，一般而言，鉴定意见要载明的内容包括：鉴定内容、鉴定人及委托人、鉴定材料、鉴定依据及手段、鉴定过程说明、最终鉴定意见、签名盖章，若缺乏这些基本内容，就会影响对其真实性的判定，可能会导致鉴定意见不具备证据能力。另外，鉴定意见还必须明确，也就是说必须最终得出明确的同一认定、种属认定或倾向性认定的结论，而不能模棱两可或含混不清。

（二）行政鉴定的证明力

对于行政鉴定的证明力，有学者认为由于鉴定意见属于言词证据，其客观性容易遭受质疑，且鉴定意见与涉及鉴定活动的各项因素密切相关，不同的鉴定程序与方法，不同的主体可能会有不同的鉴定结果。[①] 言下之意因为行政鉴定的证明力通常低于司法鉴定，所以不应作为刑事证据使用。还有学者认为应区分行政机关自行鉴定和委托其他鉴定机构鉴定而有所区别，该学者认为，由于行政机关往往是在行政执法过程中作出鉴定，所以中立性不足，司法人员要谨慎对待行政机关自行作出的鉴定，但行政执法机关委托社会中立鉴定机构所做的鉴定，其客观性强于有鉴定能力的行政机关自行作出的鉴定。[②] 依该学者的观点，行政机关自行作出的鉴定意见证明力小于委托鉴定的证明力。

但上述观点实际上均无法成立。行政鉴定虽然与司法鉴定在主体、程序上有所不同，但并不意味着行政鉴定的证明力就低于司法鉴定，事实上行政机关往往具有更为专业和先进的鉴定技术，在鉴定意见的准确性方面要优于司法鉴

① 参见杜磊：《行政证据与刑事证据衔接规范研究——基于刑事诉讼法第 52 条第 2 款的分析》，载《证据科学》2012 年第 6 期。

② 吕保春、王小光：《行政执法证据在刑事诉讼中的有效运用途径分析——兼论行政执法与刑事司法程序的衔接》，载《上海公安高等专科学校学报》2012 年第 5 期。

定，而且刑事司法机关在不具备鉴定能力时也要委托行政机关的鉴定部门进行鉴定，如常见的价格鉴定、产品质量鉴定、工程质量鉴定等。所以认为司法鉴定的证明力一定大于行政鉴定是没有根据的。而以行政机关作为鉴定主体的中立性不足，认为行政机关自行鉴定的证明力一定低于委托鉴定，也没有充分依据。虽然行政机关的鉴定部门进行鉴定确实存在中立性、独立性不足的问题，但鉴定意见不同于证人证言等言词证据，其主要是依靠专业知识、科学技术对鉴定事项作出的判断意见，所以对鉴定意见的证明力审查，主要应审查其鉴定方法、程序、标准是否可能会产生错误，即便是委托鉴定而产生的鉴定意见，也同样要进行这些审查。行政机关自行作出的鉴定意见，如果在鉴定方法和程序上不存在问题，并且遵循了各项鉴定标准，就能够保障鉴定意见的真实性，其证明力就较强；而委托鉴定的鉴定意见如果在鉴定方法和程序上不符合要求，其证明力就较弱甚至没有证明力。所以认为行政机关自行鉴定的证明力一概低于委托鉴定，是不符合对鉴定意见证明力的审查原理的。

因此，对于行政鉴定的证明力，既不应对其有所歧视，也不应按照鉴定主体不同而区别对待，而应当根据鉴定意见证明力审查的一般要求进行审查。具体而言，除了对关联性大小的审查之外，对行政鉴定的证明力审查要点主要包括鉴定意见的可靠性和有效性。

1. 鉴定意见的可靠性。所谓可靠性，即根据对鉴定人的技术能力程度和经验积累程度的可靠性、技术或经验本身的可靠性、鉴定结果的可验证性或可重复性等几个方面审查鉴定意见是否具有可信性。如对于烟草产品的鉴定，就要审查鉴定人是否是烟草质量监督检验机构中的合格鉴定人，是否具有鉴定烟草产品的技术能力，在鉴定中是否按照《卷烟产品鉴别检验规程》的规定采取了三种鉴定方法，是否进行了多次鉴定，多次鉴定的结果是否一致。通过这些方面的审查，最终确定卷烟检验结论的证明力大小。

2. 鉴定意见的有效性。有效性以鉴定意见与案件事实之间的关系为证明价值，它是通过自身作为联系证据与案件事实之间桥梁发挥作用的，主要包括自身内在逻辑的有效性、科学上的有效性、统计学上的高度盖然性和因果关系推理的有效性。[①] 可见，所谓有效性问题，主要是审查作出鉴定意见的过程是否遵循了相关的科学原理，以及作出鉴定意见的论证过程是否符合逻辑推理的基本规律。如在财物会计鉴定中，有一种称为系统分析法的鉴定方法，即根据系统构造及运行原理，将财会鉴定的检验、分析、判断置于案件事实系统、会

① 参见霍宪丹：《司法鉴定通论》，法律出版社 2010 年版，第 124 页。

计信息系统、企业管理系统以及其他相互独立但又相互影响的系统中进行分析。[①] 这种鉴定方法的运用就要求鉴定人不仅要有扎实的财会专业知识，还要有良好的分析推理能力，能够强化鉴定的分析论证过程或寻找可能存在的漏洞。所以在审查采用此种方法作出的财会鉴定意见时，不仅要进行专业知识方面的审查，还要进行推理和分析过程的审查，只有依专业知识并进行正确的推理而作出的鉴定意见，才具有较强的证明力。

三、检察机关应注意的有关行政鉴定作为刑事证据的特殊问题

行政鉴定可以作为刑事证据使用，并且其证据能力与证明力要进行与司法鉴定同样的审查。但在行政鉴定的使用中仍有一些问题需要从证据法理及法律解释方面进行解析，具体而言，如下几个问题可能在实践中较为常见，需要进行理论分析和解答。

（一）行政鉴定中的法律评价问题

实践中有一些行政鉴定不仅对鉴定事项作出鉴定意见，还对事实进行一定的法律评价，即对案件事实问题得出法律上的定性结论。如 2001 年在大连市中山区法院审理的陈德惠律师事务所及陈德惠偷税一案，此案最初是由大连市地税局稽查分局进行查处的，在刑事诉讼中，该分局出具的鉴定意见多处直接认定陈德惠律师事务所偷税，如在“五、偷税情况”中直接表述为“以上偷税合计 942611.82 元”，在“鉴定结论”部分也直接认定“偷税合计 942611.82 元”。[②] 这显然超越了鉴定意见的鉴定范围，而对适用法律作出了判断。之所以会出现这种带有法律评价的行政鉴定，是因为行政执法部门往往自身也是鉴定主体，因此在进行鉴定时，为了给后续的行政处罚等行政行为提供依据，就直接在鉴定意见中对相对人的行为或某一事实附带进行了法律评价。对于这种行政鉴定，有学者认为由于法律评价超越了鉴定范围和鉴定能力，所以属于应当排除的非法证据。[③]

但一概排除这类行政鉴定并不合理，对于这类行政鉴定，应区别情况进行不同处理。因为在行政鉴定中最主要的部分还是对鉴定事项的评价，一般来说，鉴定人都是在对鉴定事项进行了事实评价之后，附带进行了法律评价，虽然法律评价由于超出了鉴定范围并影响法官对证据和事实的评判而归于无效，但不会导致事实评价部分无效，所以对于可以将事实评价部分与法律评价部分

① 参见霍宪丹：《司法鉴定通论》，法律出版社 2010 年版，第 317 页。

② 参见顾永忠：《中国疑难刑事名案程序与证据问题研究》，北京大学出版社 2008 年版，第 101 页。

③ 参见陈瑞华：《刑事证据法学》，北京大学出版社 2012 年版，第 146 页。

明确区分开的行政鉴定意见，就可以将其中的法律评价部分删除，而纯粹的事实评价部分依然可以作为证据使用。如在审计部门出具的行政鉴定中，如果对部门资金收支记录、会计报表披露等货币资金审计事项作出了事实评价，又对当事人涉嫌贪污作出了法律评价，就可以将涉嫌贪污的法律评价部分删除，而资金收支记录、会计报表披露等事实评价部分依然可以作为证据使用，否则若因鉴定人进行了法律评价就否定整个鉴定意见的证据能力，无疑是“将小孩与洗澡水一起倒掉”，浪费证明资源。但如果行政鉴定意见中事实评价与法律评价部分无法区分，就像陈德惠案件中的鉴定意见一样，仅作出了“偷税”的评价，就应当将鉴定意见排除。

（二）在刑事诉讼中如何处理行政鉴定的重新鉴定问题

行政鉴定可分为确定型行政鉴定和预备型行政鉴定，[①] 相应的对行政鉴定不服的救济方式也可分为两种，即直接救济或间接救济。根据一些部门规章或文件的规定，当事人对行政鉴定有直接申请复检、复验的权利，这主要是确定型行政鉴定的救济方式，如《烟草产品鉴别检验管理办法》第 24 条规定：“委托方对鉴别检验结论有异议的，应在收到鉴别检验报告之日起 15 日内向原鉴别检验机构申请复检。”再如《流通领域商品质量抽查检验办法》第 17 条规定：“被抽样的经营者或者样品标称生产者对检验结果有异议的，应当自收到检验结果通知书之日起十五日内，向实施抽检的工商行政管理部门提出书面复检申请。”而在另一些行政鉴定中，当事人对行政鉴定不服的，只能在具体行政行为的救济中提出，这主要是预备型行政鉴定的救济方式，如根据《食品药品行政处罚程序规定》的相关规定，当事人对食品药品监督部门作出行政处罚决定所依据的行政鉴定不服，只能在对行政处罚的复议或行政诉讼中一并提出意见，并请求在复议或诉讼中进行重新鉴定，而无权单独申请重新鉴定。但无论采取何种救济方式，都存在一个问题，即当事人可能在侦查机关立案之后，行政鉴定的重新鉴定程序仍未结束，那么应当如何协调刑事诉讼与行政鉴定的重新鉴定之间的关系呢？对此应当视当事人是否在刑事诉讼中申请重新鉴定而有所不同。

若当事人在刑事程序中未申请重新鉴定，应等待行政鉴定的重新鉴定结

① 所谓确定型行政鉴定，即行政鉴定主体对相关事实依法进行检验、鉴别、评定并作出结论之后，行政主体的活动即告结束，行政鉴定就是行政主体的最终行政行为；预备型行政鉴定是指行政主体为了依法行使其权力，对涉案的专门性事实预先进行鉴定，并根据鉴定的结果，对行政相对人的权利义务作出裁量性决定的行政鉴定活动。参见邵俊武：《论行政鉴定及其司法审查》，载《证据学论坛》（第 15 卷），法律出版社 2010 年版，第 39—40 页。

果。虽然从规范性文件的效力位阶上来说，上述规范性文件仅为国务院所属部门制定的规章或部门文件，效力低于刑事诉讼法及司法解释，但刑事司法机关不应因此否定当事人根据这些规范性文件申请重新鉴定的权利，因为此时行政鉴定程序或行政救济程序尚未结束，虽然案件同时进入刑事诉讼阶段，但当事人所享有的行政法上的权利并不因刑事立案而消失，二者之间并不冲突。因此，在刑事案件立案后，应尊重当事人申请重新鉴定的权利，及时将当事人的申请递交相关行政机关，或与鉴定部门协调尽快进行复检、复验。但在重新鉴定期间，不必中止侦查、起诉或审判，除非超出了办案期限鉴定部门依然未作出重新鉴定意见。在获得重新鉴定的鉴定意见后，应当将其与原鉴定意见一并移送。法官在审查证据时，应将原鉴定意见与重新鉴定意见一并审查，在二者结论不一致时，不应认为重新鉴定意见具有更大的证明力，而应按照鉴定意见证据能力与证明力审查的要求，审查二者是否均具有证据能力，哪个鉴定意见更科学、更可靠，从而作出证明力大小的判断。

若当事人在刑事诉讼中申请进行重新鉴定，且司法机关同意进行重新鉴定，但当事人已经在行政程序中申请重新鉴定且鉴定尚未结束，此时应要求中止行政鉴定的重新鉴定，而按照司法鉴定程序进行重新鉴定。因为此时当事人在行政程序中的权利虽未消灭，但其在刑事诉讼中提出的请求与行政程序中的请求相重叠，在进入刑事诉讼之后，案件已经属于刑事司法机关，因此应以刑事司法程序优先，由刑事司法机关进行相应的诉讼行为，对应当鉴定的事项进行司法鉴定。以司法鉴定方式对原行政鉴定进行重新鉴定已经足以保障当事人的救济权，因此基于节约证明资源的考虑，也没有必要再同时进行行政鉴定的重新鉴定。另外，为避免多种鉴定意见之间的冲突，也应以司法鉴定作为对行政鉴定不服的救济方式。

（三）行政鉴定的质证程序问题

行政鉴定直接作为刑事证据使用后，对其进行质证应遵循与司法鉴定相同的程序，也就是说，刑事诉讼法关于鉴定意见的举证、质证、申请重新鉴定等规定也适用于行政鉴定，如《刑事诉讼法》第187条第3款对于鉴定人出庭以及拒不出庭时鉴定意见不得作为定案根据的规定、第192条申请重新鉴定以及申请有专门知识的人出庭的规定。在行政鉴定的质证程序中以下几点需要特别指出：

第一，对于有争议的行政鉴定，法官原则上应要求鉴定人必须出庭作证。对于司法鉴定，《刑事诉讼法》第187条第3款赋予法官自由裁量是否需要鉴定人出庭作证的权力。但行政鉴定是独立于刑事诉讼程序之外作出的，无论是侦查机关、公诉机关还是当事人，均未参与鉴定过程，所以对于鉴定意见中存在的问题难以准确掌握，只有让鉴定人出庭才能对行政鉴定进行全面审查，保障当事人对鉴定意见的质证权和异议权，满足严格证明原则的要求。所以在控辩双方对行政鉴定有争议时，法官应限制行使自由裁量权，要求行政鉴定人出庭作证，除非根据鉴定意见书及其他证据已经足以解决双方的争议。

第二，若控辩双方申请有专门知识的人出庭辅助质证，应当选择行政鉴定机构以外的其他专家。根据我国《刑事诉讼法》第 192 条第 2 款规定，公诉人、当事人和辩护人、诉讼代理人可以申请法庭通知有专门知识的人出庭，就鉴定人作出的鉴定意见提出意见。从立法目的来看，有专门知识的人是作为控辩双方的质证辅助人出庭的，其作用就在于帮助控辩双方对专业性较强的鉴定意见进行质询并提出意见，但其根本目的在于通过有专门知识的人提出的意见，帮助法官准确进行证据的审查判断，正确认定案件事实。因此若要发挥有专门知识的人在诉讼中的功能，就必须保障其具有客观和中立的地位。在行政鉴定作为刑事证据使用时，由于该鉴定意见本身就是行政鉴定部门作出的，若再由该部门人员作为有专门知识的人，难以发挥其对鉴定意见的严格审查作用，所以容易使其出庭流于形式。因此在选任有专门知识的人时，应从行政鉴定部门之外进行选择。

第三，若经过质证，认为需要以司法鉴定方式对原行政鉴定事项进行重新鉴定，在委托鉴定机构的选择方面，应听取当事人的意见，由法院决定鉴定机构的选择，一般不应委托原鉴定机构再次鉴定。因行政鉴定事项大多不在《全国人民代表大会常务委员会关于司法鉴定管理问题的决定》规定的三类鉴定事项范围之内，所以在需要进行司法鉴定时对鉴定机构的选择必须根据鉴定机构的资质、能力、从业范围等方面进行考量。刑事诉讼中的当事人也是行政程序的当事人，对鉴定事项较为了解，且重新鉴定与其自身利益密切相关，所以在选择鉴定机构时应听取其意见，但最终仍应由法院决定鉴定机构的选择。因原行政鉴定机构无法保障重新鉴定的客观性和中立性，在鉴定机构从属于行政机关的情况下更是如此，所以应选择其他适格的鉴定机构进行鉴定。但若没有其他鉴定机构，或者由其他鉴定机构重新鉴定的成本过高，也可由原鉴定机构中的其他鉴定人进行鉴定，但对其证明力应进行更为严格的审查。

第十五章　论行政笔录在刑事诉讼中的使用

由于缺乏法律依据，行政证据在刑事诉讼中的使用问题曾经是困扰实务界的一个难题。2012 年修订的《刑事诉讼法》第 52 条第 2 款规定行政机关在行政执法和查办案件过程中收集的物证、书证、视听资料、电子数据等证据材料，在刑事诉讼中可以作为证据使用，从立法层面为解决这一难题奠定了基础。随后，最高人民法院颁布的《高法解释》、最高人民检察院试行的《高检规则》以及公安部颁布的《公安机关办理刑事案件程序规定》又对这一规定进行了细化。虽然根据全国人大法工委刑法室对刑事诉讼法的说明，可以使用的行政证据仅限于实物证据，而不包括言词证据，① 但《高检规则》和《公安机关办理刑事案件程序规定》都对可以在刑事诉讼中使用的行政证据范围进行了扩张解释，② 将证据范围涵盖至勘验、检查笔录、鉴定意见以及证人证言、当事人陈述等言词证据。《高法解释》虽未进行这种扩张解释，但根据主持制定《高法解释》的最高人民法院研究室的解读，鉴定意见、勘验笔录、检查笔录等证据材料，在取得方式、客观性方面与物证、书证等有较大差别，因此未直接承认这三类证据材料的证据资格，但如果实践中确实存在无法再次鉴定、收集的情形，也可以将鉴定意见、勘验、检查笔录作为证据使用。③ 由于《刑事诉讼法》第 52 条第 2 款从字面意义上并未直接限制“等证据材料”

---

① 全国人大常委会法制工作委员会刑法室：《关于修改中华人民共和国刑事诉讼法的决定：条文说明、立法理由及相关规定》，北京大学出版社 2012 年版，第 50 页。

② 《高检规则》第 64 条第 2 款规定：“行政机关在行政执法和查办案件过程中收集的鉴定意见、勘验、检查笔录，经人民检察院审查符合法定要求的，可以作为证据使用。”第 3 款规定：“人民检察院办理直接受理立案侦查的案件，对于有关机关在行政执法和查办案件过程中收集的涉案人员供述或者相关人员的证言、陈述，应当重新收集；确有证据证实涉案人员或者相关人员因路途遥远、死亡、失踪或者丧失作证能力，无法重新收集，但供述、证言或者陈述的来源、收集程序合法，并有其他证据相印证，经人民检察院审查符合法定要求的，可以作为证据使用。”《公安机关办理刑事案件程序规定》第 60 条规定：“公安机关接受或者依法调取的行政机关在行政执法和查办案件过程中收集的物证、书证、视听资料、电子数据、检验报告、鉴定意见、勘验笔录、检查笔录等证据材料，可以作为证据使用。”

③ 最高人民法院研究室：《〈最高人民法院关于适用中华人民共和国刑事诉讼法的解释〉理解与适用》，中国法制出版社 2013 年版，第 49 页。

的范围，而全国人大法工委刑法室的说明并无强制性法律效力，仅具有参考作用，所以《高检规则》和《公安机关办理刑事案件程序规定》的扩张解释并未明显违法。因此，根据《高检规则》《公安机关办理刑事案件程序规定》以及《高法解释》的相关规范，在司法实践中，行政机关收集和制作的鉴定意见、勘验、检查笔录可以在刑事诉讼中使用。

根据我国《行政诉讼法》的规定，行政机关在执法中制作的笔录有两类，即勘验笔录和现场笔录。行政勘验笔录与刑事勘验笔录相似，都是针对与案件相关的物品、场所，由专门办案人员依法定程序进行勘查、检验而作出的记载。而现场笔录是行政程序中的一种特有证据，是指行政机关及其工作人员在执行职务过程中，当场所作的能够证明案件事实的记录，又称为当场笔录。现场笔录既包括案件事实客观发生的记录，也包括作出处理的行政程序记录。[①]因此，现场笔录比勘验笔录所包含的内容更加复杂和多样化，实践中主要以现场检查笔录的形式出现，但笔录内容可能包括对案件事实的记录、询问笔录、检验笔录、处理笔录等。也就是说，现场检查笔录既包含执法人员对案件事实过程所见所闻的记录，也可能包含对当事人、证人的询问，或者对物品的检验过程、作出行政处理的程序等内容。根据《高检规则》和《公安机关办理刑事案件程序规定》的相关条款，行政机关制作的勘验、检查笔录可以作为刑事证据使用，但由于检查笔录在行政程序中往往以现场检查笔录的形式出现，如《工商行政管理机关行政处罚程序规定》第 29 条、《质量技术监督行政处罚程序规定》第 15 条均要求现场检查要制作现场检查笔录，因此在笔录的具体名称上，行政机关提供的不限于勘验和检查笔录，而是各种各样的勘验笔录和现场笔录。所以为了保持与《行政诉讼法》所规定的证据种类的一致性，本部分探讨行政机关制作的勘验笔录、现场笔录（以下二者合称为“行政笔录”）在刑事诉讼中的使用问题。

在已有的行刑衔接案件证据问题的研究成果中，尚未有专门针对行政笔录问题的研究，学者多是对行政笔录是否可以作为刑事证据使用进行探讨。[②] 但

① 沈志先：《行政证据规则应用》，法律出版社 2012 年版，第 10 页。

② 如有学者赞同行政笔录在刑事诉讼中作为证据使用，参见杜磊：《行政证据与刑事证据衔接规范研究——基于刑事诉讼法第 52 条第 2 款的分析》，载《证据科学》2012 年第 6 期；顾永忠：《行政执法证据“在刑事诉讼中可以作为证据使用”解析》，载《法律适用》2014 年第 3 期。但也有学者认为应当区别对待，如吕保春、王小光：《行政执法证据在刑事诉讼中的有效运用途径分析——兼论行政执法与刑事司法程序的衔接》，载《上海公安高等专科学校学报》2012 年第 5 期。还有学者反对将现场笔录直接作为刑事证据，如陈卫国、胡巧绒：《行政执法证据在刑事诉讼中的转换与运用——兼论新刑事诉讼法第五十二条第二款的适用》，载《犯罪研究》2013 年第 4 期。

随着《高检规则》和《公安机关办理刑事案件程序规定》的实施，这已经不是一个需要探讨的问题，需要探讨的是何种行政笔录内容可以使用、如何使用的问题。不同的行政笔录内容在刑事诉讼中有着不同的证明作用，其证据能力判断也有所不同，因此，本文拟根据笔录内容的不同，对行政笔录在刑事诉讼中的证明作用进行梳理，并对其证据能力判断问题进行探讨，以求为完善行政笔录在刑事诉讼中的使用提供些许借鉴。

一、行政笔录在刑事诉讼中的证明作用

刑事诉讼中不同的笔录发挥的证明作用也不相同，如搜查、查封、扣押、提取笔录主要发挥证明物证、书证等证据来源的作用，是一种辅助证据；勘验、检查、侦查实验笔录则是证明与案件事实有关的现场、物品、人身的状态，一般作为间接证据使用；而讯问、询问、辨认笔录则是对言词证据的固定方式。与之类似，不同的行政笔录在进入刑事诉讼程序后，发挥的证明作用也不相同，因此应当根据内容的不同，对各种不同笔录的证明作用进行梳理。具体而言，不同的行政笔录内容在刑事诉讼中发挥如下证明作用：

（一）证明现场情况

这是行政笔录最主要的一种证明作用。如前所述，行政程序中所作的勘验笔录与刑事诉讼中的勘验笔录相似，都是对与案件事实相关的场所、物品进行勘查、检验而形成的记录。另外，在行政程序的现场检查笔录中，也有一部分内容是对现场情况进行的记录，与勘验笔录功能类似，只不过勘验笔录通常是在事后对现场或物品进行勘查、检验的记录，而现场检查则是在事实发生的过程中对现场及物品检查的记录，具有现场性、及时性的特点。[①] 勘验笔录一般是在事实发生后行政机关在行政处罚等程序中进行制作，但在各种日常行政执法检查中，执法人员必须随时准备进行现场笔录的制作。在常见的行政执法规章和规范性文件中，对勘验、现场笔录的规定往往都有要记录现场及物品情况的要求，如卫生部颁布的《卫生行政执法文书规范》第 28 条对现场笔录中现场检查的相关记载内容进行了非常详细的规范，该条规定：“现场笔录，是在案件调查、现场监督检查或者采取行政强制措施过程中，对与案件有关的现场环境、场所、设施、物品、人员、生产经营过程等进行现场检查时作的记录。”因此，按照这些规范性文件要求所制作的行政笔录，其中对现场、设

① 高家伟、张玉录：《论现场笔录》，载何家弘主编：《证据学论坛》，中国检察出版社 2003 年版，第 360 页。

备、物品等进行的记录部分，就发挥着与刑事勘验笔录相同的功能，对案件现场进行记录和证明。

（二）直接证明案件事实

在行政程序中制作的现场笔录中，有一部分内容是对案件现场当事人违法行为的直接记载，这是与刑事诉讼中各种笔录明显不同的一种笔录。这种现场笔录实际上是公权力机关对当事人违法行为的见证，与证人证言相似，所以这部分现场笔录可以直接证明案件事实。根据《最高人民法院关于行政诉讼证据若干问题的规定》第 15 条规定，被告向人民法院提供的现场笔录，应当载明时间、地点和事件等内容。此处规定的“事件”，主要就是对当事人违法行为的记载内容。由于行政执法面对的往往是转瞬即逝的事件，在固定证据时必须及时、高效，否则就无法有效证明当事人的违法行为。如食品药品监督部门在现场检查中，发现当事人正在生产不合格的食品，通常来说，当事人在执法人员离开后，很快就会将设备、食品或原料转移、销毁，因此即便因当事人涉嫌构成犯罪而及时将案件移送公安机关，侦查人员也无法再次勘验或检查，此时就只能将食品药品监督部门的现场笔录作为证明当事人生产、销售不符合安全标准食品的行为的主要证据之一。在各种行政规章或规范性文件中，都有对现场检查笔录应记载检查情况、事件的要求，如《工商行政管理机关行政处罚程序规定》第 29 条规定：“对有违法嫌疑的物品或者场所进行检查时，应当有当事人或者第三人在场，并制作现场笔录，载明时间、地点、事件等内容，由办案人员、当事人、第三人签名或者盖章。”《烟草专卖行政处罚程序规定》第 28 条也规定：“对涉嫌违法行为发生的现场进行检查时，执法人员应当制作检查笔录并交当事人签字或者以其他方式确认。”这些对检查、调查过程的记录，必然要包含对当事人违法行为的记录，因此在进入刑事程序后，这部分笔录可以直接用以证明案件事实。

（三）证明其他证据具有真实性的保障

行政笔录进入刑事诉讼后能够发挥的另一个重要作用就是证明行政程序其他证据的来源及保管链条，以此证明其他证据具有真实性的保障。自 2010 年《关于办理死刑案件审查判断证据若干问题的规定》开始，至最高人民法院 2012 年底颁布《高法解释》，我国在司法解释中确立了诸多证据的真实性保障规则，如果某个证据因取证程序的违法或者因证据自身缺陷而没有保障其真实性的条件，就会失去证据能力而被排除。如《关于办理死刑案件审查判断证据若干问题的规定》第 9 条第 1 款和《高法解释》第 73 条第 1 款作出了相同的规定，“在勘验、检查、搜查过程中提取、扣押的物证、书证，未附笔录或者清单，不能证明物证、书证来源的，不得作为定案的根据”。之所以如此规定，就是因为缺乏各类笔录或清单的证据，无法保障其来源的真实性，也无法排除栽赃陷害的可能性，因此否定其证据能力。[①] 由行政程序进入刑事程序中的物证、书证、电子数据、视听资料等实物类证据，较之刑事诉讼中收集的证据经历了更长的取证过程和保管链条，而且要经过移送、交接等程序，所以更需要对证据是否具备真实性保障条件进行证明。但由于行政程序中的证据一般是在案件移送至刑事司法机关之后，才一并随案移送，所以侦查机关缺乏对证据来源及收集情况进行证明的手段，形成了一个证据收集、保管链条上证明环节的空缺。而行政程序中制作的笔录则能够对物证、书证等证据的来源及收集情况进行证明，填补了侦查机关在此方面证明的空缺，与侦查机关接收证据后的保管、移送链条合并在一起，形成一个完整的证据链，对物证、书证等证据的收集、保管、移送过程进行证明，从取证程序方面证明这些证据具有真实性的保障条件。各种行政规章或规范性文件一般有在笔录中记载登记保存、扣押、查封程序的要求，如《食品药品行政处罚程序规定》第 28 条第 1 款规定：“食品药品监督管理部门实施先行登记保存或者查封、扣押时，应当通知当事人到场，并在现场检查笔录中对采取的相关措施情况予以记载。”现场检查笔录中对登记保存、查封、扣押的这种记载，实际上就发挥着与刑事诉讼中查封、扣押笔录相同的功能，作为证明其他证据来源的辅助证据，从而证明其他证据具有真实性的保障条件。

（四）作为言词证据的固定方式

这是指行政笔录中询问当事人、证人的记录部分，能够发挥与刑事诉讼中讯问笔录、询问笔录相同的固定言词证据的功能。虽然根据全国人大法工委刑法室对刑事诉讼法的解读，能够作为刑事证据使用的行政证据不包括证人证言等言词证据，[②] 但最高人民检察院颁布的《高检规则》依然将行政证据的范围扩展至一定条件下的言词证据，即《高检规则》第 64 条第 3 款规定：“确有证据证实涉案人员或者相关人员因路途遥远、死亡、失踪或者丧失作证能力，无法重新收集，但供述、证言或者陈述的来源、收集程序合法，并有其他证据相印证，经人民检察院审查符合法定要求的，可以作为证据使用。”虽然该条对这些可以使用言词证据的例外情形规定过于宽松，赋予司法人员宽泛的自由

① 最高人民法院刑事审判第三庭：《刑事证据规则理解与适用》，法律出版社 2010 年版，第 121—122 页。

② 全国人大常委会法制工作委员会刑法室：《关于修改中华人民共和国刑事诉讼法的决定：条文说明、立法理由及相关规定》，北京大学出版社 2012 年版，第 49 页。

裁量权，如“路途遥远”就极富弹性，但规定在一定情形下使用行政机关获取的言词证据，既符合现实需要，也不违背我国的证据法理。在无法再次取得言词证据的情况下，若放弃行政机关收集的言词证据，就可能导致因证据不能达到证明标准而放纵犯罪，所以在实务中也难以完全排斥行政机关收集的言词证据，一概否定使用行政机关收集的言词证据并不合理。① 另外，我国并不实行传闻证据规则，行政机关收集的言词证据与刑事司法机关收集的言词证据一样，都不受传闻规则制约。实际上，即便在实行传闻证据规则的英美，在无法再次获得证言的情况下，先前证言都是有条件可采的，如美国《联邦证据规则》第 804（b）（1）条就规定了陈述人不能出庭时先前证言的可采性。② 而在日本，虽然引进英美的传闻证据规则，但根据其刑事诉讼法第 321 条第 1 款第 3 项规定，对于原陈述者死亡、精神或身体疾患、出国等情形下的陈述书和陈述笔录，如果属于重要证据且是在特别可信的情况下作出的，都允许作为传闻例外而使用。③ 在我国，对于言词证据的证据能力来说，更为重要的是取证程序能否保障证人客观真实地进行陈述，如果行政机关取证能够严格遵循取证程序要求，如两人以上取证、严格制作笔录、个别进行询问、让当事人或证人自愿陈述等，能够从程序上保障当事人或证人陈述的自愿性、客观性，就没有排除该言词证据的理由，至于该言词证据究竟是真是假、证明力如何，则是证明力阶段需要审查的问题，而不是证据能力问题。

另外，即使不是上述无法再次取得证言的情形，行政机关收集的言词证据在刑事诉讼中也应允许作为弹劾证据使用，即当陈述人在刑事诉讼中作出与行政程序中不同的陈述时，以行政程序中的陈述反驳、质疑其刑事程序中的陈述。在国外，即便言词证据不能作为证明案件事实的证据使用，也可以作为弹劾证据，如在日本，传闻证据或笔录可以作为弹劾证据，即不是为了证明陈述内容的真实性，而是为了表示这种陈述自相矛盾，因此这种证人是不可信的。④ 在美国，除了普通法及《联邦证据规则》第 613 条规定的以证人先前陈

① 郝爱军、殷宪龙：《行政机关收集证据在刑事诉讼中运用的疑难问题解析》，载《中国刑事法杂志》2013 年第 9 期。

② 美国《联邦证据规则》第 804（b）（1）条规定：如果陈述人不能作为证人到庭，则下列陈述不受反对传闻规则的排除：（1）先前证言。证言是（A）在审判、听证或依法进行的证言存录中作为证人作出的，无论是在当前的程序中作出的，还是在不同的程序中作出的；并且（B）现在提供该证言所要反对的当事人，或者在民事案件中该当事人的前任利害关系人，已有机会或者类似动机通过直接询问、交叉询问或者再直接询问来展开该证言。参见王进喜：《美国〈联邦证据规则〉（2011 年重塑版）条解》，中国法制出版社 2012 年版，第 290 页。

③ ［日］松尾浩也：《日本刑事诉讼法》（下），张凌译，中国人民大学出版社 2005 年版，第 60 页。

④ ［日］松尾浩也：《日本刑事诉讼法》（下），张凌译，中国人民大学出版社 2005 年版，第 79 页。

述作为弹劾证据外，即便因程序违法没有证据能力的言词证据，也可以作为弹劾证据使用，正如美国联邦最高法院首席大法官伯格在论及违反米兰达规则而获取的供述可以作为弹劾证据使用时所指出的："米兰达案提供的保护不能反过来成为允许嫌疑人作伪证的通行证，以庇护其不会受到先前不一致陈述的质疑。"[①] 因此，违反米兰达规则而获取的供述虽然不能作为证据使用，却可以作为弹劾证据对被告人其后的供述进行质疑。由日本、美国的做法来看，将通常不具有证据能力的证据作为弹劾证据使用，是一种最大限度利用证明资源的制度设计，有利于防止虚假供述者利用证据规则的漏洞而任意作伪证。在我国的行刑衔接案件中，虽然由于行政机关收集言词证据程序往往不甚规范，一般情况下不宜直接作为刑事证据使用，但不可否认的是，由于行政程序在前而刑事程序在后，陈述人在行政程序中距离案件事实发生的时间较短，其陈述可能更为准确，也更少会受到导致虚假陈述的各种因素影响，所以当其在刑事程序中作出实质不一致的陈述时，[②] 以其行政程序中的陈述对其进行质疑和反驳，更有利于发现真实。

因此，当行政笔录是对言词证据的记载，并且在特定情形下在刑事诉讼中直接作为证据使用，或者当作弹劾证据使用时，就发挥着固定言词证据的功能。各种行政规章或规范性文件对询问笔录的制作也有一定的规范，如《烟草专卖行政处罚程序规定》第 28 条、《工商行政管理机关行政处罚程序规定》第 24 条等。

二、行政笔录在刑事诉讼中的证据能力

前文总结了行政笔录在刑事诉讼中的几种不同证明作用，从这几种不同证明作用可见，与刑事诉讼中的各种笔录类似，行政笔录较之物证、书证等证据在刑事诉讼中发挥着更多样化的证明功能，不同的笔录进入刑事诉讼后，其证据性质也不同，证明案件现场情况的笔录发挥着与刑事勘验、检查笔录相似的功能；直接证明案件事实的笔录实际上相当于证人证言，是行政程序中特有的一种笔录证据；证明其他证据真实性保障的笔录属于辅助证据，与刑事搜查、

---

① ［美］约书亚·德雷勒斯、艾伦·C. 迈克尔斯：《美国刑事诉讼法精解》，吴宏耀译，北京大学出版社 2009 年版，第 522 页。

② 所谓"实质不一致"即在对事实的陈述中关键部分存在不一致或矛盾之处。根据日本学者的观点，先前陈述与庭审陈述要达到"重要之点存在不一致"时，才可使用先前陈述进行弹劾。如庭审上证人说"犯人穿着令人可笑的奇装异服"，但先前陈述只说"见到过犯人"，完全未提及服装或陈述说不知道服装，就是"不一致"的陈述。参见［日］松尾浩也：《日本刑事诉讼法》（下），张凌译，中国人民大学出版社 2005 年版，第 79 页。

查封、扣押笔录相似；而作为固定言词证据方式的询问笔录则属于言词证据。既然各种不同的行政笔录具有不同的证据属性，其证据能力判断也应有所不同，因此下文对行政笔录的证据能力要件进行厘清，并对各种笔录证据能力要件中的特殊问题进行专门探讨。

在此首先对我国的证据能力要件进行简单的理论总结。英美虽然很少从正面规定证据能力要件，但从其各种证据规则中可以看出，证据要具备证据能力（具有可采性），就必须符合两个条件：其一是具有关联性；其二是不被证据排除规则排除。而证据排除规则包括为提高事实认定准确性的可采性规则和因事实认定之外的因素而形成的可采性规则。[①] 大陆法系则认为证据能力需具备消极要件和积极要件，消极要件即未因证据禁止而被排除，积极要件则为严格证明。[②] 这种区别主要是因为英美法系的可采性概念与大陆法系的证据能力概念有所不同，英美强调的是将不具有可采性的证据排除出程序，使事实裁判者免受心证污染；而大陆法系的证据能力则强调的是经过严格的证据调查程序，证据最终是否能够作为定案根据。从证明规律上看，英美法系的可采性概念更契合证明过程，能够使事实裁判者与不具有可采性的证据隔离，为准确认定事实提供保障。所以对于证据能力要件，可以英美的可采性要件为蓝本，对我国的证据能力要件进行界定。

传统上我们经常将关联性、合法性、客观性作为证据的属性，对于证据属性究竟为何也存在一些争议，但这些关于证据属性的争议经常流于无意义。实际上，证据的属性问题就等于证据能力要件问题，也就是说，只有具有证据的属性，才能具备证据能力，也才能作为证据使用。所以对证据属性的争论最终应以确定证据能力要件为目的，否则就失去了争论的意义。而我国的证据“三性”理论稍加改造，就可以成为证据能力要件。关联性是基本要件；由于目前我国对于认定事实之外因素的证据规则仅确立了非法言词证据和实物证据的排除规则，而未确立西方的特免权等规则，所以证据能力要件中的合法性则仅指狭义的取证手段和方法合法性，即不因取证手段和方法严重违法而侵害公民基本权；客观性则需要改造为客观真实性的保障条件，即不是指证据是否客观真实（因为那是证明力审查阶段要解决的问题），而是指是否具有保障客观真实的基本条件，若不具有保障条件则需将其排除。这样一来，“三性”与英美的可采性要件就基本实现了一致，英美提高事实认定的准确性的规则（如

① ［美］米尔吉安·R. 达马斯卡：《比较法视野中的证据制度》，吴宏耀、魏晓娜译，中国人民公安大学出版社2006年版，第96页。

② 林钰雄：《刑事诉讼法》（上），中国人民大学出版社2005年版，第345页。

传闻证据规则、意见证据规则、鉴真规则等）等于我国的客观真实性保障条件的规则（我国主要是从取证程序及证据自身属性部分进行规范），而英美因事实认定之外因素形成的规则中的一部分（非法搜查、扣押以及不得强迫自证其罪、自白任意性规则等部分，但不包括特免权规则等部分）则相当于我国的合法性（主要是非法言词和非法实物证据的排除规则）。以下对行政笔录在刑事诉讼中证据能力要件的分析也以此为模板。

（一）行政笔录的关联性问题

行政笔录若要在刑事诉讼中具有证据能力，首要条件是要具有关联性，也即能够对刑事诉讼中的待证事实存在与否有一定的证明作用。具有关联性的证据包括直接关联性证据和间接关联性证据，[①] 直接关联性证据即能够通过推理直接证明待证事实的证据，包括通常所说的直接证据和间接证据，如行政笔录中能够直接证明案件事实的部分就是直接关联证据；间接关联性证据即虽然不能直接证明待证事实，却能够对证据推理的环节起到加强或削弱作用的证据，如证明其他证据具有真实性的保障的登记保存、查封、扣押笔录就属于间接关联性证据，也可称之为辅助证据。在各种行政笔录的关联性问题上，有两个问题需要注意：

1. 直接证明案件事实的行政笔录，要防止其成为不当影响法官事实认定的品格证据。多次违反行政法不等于必然构成犯罪，行刑衔接案件中相当一部分属于刑法中的数额犯，也即需要达到一定的金额、数量才构成犯罪，而行政执法程序可能每次发现被告人违法行为的数量、金额都是少量的，只有多次累加才有可能达到刑事立案标准，甚至多次累加也未必达到立案标准。如生产、销售伪劣产品罪的立案标准为销售金额 5 万元以上，但实践中可能工商部门或质量监督部门每次查获的销售额只有数千元或数百元，如果该案移送公安机关之后，随案移送了各次行政执法的现场笔录，就可能会形成品格证据，使法官形成强烈的有罪心证，即便案件尚且存在一些疑问（如销售金额最终是否达到立案标准存疑，或在一个仓库中查获的伪劣产品是否全部属于被告人存疑），也会作出不利于被告人的判决。在美国证据法中，这种情形就属于以犯罪、不法行为或其他行为证明一个人有实施类似行为的倾向性，是《联邦证据规则》第 404（b）条所禁止的。之所以禁止，就是因为即便在品格证据可采的场合，以具体的违法行为去证明品格也会带来分散事实裁判者注意力的后

① 这是美国学者特伦斯·安德森等人对关联性的分类法，具体请参见［美］特伦斯·安德森等：《证据分析》，张保生等译，中国人民大学出版社 2012 年版，第 82—83 页。

果，从而混淆争议。[1] 因此，为防止这种笔录成为不当影响法官事实认定的品格证据，实践中应当将这类笔录作为附条件关联性的证据，或称为关联性待定的证据，也就是说，法官可以先行接受这些证据，但只有在控方能够以充分证据证明被告人生产、销售伪劣产品的数额达到立案标准（如行政机关查获的数额未达到立案标准，但公安机关又查获了一部分伪劣产品，加在一起就达到了立案标准），并且在犯罪的主体、客观方面、主观方面的证明均不存在合理怀疑之后，这些笔录才真正成为具有关联性的证据，作为证明犯罪数额或犯罪行为的证据之一。如果控方无法充分证明犯罪，则这些笔录自然也就不具有关联性而应被排除，防止根据被告人的多次违法而认定被告人必然构成犯罪。

2. 对于证明其他证据具有真实性保障的登记保存、查封、扣押等笔录，应注意全面移送和收集。如前所述，这部分证据属于间接关联性的证据，在证据体系中发挥着辅助证据（或补助证据）的作用，即能够证明其他证据可信性的证据，[2] 但这部分证据在案件的证据体系中非常重要，甚至决定着案件的主要证据（如物证、书证等）是否具有证据能力，如果欠缺这部分笔录，就会因证明链条的缺失而导致对其他证据来源及流转过程的质疑，若无法排除这些怀疑，就会导致其他证据被排除。因此，行政机关在移送刑事案件时，应注意将登记保存、查封、扣押等笔录以及附随的照片、录像等与物证、书证等证据一并移送，为控方在庭审中证明其他证据的真实性保障提供证据支持。

（二）行政笔录的合法性问题

如前所述，在证据能力要件中的合法性是指狭义的合法性，即是否因取证手段和方法严重违法而侵害公民基本权利。根据本书前述观点，对于证据合法性问题的审查应以行政合法性与刑事合法性为双重标准，如果行政机关在执法及制作笔录过程中，因暴力执法、威胁、引诱、欺骗当事人等违法行为而导致公民权利受到严重侵害，所获得的证据及相关的笔录就有可能被排除。具体而言，在行政笔录的合法性问题上需要注意以下问题：

1. 对于证明现场情况的笔录、直接证明案件事实的笔录以及固定言词证据的笔录，要注意瑕疵证据与非法证据的界分。一般而言，行政程序的违法主要表现为越权执法、程序不合法、暴力执法或者威胁、引诱、欺骗当事人等，在这些违法行为中，如果因违法而导致公民的人身权、财产权受到严重侵害，或者可能直接导致不可靠证据，就构成不可补正或作合理解释的非法证据，应

---

① 王进喜：《美国〈联邦证据规则〉（2011 年重塑版）条解》，中国法制出版社 2012 年版，第 83—84 页。

② ［日］田口守一：《刑事诉讼法》，刘迪等译，法律出版社 2000 年版，第 219 页。

直接排除，如因越权执法而导致公民的商品、经营场所遭受严重破坏，或者在询问当事人、证人时采取引诱、欺骗手段，可能导致虚假言词证据，就不应允许对这类检查笔录、询问笔录进行补正或作合理解释，而只能直接排除，否则就会导致严重影响司法公正的结果，与刑事诉讼法规定行政证据可以在刑事诉讼中使用的规范意旨相悖。但对于执法中的轻微违法，如执法检查未出示证件、未告知当事人回避权等，如果未严重侵害公民权利，也不会直接导致不可靠证据，所制作的笔录可以通过补正或作合理解释而被采纳。对于瑕疵行政笔录的补正或合理解释，必须由行政机关工作人员通过出庭作证、提供必要的证据来进行，而不应由行政机关出具各种书面证明。

2. 对于证明其他证据真实性保障的笔录来说，一般不存在单独的合法性问题，而是取决于其他证据的合法性，如果其他证据因行政程序严重违法而被排除，则该笔录也应一并排除。由于这类笔录是证明其他证据真实性保障的辅助证据，其他证据被排除后，这类笔录就失去了依附，也不具有独立存在的意义，而且若不一并排除，可能会形成对其他证据的替代物，从而使排除其他证据失去了意义。如虽然将行政机关违法查封的商品排除，但行政机关工作人员制作的查封笔录和照片、录像等却依然作为证据移送，就会产生与该商品同样的证明效果，所以必须将该查封笔录一并排除。但是这类笔录也存在单独的瑕疵问题，即笔录的记录不全、缺乏签名、照片、录像不能反映其他证据全貌等问题，则可以进行补正或作合理解释。

（三）行政笔录的真实性保障问题

所谓行政笔录的真实性保障问题，即行政笔录若要在刑事诉讼中获得证据能力，除具有关联性、合法性之外，还必须从证据本身、取证程序方面具有能够保障其客观真实性的基本条件，若不具有这些条件，无论行政笔录究竟是真是假、证明力如何，都只能将其排除，防止因极有可能虚假的笔录而导致错误认定案件事实。各种行政笔录在本质上都是言词证据，是行政机关工作人员在执法中对案件有关情况的认知和记录，因此对于其真实性保障问题，首先要面对的问题就是如何解决这种以书面形式出现的言词证据不会失真。在英美，公务记录一般作为传闻证据的例外，因为公职人员适当履行职责所作的记录具有较高的可靠性，除非情况表明公务记录缺乏可靠性，否则都可以以传闻证据例外的形式具备可采性。[①] 而大陆法国家也将公务文书作为直接言词原则的例外，在审判中可以进行朗读，如德国的刑事诉讼中，对于公家机关的证书或鉴

① 王进喜：《美国〈联邦证据规则〉（2011 年重塑版）条解》，中国法制出版社 2012 年版，第 272 页。

定书以及例行的鉴定报告等，都可以一般性的朗读，而无须制作人出庭接受讯问，其理由同样在于公务文书的可靠性较强。[①] 而我国既不实行传闻证据规则，也没有明确规定直接言词原则，所以行政笔录作为一种书面的言词证据，进入刑事诉讼不存在证据规则上的障碍。但对于行政笔录，如同对于刑事笔录一样，我国主要以制作程序方面的要求对其记录的真实性进行保障，具体而言：

1. 对于各种行政笔录，在制作过程中应遵循如下一般性程序要求，以保障其客观真实性，如果不遵循这些程序性要求，就极有可能导致笔录记载失真，因而应当予以排除。

其一，制作行政笔录时通常应有两名以上执法人员在场。这是为了防止一人单独制作笔录时缺乏他人监督而虚假记载，在对笔录出现争议时也难以证明。各种行政法律、法规对此也有明确的规定，如2012年生效的《行政强制法》第18条规定实施强制措施应由两名以上执法人员实施；《食品药品行政处罚程序规定》第20条规定进行案件调查时，执法人员不得少于二人。由一人单独执法并制作的笔录，通常应予以排除。

其二，笔录应由执法人员、当事人或见证人签名确认。这是以签名方式确认笔录内容的真实性，缺少签名的笔录，尤其是缺少当事人签名的笔录，往往真实性存在很大疑问，在发生争议时也难以确认。所以只要当事人在场，就应要求其签名确认，如果当事人不在场，或者拒不签名，则必须找到见证人进行见证并签名，否则只有执法人员的签名，难以保障笔录的真实性，在刑事诉讼中要将其排除。

其三，笔录应记载基本的事实要素，若基本事实要素欠缺，将会使笔录失去证据能力。所谓基本的事实要素，即根据笔录的对象而确定的笔录应有的基本内容，如对于现场检查笔录来说，一般应具有时间、地点、当事人姓名或名称、执法人员姓名、物品或场所的情况、采取的检查措施、处理结果等内容，如果欠缺这些基本内容，就导致笔录内容真假难辨，也难以进行补正或作出合理解释，因此应当直接排除。

其四，笔录中法律评价部分应当予以排除。行政笔录是对行政执法中事实的记载，不应包含法律评价，笔录中的法律评价词语对法官认定案件事实有所干扰，容易使法官产生预断。在实践中经常出现包含法律评价的笔录，如在现场检查笔录中直接使用“非法”“违法”“偷税”等字眼，对于这部分超出了笔录应然记载范围的内容应当予以排除。

---

① ［德］克劳思·罗科信：《刑事诉讼法》，吴丽琪译，法律出版社2003年版，第434页。

2. 对于固定言词证据的行政笔录，相关的行政法规、规章和规范性文件往往对言词证据取证程序规定的比较粗疏，因此除了要审查笔录的制作是否遵循如上要求之外，还要按照刑事诉讼中言词证据的相关取证程序要求进行审查，以保障言词证据的真实性。

其一，言词证据提供者是否具有提供言词证据的能力。不具有提供言词证据能力的人所作的陈述，无法保障真实性，应当予以排除，如无法正确感知和表达的人、无行为能力的精神病人等。另外，言词证据提供者的陈述如果包含猜测性陈述、推断性陈述、法律评价，应将该部分陈述排除，但如果根据生活经验符合事理的可以不予排除。

其二，对于不通晓当地语言的当事人、证人，或者聋、哑的当事人、证人，应为其提供翻译或者通晓聋、哑手势的人，这是为了保障具有语言能力缺陷的人能够提供准确的言词证据。在很多行政规章和规范性文件中，都缺乏这方面的规定，因此对于这些行政笔录，要审查在询问当事人或证人时，是否提供了翻译和通晓聋、哑手势的人，否则就难以保障言词证据的客观真实性。

其三，询问当事人、证人，应个别进行，防止相互干扰。这是为了保障当事人或证人能够独立提供言词证据，免受其他当事人或证人陈述的影响而作出真实陈述。行政规章和规范性文件也基本上没有对询问当事人、证人应个别进行的要求，因此在刑事诉讼中要审查是否存在集体询问的情形，如果发现存在集体询问的情形，并且无法排除相互影响的可能性的，就要将行政笔录排除。

三、结语

允许行政笔录作为刑事证据使用，是有其正当性的，可以实现证明资源的合理使用，防止因失去取证时机而导致放纵犯罪。但相比而言，国外允许行政笔录作为刑事证据使用，主要是基于行政机关所作记录具有较高的公信力，因此赋予行政笔录证据能力，并赋予其较高的证明力。而在我国，行政机关尚且不具备这种较高的公信力，因此对于进入刑事诉讼的行政笔录，应当严格审查其证据能力和证明力，排除通过非法程序获取的笔录以及无法保障客观真实性的笔录，并且不得赋予行政笔录特殊的证明力，而应与其他证据一视同仁进行证明力审查。可以预见，在实务中，行政笔录的使用会有更多需要解决的复杂问题，本书仅就其在刑事诉讼中的证明作用及证据能力审查问题进行了初步探讨，尚需等待实践中出现新的问题之后再进行下一步的研究。

参考文献

一、外文译著

1. ［日］土本武司：《日本刑事诉讼法要义》，董璠舆、宋英辉译，五南图书出版公司1997年版。

2. ［日］田口守一：《刑事诉讼法》（第五版），张凌、于秀峰译，中国政法大学出版社2010年版。

3. ［美］米尔伊安·R. 达玛什卡：《司法和国家权力的多重面孔——比较视野中的法律程序》，郑戈译，中国政法大学出版社2000年版。

4. ［美］米尔建·R. 达马斯卡：《漂移的证据法》，李学军等译，中国政法大学出版社2003年版。

5. ［俄］B. B. 拉扎列夫：《法与国家的一般理论》，王哲等译，法律出版社1999年版。

6. ［法］勒内·弗洛里奥：《错案》，赵淑美译，法律出版社1984年版。

7. ［英］戴维·M. 沃克编：《牛津法律大辞典》，北京社会与科技发展研究所译，光明日报出版社1988年版。

8. ［美］乔恩·R. 华尔兹：《刑事证据大全》，何家弘等译，中国人民公安大学出版社2004年版。

9. ［法］卡斯东·斯特法尼等：《法国刑事诉讼法精义》，罗结珍译，中国政法大学出版社1998年版。

10. ［美］罗纳德·J. 艾伦等：《证据法：文本、问题和案例》，张保生等译，高等教育出版社2006年版。

11. ［德］克劳斯·罗科信：《刑事诉讼法》，吴丽琪译，法律出版社2003年版。

12. 中国政法大学刑事法律研究中心组织编译：《英国刑事诉讼法（选编）》，中国政法大学出版社2001年版。

13. 《俄罗斯联邦刑事诉讼法典（新版）》，黄道秀译，中国政法大学出版社2006年版。

14.《美国联邦刑事诉讼证据规则和证据规则》，卞建林译，中国政法大学出版社1996年版。

15. ［美］哈伯特·L. 帕克：《刑事制裁的界限》，梁根林等译，法律出版社2008年版。

16. ［美］亚伦·德萧维奇：《最好的辩护》，李贞莹、郭静美译，南海出版公司2002年版。

17. ［美］约书亚·德雷勒斯、艾伦·C. 迈克尔斯：《美国刑事诉讼法精解》，吴宏耀译，北京大学出版社2009年版。

18. ［英］罗杰·科特威尔：《法律社会学导论》，潘大松等译，华夏出版社1989年版。

19. ［美］约翰·W. 斯特龙：《麦考密克论证据》，汤维建译，中国政法大学出版社2004年版。

20. ［德］托马斯·魏根特：《德国刑事诉讼程序》，岳礼玲、温小洁译，中国政法大学出版社2004年版。

21. ［日］松尾浩也：《日本刑事诉讼法》（下），丁相顺译，金光旭校，中国人民大学出版社2005年版。

22. ［美］特伦斯·安德森等：《证据分析》，张保生等译，中国人民大学出版社2012年版。

二、中文著作

1. 郎胜主编：《中华人民共和国刑事诉讼法修改与适用》，新华出版社2012年版。

2. 王兆鹏：《美国刑事诉讼法》，北京大学出版社2005年版。

3. 李心鉴：《刑事诉讼构造论》，中国政法大学出版社1992年版。

4. 陈瑞华：《比较刑事诉讼法》，中国人民大学出版社2010年版。

5. 王兆鹏：《刑事诉讼法》（上册），中国人民大学出版社2005年版。

6. 王兆鹏：《刑事诉讼法》（下册），中国人民大学出版社2005年版。

7. 杨宇冠：《非法证据排除规则研究》，中国人民公安大学出版社2002年版。

8. 林钰雄：《检察官论》，法律出版社2008年版。

9. 朱孝清、张智辉主编：《检察学》，中国检察出版社2010年版。

10. 孙谦、韩大元主编：《世界各国宪法》（欧洲卷），中国检察出版社2012年版。

11. 晏向华：《检察职能研究》，中国人民公安大学出版社2007年版。

12. 林山田主编:《刑事诉讼法改革对案》，元照出版公司 2000 年版。

13. 张明楷:《刑法格言的展开》，法律出版社 2003 年版。

14. 陈朴生:《刑事经济学》，台北正中书局 1975 年版。

15. 陈瑞华:《刑事证据法》（第二版），北京大学出版社 2014 年版。

16. 孙远:《刑事证据能力导论》，人民法院出版社 2007 年版。

17. 樊崇义等:《刑事证据法原理与适用》，中国人民公安大学出版社 2001 年版。

18. 牟军:《自白制度研究》，中国人民公安大学出版社 2006 年版。

19. 吴巡龙:《刑事诉讼与证据法全集》，台北新学林出版股份有限公司 2008 年版。

20. 林钰雄:《严格证明与刑事证据》，法律出版社 2008 年版。

21. 樊崇义:《刑事诉讼法实施问题与对策研究》，中国人民大学出版社 2001 年版。

22. 郭松:《中国刑事诉讼运行机制实证研究（四）：审查逮捕制度实证研究》，法律出版社 2011 年版。

23. 万毅:《微观刑事诉讼法学》，中国检察出版社 2012 年版。

24. 黄朝义:《刑事诉讼法》（第二版），台湾新学林出版股份有限公司 2009 年版。

25. 孙谦主编:《〈人民检察院刑事诉讼规则（试行）〉理解与适用》，中国检察出版社 2012 年版。

26. 陈瑞华:《程序性裁判理论》，中国法制出版社 2010 年版。

27. 何家弘主编:《新编证据法学》，法律出版社 2000 年版。

28. 张明楷:《刑法学》（第四版），法律出版社 2011 年版。

29. 陈光中主编:《刑事诉讼法》（第四版），北京大学出版社、高等教育出版社 2012 年版。

30. 顾永忠:《中国疑难刑事名案程序与证据问题研究》，北京大学出版社 2008 年版。

31. 王进喜:《美国〈联邦证据规则〉（2011 年重塑版）条解》，中国法制出版社 2012 年版。

32. 黄维智:《鉴定证据制度研究》，中国检察出版社 2006 年版。

33. 最高人民法院研究室:《〈最高人民法院关于适用中华人民共和国刑事诉讼法的解释〉理解与适用》，中国法制出版社 2013 年版。

34. 最高人民法院刑事审判第三庭:《刑事证据规则理解与适用》，法律出版社 2010 年版。

35. 全国人大常委会法制工作委员会刑法室：《关于修改中华人民共和国刑事诉讼法的决定：条文说明、立法理由及相关规定》，北京大学出版社 2012 年版。

36. 霍宪丹：《司法鉴定通论》，法律出版社 2010 年版。

三、中文论文

1. 吴巡龙：《我国采传闻法则必要性之探讨——对刑事诉讼法有关传闻法则修正草案的检讨》，载《台湾本土法学杂志》2003 年第 2 期。

2. ［日］三井诚：《日本检察制度之最新问题动向》，许家源译，载《月旦法学杂志》2011 年第 12 期。

3. 纵博、郝爱军：《论自由证明的限度》，载《中国刑事法杂志》2010 年第 11 期。

4. 陈文琪：《侦查中录音录像与侦查笔录可信性之关系》，载《检察新论》2010 年第 7 期。

5. 易延友、田昌喜：《同步录音录像问题研究》，载《人民检察》2012 年第 2 期。

6. 陈永生：《论侦查讯问录音录像制度的保障机制》，载《当代法学》2009 年第 4 期。

7. 柯耀程：《法定“证据排除”的意涵与适用》，载《检察新论》2011 年第 10 期。

8. 吴纪奎：《心理强制时代的侦查讯问规制》，载《环球法律评论》2009 年第 3 期。

9. 张建伟：《自白任意性规则的法律价值》，载《法学研究》2012 年第 6 期。

10. 朱孝清：《刑事诉讼法实施中的若干问题研究》，载《中国法学》2014 年第 3 期。

11. 陈光中、郭志媛：《非法证据排除规则实施若干问题研究——以实证调查为视角》，载《法学杂志》2014 年第 9 期。

12. 卞建林：《检察机关与非法证据排除》，载《人民检察》2011 年第 12 期。

13. 胡忠惠：《检察机关审查排除非法证据问题探讨》，载《北方法学》2013 年第 2 期。

14. 卢乐云：《检察机关排除非法证据机制建设》，载《国家检察官学院学报》2013 年第 2 期。

15. 樊崇义、吴光升：《审前非法证据排除程序：文本解读与制度展望》，载《中国刑事法杂志》2012 年第 11 期。

16. 龙宗智：《我国非法口供排除的“痛苦规则”及相关问题》，载《政法论坛》2013 年第 5 期。

17. 龙宗智：《两个证据规定的规范与执行若干问题研究》，载《中国法学》2010 年第 6 期。

18. 龙宗智：《我国非法口供排除的“痛苦规则”及相关问题》，载《政法论坛》2013 年第 5 期。

19. 龙宗智：《中国法语境中的检察官客观义务》，载《法学研究》2009 年第 4 期。

20. 李寿伟：《非法证据排除制度的若干问题》，载《中国刑事法杂志》2014 年第 2 期。

21. 吴宏耀：《非法证据排除的规则与实效》，载《现代法学》2014 年第 4 期。

22. 陈瑞华：《实物证据的鉴真问题》，载《法学研究》2011 年第 5 期。

23. 陈瑞华：《非法证据排除规则的中国模式》，载《中国法学》2010 年第 6 期。

24. 陈瑞华：《程序性裁判中的证据规则》，载《法学家》2011 年第 4 期。

25. 陈瑞华：《论刑事诉讼中的过程证据》，载《法商研究》2015 年第 1 期。

26. 陈瑞华：《论瑕疵证据补正规则》，载《法学家》2012 年第 2 期。

27. 万毅：《论瑕疵证据——以“两个〈证据规定〉”为分析对象》，载《法商研究》2011 年第 5 期。

28. 万毅：《逮捕并非“打击刑事犯罪”的手段——检察机关不宜向人大汇报批捕人数》，载《法学》2009 年第 2 期。

29. 万毅：《“全国首例非法证据排除案”法理研判》，载《证据科学》2011 年第 6 期。

30. 万毅：《“曲意释法”现象批判——以刑事辩护制度为中心的分析》，载《政法论坛》2013 年第 3 期。

31. 万毅：《检察机关证据规则的修改与完善》，载《中国刑事法杂志》2014 年第 3 期。

32. 万毅：《证据“转化”规则批判》，载《政治与法律》2011 年第 1 期。

33. 李寿伟：《非法证据排除制度的若干问题》，载《中国刑事法杂志》2014 年第 2 期。

34. 孙远:《论“补正”与“合理解释”——从“瑕疵治愈说”到“法规范目的说”》,载《中国刑事法杂志》2015 年第 1 期。

35. 汪建成:《刑事证据制度的重大变革及其展开》,载《中国法学》2010 年第 6 期。

36. 杜磊:《行政证据与刑事证据衔接规范研究——基于刑事诉讼法第 52 条第 2 款的分析》,载《证据科学》2012 年第 6 期。

四、外文文献

1. Welsh S. White, “False Confessions and The Constitution: Safeguards against Untrustworthy Confessions”, 32 Harv. C. R. – C. L. L. Rev. 1997.

2. NSW Police (1992), “ERISP Instructions and Guidelines Manual”. Sydney: NSW Police.

3. Thomas p. Sullivan, Police Experiences with Recording Custodial Interrogations, Northwestern University School of Law Cen Thomas p. Sullivan, Police Experiences with Recording Custodial Interrogations, Northwestern University School of Law Center on Wrongful Convictions, No. 1, Summer 2004.

4. Andrew Taslitz, High Expectations and Some Wounded Hopes: The Policy and Politics of a Uniform Statute on Videotaping Custodial Interrogations, 7 NW J. L. & Soc. Pol’y (2012).

5. Stephen Holmes and Cass R. Sunstein. The Cost of Rights, Why Liberty Depends on Taxes (M). W. W. Norton& Company, 2000.

6. Henry Campbell Black, M. A., Black’s Law Dictionary, West Publishing Co., 1990.

后　记

第二本专著出版，显然是一件令人快乐的事情，连写这篇后记的当天，北京也是秋高气爽，白云悠悠。回首这本书的写作初衷还是缘于2013年下半年我有幸成为第二批国家检察官学院和中国人民大学联合培养博士后，进站时需要报入站课题，考虑到本身对于证据学的兴趣以及自己在检察机关工作的情况，我毅然选报了“检察机关排除非法证据问题研究”这个题目，获得了河北省委常委、省委秘书长童建明和人民大学法学院教授陈卫东两位合作导师的肯定。入站以后，虽然工作繁忙，但是闲暇之余仍然对这个报告的撰写念念不忘，常常一有出差的机会就积极与当地检察机关的同仁交流，了解当前检察机关排除非法证据的现状与困境。在收集了一部分资料后，便开始思考并撰写相关的文稿。就这样，调研—撰写—修改—成稿，日复一日，手中的文稿篇幅慢慢扩充，累积到一定的程度，这本专著就应运而生了。虽然这本专著看似是平时一篇篇论文“凑”出来的，但并不是简单的堆砌，而是有意识、有体系地由部分到整体，因此说这些累积起来的论文确实构成了一本“书”。

众所周知，非法证据排除制度正式引入我国是在2012年修订后的刑事诉讼法。在这之前，中国非法证据排除一直在进行正当性论证，该制度的引入对于中国司法实践来说是新生事物。而在他域，无论是大陆法系还是英美法系国家，非法证据排除制度中的证据规则仅仅适用于审判阶段，由法官来把握，而在我国的此次修法中，检察机关也被赋予了排除非法证据的职责，这对于检察机关而言更是头一遭。而且，2017年6月27日“两高三部”又出台了《关于办理刑事案件严格排除非法证据若干问题的规定》，对我国非法证据排除规则做了进一步的细化完善。基于上述原因，本书的研究对象——“检察机关排除非法证据”是一个全新的内容，理论研究上富有挑战性。但无论如何，经历了思索中的几番痛苦纠结，当前呈现在眼前的这本书算是我对博士后期间的一个交代，也是我对自己研究兴趣的一个交代，可能不是满意的答卷，但经历过，还是对它的付梓成书倍加珍惜。

当然，本书的写作过程中要感谢家人的无私帮助，特别是我在刚入站的时候，感谢父母对我的关爱和无私的奉献，使我能够抛却繁杂的生活琐事，及时完成书稿，顺利出站。感谢夫人仲秋和女儿伊伊，是你们让我感受到了家的温暖，对生活和科研充满了热爱。感谢两位导师童建明秘书长和陈卫东教授，虽然两位导师平时工作繁忙，但我都能随时和他们取得联系，报告我的研究状况，交流我的研究心得，同时获得他们的指导和帮助。感谢给予本书写作重大帮助的纵博博士，本书中最后一部分的内容是我们合作的成果，在此也做一个声明，以免侵犯他的知识产权。同时，还要感谢宋英辉教授、徐鹤喃教授、宋朝武教授、刘辉教授，在博士后出站报告答辩期间，他们给我提出了报告中的不足，使我对报告做了进一步的修改和完善。另外，还要感谢我的博士后同学胡思博、黄硕、仇晓光、罗曦、王芳，以及在我写作期间给予宝贵意见的各位老师和朋友：吴宏耀教授、魏晓娜教授、李奋飞教授、刘方权教授、孙远教授、林喜芬教授、周洪波教授、程雷副教授、雷小政副教授、郭烁副教授、吴洪淇副教授、朱桐辉副教授、兰荣杰副教授以及杜磊博士、王彪博士、赵恒博士等。愿你们都开心快乐，身体健康，一切顺利。

董坤谨记

2017 年 10 月 24 日最高人民检察院八大处办公区